编辑委员会名单

中国地方社会科学院学术精品文库·浙江系列

中国地方社会科学院学术精品文库·浙江系列

明儒学脉研究

——以吴康斋到刘念台的师承为线索

The Academic Progress of
Ming Confucian Scholars
from Wu Kangzhai to Liu Niantai

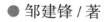

● 邹建锋 / 著

社会科学文献出版社
SOCIAL SCIENCES ACADEMIC PRESS (CHINA)

本书由浙江省省级社会科学学术著作

出版资金资助出版

立足地方实践　高扬中国特色

《中国地方社会科学院学术精品文库》总序

　　人类社会踏上了充满挑战和希望的 21 世纪，世界各种文明和思想文化经历着深刻的激荡和变革。面对这样的形势，坚持理论创新、科技创新、文化创新以及其他各方面的创新，乃是建设中国特色社会主义事业，振兴中华民族的必由之路。因此，承担着"认识世界、传承文明、创新理论、资政育人、服务社会"职责的哲学社会科学，任重而道远。

　　中国特色的社会主义，是物质文明、政治文明和精神文明全面发展的新型社会，是人类历史中前无古人的创举，需要在马列主义、毛泽东思想、邓小平理论和"三个代表"重要思想的指引下，解放思想，求真务实，在实践和理论上进行不懈的探索，用科学发展观统领经济发展和社会进步，实现全面协调可持续发展。

　　胡锦涛同志 2003 年 7 月 1 日《在"三个代表"重要思想理论研讨会上的讲话》中指出，在实现全面建设小康社会这个宏伟目标的征程中，我们将长期面对三个重大课题：一是要科学判断和全面把握国际形势的发展变化，正确应对世界多极化和经济全球化以及科技进步的发展趋势，在日益激烈的综合国力竞争中牢牢掌握加快我国发展的主动权。二是要科学判断和全面把握我国长期处于社会主义初级阶段的基本国情，正确认识和妥善处理人民日益增长的物质文化需要同落后的社会生产力这个社会主要矛盾，不断增强综合国力，逐步实现全体人民的共同富裕。三是要科学判断和全面把握我们党所处的历史方位和肩负的历史使命，加强和改进党的建设，不断提高党的领导水平和执政水平，增强拒腐防变和抵御风险能力，始终成为团结带领人民建设中国特色社会主义的领导核心。哲学社会科学工作者必须立足国情，立足当代，以这三个重大课题为主攻方向，同党和人民一道，在实践的基础上进行前瞻性、全局性和战略性的研究，努力解决广大群众关心的理论问题和实际问题，建设中国特色、中国风格、中国气派的哲学社会科学。

中国共产党历来高度重视哲学社会科学的发展。中共中央在2004年3月发布了《关于进一步繁荣发展哲学社会科学的意见》，精辟地阐述了哲学社会科学在建设中国特色社会主义中的地位和作用，指明了进一步繁荣发展哲学社会科学的指导方针和基本原则。这个文件是在新的历史时期发展繁荣哲学社会科学的精神动力和行动指南，必将唤起广大哲学社会科学工作者为建设中国特色社会主义、服务于中国人民进行实践探索和理论创新的使命感，迎来中国哲学社会科学繁荣发展的又一个阳光灿烂的春天。

地方社会科学院是我国哲学社会科学研究的一支重要力量。20多年来，除台湾省之外，各省市自治区和部分计划单列市先后建立了社会科学院，总数已经达到44家。可以说，地方社会科学院是我国社会主义现代化建设的一支不可替代的生力军。在各省（市）党委、政府的领导与支持下，地方社会科学院在队伍建设、科研体制改革等诸多方面进行了许多探索，取得了重大的成就和可贵的经验，涌现出了一批科研骨干，获得大批立足地方实践、富有地方特色的优秀科研成果，为地方的经济社会发展和理论创新作出了重要贡献。立足地方特色，紧密结合广大人民群众的实践，是地方社会科学院发展的一个显著特点。我们相信《中国地方社会科学院学术精品文库》作为一个多系列精品工程的编辑出版，能够比较集中和系统地展示地方社会科学院的优秀科研成果及其固有特色，激励和推动社会科学学术研究的进一步开展和提高，有益于社会科学工作者之间的联系和合作。

继承和发展马克思主义，发展、繁荣社会主义中国的哲学社会科学事业，实现中华民族的伟大振兴，任重而道远，让我们大家共勉，在以胡锦涛为总书记的党中央领导下，进一步解放思想、开拓创新，迎接哲学社会科学繁荣发展的美好明天。

中国社会科学院院长

陈奎元

2004 年 8 月 15 日

打造精品　勇攀"一流"

《中国地方社会科学院学术精品文库·浙江系列》序

光阴荏苒，浙江省社会科学院与社会科学文献出版社合力打造的《中国地方社会科学院学术精品文库·浙江系列》（以下简称"《浙江系列》"）已经迈上了新的台阶，可谓洋洋大观。从全省范围看，单一科研机构资助本单位科研人员出版学术专著，持续时间之长，出版体量之大，都是首屈一指的。这既凝聚了我院科研人员的心血智慧，也闪烁着社会科学文献出版社同志们的汗水结晶。回首十年，《浙江系列》为我院形成立足浙江、研究浙江的学科建设特色打造了高端的传播平台，为我院走出一条贴近实际、贴近决策的智库建设之路奠定了坚实的学术基础，成为我院多出成果、快出成果的主要载体。

立足浙江、研究浙江是最大的亮点

浙江是文献之邦，名家辈出，大师鼎立，是中国历史文化版图上的巍巍重镇，浙江又是改革开放的排头兵，很多关系全局的新经验、新问题、新办法都源自浙江。从一定程度上说，在不少文化领域，浙江的高度就代表了全国的高度；在不少问题对策上，浙江的经验最终都升华为全国的经验。因此，立足浙江、研究浙江成为我院智库建设和学科建设的一大亮点。《浙江系列》自策划启动之日起，就把为省委、省政府决策服务、研究浙江历史文化作为重中之重。十年来，《浙江系列》涉猎领域包括经济、哲学、社会、文学、历史、法律、政治七大一级学科，覆盖不可谓不广；研究对象上至史前时代，下至 21 世纪，跨度不可谓不大。但立足浙江、研究浙江的主线一以贯之，毫不动摇，为繁荣我省哲学社会科学事业积累了丰富的学术储备。

贴近实际、贴近决策是最大的特色

学科建设与智库建设双轮驱动，是地方社科院的必由之路，打造区域性的思想库与智囊团，是地方社科院理性的自我定位。《浙江系列》诞生十年来，推出了一大批关注浙江现实、积极为省委、省政府决策提供参考的力作，主题涉及民营企业发展、市场经济体系与法制建设、土地征收、党内监督、社会分层、流动人口、妇女儿童保护等重点、热点、难点问题。这些研究坚持求真务实的态度、全面历史的视角、扎实可靠的论证，既有细致入微、客观真实的经验观察，也有基于顶层设计和学科理论框架的理性反思，从而为"短、平、快"的智库报告和决策咨询提供了坚实的理论基础和可靠的科学论证，为建设物质富裕、精神富有的现代化浙江贡献了自己的绵薄之力。

多出成果、出好成果是最大的收获

众所周知，著书立说是学者成熟的标志；出版专著，是学者研究成果的阶段性总结，更是学术研究成果传播、转化的最基本形式。进入 20 世纪 90 年代以来，我国出现了学术专著出版极端困难的情况，尤其是基础理论著作出版难、青年科研人员出版难的矛盾特别突出。为了缓解这一矛盾和压力，在中共浙江省委宣传部、浙江省财政厅的关心支持下，我院于 2001 年专项设立了浙江省省级社会科学院优秀学术专著出版资金，从 2004 年开始，《浙江系列》成为使用这一出版资助的主渠道。同时，社会科学文献出版社高度重视、精诚协作，为我院科研人员学术专著出版提供了畅通的渠道、严谨专业的编辑力量、权威高效的书稿评审程序，从而加速了科研成果的出版速度。十年来，我院一半左右科研人员都出版了专著，很多青年科研人员入院两三年左右就拿出了专著，一批专著获得了省政府奖。可以说，《浙江系列》已经成为浙江省社会科学院多出成果、快出成果的重要载体。

打造精品、勇攀"一流"是最大的愿景

2012 年，省委、省政府为我院确立了建设"一流省级社科院"的总体战略目标。今后，我们将坚持"贴近实际、贴近决策、贴近学术前沿"的科研理念，继续坚持智库建设与学科建设"双轮驱动"，加快实施"科研立院、人才兴院、创新强院、开放办院"的发展战略，努力在 2020 年底总体上进入国内一流省级社科院的行列。

根据新形势、新任务，《浙江系列》要在牢牢把握高标准的学术品质不放松的前提下，进一步优化评审程序，突出学术水准第一的评价标准；进一步把好编校质量关，提高出版印刷质量；进一步改革配套激励措施，鼓励科研人员将最好的代表作放在《浙江系列》出版。希望通过上述努力，能够涌现一批在全国学术界有较大影响力的学术精品力作，把《浙江系列》打造成荟萃精品力作的传世丛书。

是为序。

张伟斌

2013 年 10 月

目　　录

绪　论
明儒学脉引论

对明代学术思想史的总结大体存在着两种描述方法：一是以阳明心学为明朝学术思想的"大明"，总结者多以阳明及其弟子学脉传承为分析主线，并把白沙心学作为阳明心学的端绪，以念台为明代学术的终结者，这种总结方法以黄梨洲的《明儒学案》为代表，较为全面地总结有明一朝 210 位儒者的学术思想，超越同时代周海门的《圣学宗传》、孙夏峰的《理学宗传》等书；另一种写法坚持狭义上的程朱理学的价值取向①，回归朱子理学，认为阳明心学对明朝灭亡存在不可推卸的责任，抬升理学家的重要性，贬低甚至抹除心学家在明朝学术史上的地位，清朝理学家多采用此一写法，这种写法多带有"秋后

---

① 本书所采用的"理学"，是与"陆王心学"相对应的概念，是狭义上的"理学"，也就是"程朱理学"。广义上的"理学"是指"宋明理学"，涵盖狭义的"理学"和狭义的"心学"。在明代，自白沙心学风行天下，阳明心学大明于 16、17 世纪，心学似乎也就成为时髦词，明代的学术风貌也迥然一新。王阳明把自己的心学体系与象山学相联系，并特别表彰象山心学，"陆王心学"这一概念也就应运而生。细细分析起来，阳明心学、象山心学、禅学其实是三个不同的体系。但是，在很多明代的理学家看来，阳明心学、象山心学、禅学其实都是虚妄的心学。为了更好地、更严谨地进行学术探讨，本书的"理学"范畴都是指程朱一系意义上的狭义理学，区别于白沙心学、阳明心学、禅学、佛学。本书的"心学"范畴主要指白沙心学、阳明心学及其阳明后学弟子的心性之学。

算账"的时代烙印，代表性著作有沈复斋的《明儒言行录》①。如果说梨洲带有对阳明及其门人弟子同情的理解，那么复斋对阳明弟子多有批评之意。可见，学者所采取的价值取向势必会影响其著作的分析框架，而撰者的时代背景、知识背景、所属身份、社会地位对其著书立说的价值取向存在不小的影响。

任何一部概括性著作，无论作者如何的细致与严谨，总与那个时代的学术全貌有一定的差距。因为，任何试图用一部著作来串联或者精细归纳几百部著作的努力，或许可以较大程度契合那个时代的核心议题，但是，不可能全面真实地反映那个时代的学术真貌。因为，即便不少儒家学者的学问只是单纯地在践履程朱理学，但是每个儒家学者的生活经历都是不可复制、不可还原与不可全摹的。概括性著作不同程度的失真也就说明从多角度、多层面、多学科看待某个朝代学术全貌的必要性。那么，明儒学脉传承的内在逻辑到底是什么？"隔岸观火"与在场"观火者""救火者"对火势猛烈的感受程度肯定是不一样的，从这一点讲，"在场者"的描述、分析应该是比较重要的，是首先需要考察的。因为有在场者的存在，我们才可以比较真实地还原现场，从而探究真相。同理，对明儒学术思想的研究，明儒学者自身对有明一代学术全貌的分析是我们这一代人首先要了解的。因此，本书的意义就在于让明朝学者近距离说话，或许这样，我们可以更加接近那个朝代的儒家学者。

一　明朝理学家对明儒学脉的系统总结

明朝最早一位对明儒学脉系统总结的理学家是杨畏轩（杨廉，1452～1525，江西丰城人），他撰写的《皇明理学名臣言行录》（2

---

① （清）沈佳：《明儒言行录》，四库全书总第458册，上海古籍出版社，1987。

卷）收录了 15 位理学家的基本资料①，卷上有薛瑄、吴与弼、陈真晟、陈献章、胡居仁、陈选总计 6 人，卷下有张元祯、罗伦、周瑛、庄昶、黄仲昭、章懋、张吉、蔡清、邹智总计 9 人。杨畏轩的《皇明理学名臣言行录》是明朝第一部比较全面、系统地总结明朝 15 世纪理学家的概况的著作，凸显了儒家学者的独立人格和奉献精神，并在每个人后面加上自己的"案语"②，有助于我们管窥明初主要代表性儒家学者的学术风貌。不足的是，该著作相当于一部明儒介绍的入门书，并没有深入地对各位理学家的学术思想进行罗列和分析，所收资料过于简略，其著作相当于一部检索性的工具书。后来焦竑（1540～1619，南京人）编辑的《国朝献征录》则是最为全面地收录明儒行状的大型丛书③，提供了明儒研究的第一手资料，文献意义特别巨大。

明代朱学中坚陈清澜（陈建，1493～1567，东莞人）对阳明心学"大明"天下深感忧虑，于 1548 年（嘉靖二十七年）出版了著名的《学蔀通辨》④，反对白沙心学和阳明心学，实现其"明正学""撤蔀蔀""著归宿"的学术目标⑤。他对当时以赵东山、程篁墩、王阳明为代表的心学家"弥缝陆学""儒佛混淆""朱陆莫辨"的"蔀邪"深

---

① （明）杨廉：《皇明理学名臣言行录》（2 卷），《丛书人物传记资料类编》（学林卷 6），（明）祁承业辑，国朝征信丛录本，北京图书馆出版社，2010，第 411～570 页。另，四库禁毁丛书史部第 20 册载有（明）杨廉《新刊皇明名臣言行录》（4 卷，北京出版社，1997，前 2 卷署名杨廉）与杨廉《皇明理学名臣言行录》所收录的人物很多不一致。应该说，《皇明理学名臣言行录》（2 卷）与《新刊皇明名臣言行录》（前 2 卷）是姐妹之作，前者以明朝理学家为写作对象，后者以政府官员为写作对象。以后如有学者整理杨畏轩著作，应该将此二书合并起来。

② （明）杨廉：《皇明理学名臣言行录》（2 卷），第 434 页。

③ （明）焦竑：《国朝献征录》，续修四库全书，上海古籍出版社，1995，第 525～531 册。

④ （明）陈建：《学蔀通辨》（前编三卷后编三卷续编三卷终编三卷），明嘉靖二十七年刻本，四库全书存目丛书，子部第 11 册，第 12 页；也可参阅吴长庚主编的《朱陆学术考辨五种》（江西高校出版社，2000），有点校本《学蔀通辨》。

⑤ （明）陈建：《学蔀通辨》，第 102 页。

感担忧①，费十余年辛劳，提倡程朱一系内修自治之学。他坚定地站在前辈胡敬斋的阵营里，反对象山、白沙、阳明的"专务虚静""完养精神"，主张朱子的"主敬涵养""致知体行"。

明朝第一位学术性总结明儒学脉语录的是江西金溪的王东石②，其于1549年（嘉靖二十八年）出版著作《大儒心学语录》（27卷）③，其中卷24～27共4卷涉及明朝儒家，分别是薛瑄、吴与弼、陈献章、胡居仁四人。在此之前，许衡、宋濂、朱元璋、陈真晟对心学这一概念多有阐发。朱棣从政之余将明以前的儒家心学思想系统进行过总结④，分门别类，并在每个子项目下加注心学总结，较早地构建了相对完备的心学思想⑤。王东石反复阅读明初四位大儒的著作，选录其中反映心学思想的语录、书信，最后加上自己的"案语"，并提出明朝"道学之明"出自文清、康斋二人⑥，并于1540年（嘉靖十九年）道出"南薛北吴"的说法⑦。《大儒心学语录》一书虽然没有对四位儒家生平、学术思想和从政生涯做简要介绍，但该书体例精备，注重学术性，较为客观地反映了明初儒学学脉。

晚明时期，东林党人崛起，虽后来一度"变于申韩"，但理学一

① （明）陈建：《学蔀通辨》，第15页。
② 王蓂，字时祯，号东石子，正德六年（1511）辛未科殿试第二甲第98名进士出身，历任礼部主事、浙江提学副使，官至南京礼部祠祭司郎中，与同邑洪范、黄直、吴悌立"翠云讲会"。其著作还有（明）王蓂《东石近稿》，明嘉靖三十一年黄文龙编刊本，参阅王钦华《明代抚州府作家研究》，上海师范大学2009年硕士论文。
③ （明）王蓂：《大儒心学语录》（27卷），明嘉靖二十八年刻本，四库全书存目丛书，子部第7册，第773～854页。
④ （明）朱棣：《圣学心法》（4卷），明永乐七年内府刻本，四库全书存目丛书，子部第6册，第123～273页。
⑤ （明）朱棣：《圣学心法》（4卷），第272页。
⑥ （明）王蓂：《大儒心学语录》（27卷），第802页。
⑦ （明）王蓂：《大儒心学语录》（27卷），第802页。

度复兴，出现了吴桂森《真儒一脉》①、李公柱《学脉正编》（5 卷）、王尹《道学迴澜》（8 卷）等从理学学脉角度总结明儒学术的著作。吴桂森曾任东林书院第三任盟主②，于 1626 年（天启六年）写就的《真儒一脉》，该书选录薛瑄、胡居仁、陈献章、王守仁、顾宪成、钱一本、高攀龙 7 位儒家语录，其中前 4 位是获得朝廷从祀的，后 3 位则是东林党人，对东林党 3 儒有自己的赞③，该书或为其讲学语录。李公柱的《学脉正编》选取理学家薛瑄、胡居仁、顾宪成、钱一本、高攀龙 5 人语录④。王尹的《道学迴澜》选取理学家薛瑄、胡居仁、罗钦顺、霍韬 4 位的语录，批评阳明心学⑤。

　　安徽泾县儒家学者赵仲全的《道学正宗》以正宗、羽翼二分写法分类明儒开启孙夏峰的《理学宗传》，该书以罗钦顺、罗洪先等人为正宗，以湛若水、吕柟等学术不纯、造诣不深诸儒为羽翼⑥。理学家内部有分量的总结性著作当属孙夏峰（奇逢，1584～1675）的《理学宗传》⑦，费时 30 余年，成书于 1666 年。孙夏峰学术取向上合宗程朱陆王，按照自己的理解，独抒己意，“以大隐之身力肩道学”⑧，其书在儒家人物选取上以人品气节为重。是书收明儒大宗薛瑄、王守仁、罗洪先、顾宪成 4 人，小宗收诸多儒家计 61 人（《明儒考》6 卷），《补遗》则收王畿、罗汝芳、杨起元、周汝登 4 人，总计收录明儒 69

---

① （明）吴桂森：《真儒一脉》，天启间刻本，四库全书存目丛书，子部第 15 册，第 350～423 页。
② 张永刚：《“天下东林讲学书院”考述》，《淮南师范学院学报》2007 年第 6 期。
③ （明）吴桂森：《真儒一脉》，第 421～422 页。
④ 李公柱，字子乔，浙江嘉善人，崇祯庚辰进士，官安徽歙县知县。
⑤ 王尹，字莘民，号觉斋，江西安福人。
⑥ 《道学正宗》十八卷，见副都御史黄登贤家藏本。赵仲全：《梅峰语录》，丛书集成初编第 656 册，中华书局，1985。
⑦ （清）孙奇逢：《理学宗传》，收入《孙奇逢集》，张显清编，中州古籍出版社，2003。
⑧ 张枫林：《孙奇逢〈理学宗传〉的编纂特点》，《南阳师范学院学报》（社会科学版）2011年第 5 期。

人。该书由于试图融合宋代理学与心学的分歧，虽收罗明儒众多心学家，但对崇仁学派、江门学派和甘泉学派的师承都没有做出体系化的整理，没有梨州那样深刻的整理和洞见①。随后的于准秉承爷爷于成龙（1617～1684）遗训专门编辑了庞大的明儒资料汇编《先儒正修录、齐治录》②，所收明朝儒家人物数量一度超过黄梨洲的《明儒学案》，对明朝每一个儒家学者与核心代表作均有简介，偏重学术性，体例精备，填补相关文献空白，弥补黄梨洲《明儒学案》的一些缺陷。

二　明朝心学家对明儒学脉的系统总结

明朝以心学建国，自阳明精心启迪学术以来，年轻学子闻风鼓舞，多有独立人格，学术佳作自然可观，其后学一度有以经学著称者，如季彭山（1485～1563，绍兴人）对易学、春秋学和诗学的多年钻研。但总体上，阳明后学以心学著说，自出立论，以讲学立身，多开学术新局面。

阳明心学"大明"于天下之初，理学家夏东岩、魏壮渠、余切斋、杨畏轩等崇仁学派后学就表示出强烈的担忧，或书信往来，或当面质疑，阳明不置可否。至陈清澜大著一出，阳明后学遭遇强大的挑战。首先维护师说的是唐荆川（唐顺之，1507～1560，常州人），他的10卷本《诸儒语要》（1602年万历三十年出版）是比较早的维护阳明心学的学脉类著作。为了护卫阳明心学的合理性，唐荆川把阳明心学与宋代理学家诸子濂溪、明道、伊川、横渠、上蔡、龟山、晦庵、

---

① （清）孙奇逢：《理学宗传》，《孙奇逢集》上册，张显清编，中州古籍出版社，2003，第1046～1060页。

② （清）于准：《先儒正修录三卷、先儒齐治录三卷》，清康熙间刻本，四库全书存目丛书，子部第23册，第371～654页。

南轩、象山心学接洽起来，首次把阳明与慈溪、白沙并列，其捍卫师说之理论探索可见，理论上指明阳明心学存在宋学的知识论背景①。

徐鲁源（徐用检，1528～1611，兰溪人）1578 年（万历戊寅）出版的《三先生类要》专门编选文清、白沙和阳明三人论学语录②，分志学、为仁、政治、性命、游艺五个层面，并每章前有自己的引言③。1588 年（万历十六年）出版了魏时亮（1559 年进士，南昌人）的《大儒学粹》（9 卷），该书用 4 卷篇幅详细地整理了文清、白沙和阳明心学思想，不仅选取了语录，还选取了书信、诗歌，算是较早的全面甄选明儒思想的学脉类著作④。特别值得一提的是，该书还有一篇《大儒学粹总论》⑤，提纲挈领地总结了宋明儒学史。

1596 年出版的刘泸潇（刘元卿，1544～1609，萍乡人）的《诸儒学案》一书明儒部分汇总了文清、白沙、阳明、东廓、心斋、龙溪、南野、念庵、庐山、近溪的学案体著作⑥，遗憾的是该书缺少了罗整庵、胡敬斋、耿楚侗三人的语录。刘泸潇一生境遇颇为坎坷，27 岁时获江西乡试第一，殿试时因进谗权要张居正，后不得中进士，生活困难。晚年才有在朝 3 年经历，可惜他个性独立，自己的议案没有被采纳，最后还是辞归，不得朝廷大用。于是，教学谋生之余，刘泸潇广博阅览，才有《诸儒学案》（22 卷）的大作。

---

①　（明）唐顺之：《唐荆川先生编纂诸儒语要十卷》，明万历三十年吴达可刻本，四库全书存目丛书，子部第 10 册，第 112 页。

②　（明）徐用检：《三先生类要（五卷）》，北京师范学院图书馆藏明万历刻本，四库全书存目丛书，子部第 11 册，第 601 页。

③　（明）徐用检：《三先生类要（五卷）》，第 624 页。

④　（明）魏时亮：《大儒学粹（九卷）》，明万历十六年刻本，四库全书存目丛书，子部第 11 册，第 437～596 页。

⑤　（明）魏时亮：《大儒学粹（九卷）》，明万历十六年刻本，四库全书存目丛书，子部第 11 册，第 230～233 页。

⑥　（明）刘元卿：《诸儒学案》，明万历刻刘应举修补本，四库全书存目丛书，子部第 12 册，第 370～500 页。

同时，隐居山间的方本庵（方学渐，1540～1615，字达卿，方祉次子，方大镇之父，桐城人）抱着对心学的沉醉，以一己之力于1604年（万历三十二年）撰成《心学宗》①，开宗明义地赞同阳明心学。该书从最广义的中国心学思想史视野选录文清、胡敬斋、白沙、阳明、王心斋5位儒家的相关语录，并在每个专题下面有自己的"案语"，批评王龙溪的"无善无恶"之教失阳明心学之"真"，试图让心回归"纯理无欲""至善本体"②，这样的写作方法有补救阳明后学的动机，是较早的应和朱王心学的学脉类著作。与此同时，学养深厚却偏于禅学的绍兴大儒周海门（周汝登，1547～1629）于1505年（万历三十三年）出版了《圣学宗传》（18卷本）③，明儒部分用7卷简要说明薛瑄、吴与弼、陈真晟、胡居仁、陈献章、王守仁、徐爱、钱德洪、王畿、邹守益、薛侃、王艮、黄弘纲、何廷仁、徐樾、罗洪先、赵贞吉、王栋、朱恕、韩贞、夏廷美、罗汝芳总计22位儒家学者的生平、语录与学术思想，是较早系统总结阳明后学的学案体著作。《圣学宗传》从人物数量上超过《心学宗》，但学术深度似乎比《心学宗》要差一点。周海门其后出版11卷本的《王门宗旨》则是专论阳明心学与阳明后学的学案类著作，收入阳明、心斋、曰仁、绪山、龙溪5个人的语录、诗歌、书信，该书是为王学争学术地位的重要著作④。

唐荆川之子唐凝庵（唐鹤徵，1538～1619）进一步丰富其父亲的

---

① （明）方学渐：《心学宗（四卷）》《续编（四卷）》，（清）方中通续辑，清康熙间继声堂刻本，四库全书存目丛书，子部第12册，第188～207页。

② （明）方学渐：《心学宗（四卷）》《续编（四卷）》，第134页。

③ （明）周汝登：《圣学宗传（十八卷）》，明万历三十四年刊本，四库全书存目丛书，史部第98～99册，第793页。

④ （明）周汝登：《王门宗旨（十一卷）》，明万历间余懋孳刻本，四库全书存目丛书，子部第13册，第556页。

这一学脉逻辑，1614 年出版的 7 卷本《宪世前编、宪世编》将阳明心学远追至孔孟诸子①，并增加了文清、心斋、念庵、近溪、荆川、塘南诸儒语录②，更完备地书写阳明心学学脉，为阳明心学的辩护增加理论上的说服力。唐凝庵心学版的《宪世前编、宪世编》写作体例具备黄梨洲《明儒学案》的雏形。另一位跧伏山间的儒者张卓庵（张自勋，宜春人）费十余年时光于 1658 年撰成《心书》③，从更广阔的心学史层面以自己的理解重新整理中国心学。该书除汇总阳明后学心学经典外，还汇总了朱元璋、朱棣、罗钦顺、海瑞、冯从吾、湛若水、李材、聂豹、洪垣等人的心学语录，填补明代心学史研究的相关空白。该书的宗旨就是汇合朱王，张卓庵说"天地万物之理具于吾心，心以明理，理以治心"，故他要追求"心理混合"的境界，打开中国史学研究的新局面，这与孙夏峰的学术宗旨是一致的④。

三　连续性的师承与明儒学脉内在进路的新视野

宋儒学脉的师承如下：周敦颐（1017～1073，号濂溪，湖南道县人）⑤ —程颢（1032～1085，号明道，洛阳人）、程颐（1033～1107，号伊川，洛阳人）⑥ —杨时（1053～1135，号龟山，南剑人）⑦ —罗从彦（1072～1135，号豫章，南剑人）⑧ —李侗（1093～1163，号延平，

---

① （明）唐鹤徵：《宪世前编、宪世编》，明万历四十二年纯白斋刻本，四库全书存目丛书，子部第 12 册，第 508 页。
② （明）唐鹤徵：《宪世前编、宪世编》，第 562 页。
③ （明）张自勋：《心书（四卷）》，清嘉庆十六年刻本，四库全书存目丛书，子部第 19 册，第 693～696 页。
④ （明）张自勋：《心书（四卷）》，第 699 页。
⑤ （宋）周敦颐：《周敦颐集》，陈克明点校，《理学丛书》，中华书局，2009。
⑥ （宋）程颢、程颐：《二程集》，王孝鱼点校，《理学丛书》，中华书局，2004。
⑦ （宋）杨时：《杨龟山集》，《丛书集成初编》第 2367～2368 册，中华书局，1985；《龟山集》，四库全书第 1125 册（集部），上海古籍出版社，1987。
⑧ （宋）罗从彦：《罗豫章集》，《丛书集成初编》第 2365～2366 册，中华书局，1985。

南平人）①—朱熹（1130~1200，号晦庵）②—黄榦（1152~1221，号勉斋，福州人）③—何基（1188~1268，号北山，金华人）④—王柏（1197~1274，号鲁斋，金华人）⑤—金履祥（1232~1303，号仁山，兰溪人）⑥—柳贯（1270~1342，浦江人）⑦—宋濂（1310~1381，号潜溪，浦江人）⑧—方孝孺（1357~1402，号逊志，宁海人）⑨。这条以"至善性体"为宗的暗线，穿越宋元两个朝代约近400余年，所有的儒家以传续道统学脉为己任，或出山从仕，或入山隐居乡野，建立书院，讲学丽泽，关爱年轻学者，培养读书种子，以气节立身，以著作传世，以培养年轻人为己任，如春风化雨般传承中国文化思想体系。高山仰止，景行行止。

明建文二年，方孝孺与董伦同主会试，录取吴溥（建文二年二甲进士第一名）、杨溥（建文二年进士）、杨荣等名士。及孝孺身没，永

---

① （宋）李侗：《李延平集》，《丛书集成初编》第2047册，中华书局，1985；《李延平先生文集（五卷）》，（宋）朱熹辑，四库全书存目丛书，集部第15册，台南，庄严文化事业有限公司，1997。

② （宋）朱熹：《朱子全书》（27册），朱杰人、严佐之、刘永翔主编，上海古籍出版社，2002。

③ （宋）黄榦：《黄勉斋先生文集》，《丛书集成初编》第2408~2410册，中华书局，1985；《勉斋集》，四库全书第1168册（集部），上海古籍出版社，1987。

④ （宋）何基：《何北山先生遗集》，《丛书集成初编》第2039册，中华书局，1985。

⑤ （宋）王柏：《鲁斋集》，《丛书集成初编》第2402~2404册，中华书局，1985；《鲁斋集》，四库全书第1186册（集部），上海古籍出版社，1987；《研几图一卷》，四库全书存目丛书，子部第6册，台南，庄严文化事业有限公司，1997。

⑥ （元）金履祥：《仁山集》，《丛书集成初编》第2001~2002册，中华书局，1985；《仁山文集》（附录），四库全书第1189册（集部），上海古籍出版社，1987；《宋金仁山先生选辑濂洛风雅六卷》，四库全书存目丛书集部第289册，台南，庄严文化事业有限公司，1997。

⑦ 《北山四先生》是婺学中坚，成就金华小邹鲁地位，《今日婺城》2012年2月9日，龚剑锋讲述，许中华整理。柳贯著作参阅（元）柳贯《待制集》（附录），四库全书第1210册（集部），上海古籍出版社，1987；

⑧ （明）宋濂：《宋濂全集》，罗月霞主编，浙江古籍出版社，1999。

⑨ （明）方孝孺：《方正学先生集》，《丛书集成初编》第2429~2430册，中华书局，1985；《逊志斋集》，四库全书第1235册（集部），上海古籍出版社，1987。

乐朝不得传布其著作，孝孺之学未得"大明"。政府垄断学术，宋儒一脉学脉虽一度在明朝士人学子中断绝，但朱元璋、朱棣等帝王亲身治学，朱棣撰《圣学心法》，使得心学得以广泛流播。待吴溥（1363～1426，古崖，江西崇仁人）、杨溥（1372～1466，湖北石首人）感恩于孝孺之人品、气节和情操，私传学于康斋，康斋奋发图志，潜隐偏僻山间，多年涵养，攻深力到，刊落浮华，学脉得以重新接续，康斋的崇仁学开宗立派，撒播于抚州、鄱阳、上饶、衢州一带。白沙于广东接其续，开明代心学之宗，湛甘泉继续推进此学脉，发展传统经学，使得江门心学沾染，教学基础更加饱满，粤学学脉得以形成。受甘泉学的鼓舞，阳明奋起于幽明之域，挽救道学于功利之场，接手白沙心学对心明觉能力的洞察，良知学风行天下。湖州之唐一庵则在甘泉理学之上接续阳明心学，刘念台的老师许敬庵自觉传播唐一庵的学脉。刘念台门人众多，使明代学脉在清朝继续流传并散播海外。

　　综观宋明儒家学脉传播600多年，其学脉流传依靠的是师者的言传身教，而不仅仅是文献著作的流传。儒家光明人格的照耀力、影响力和亲和力是历代学脉绵延不绝的主要原因，此一传播不因战争而中断，也不因独裁者恐怖般暴力而隔绝，更不因人师的偏好而影响。有时学脉的传承更多地具有"无心插柳柳成荫"的特色。如金履祥嫡传许谦、康斋嫡传娄一斋、甘泉嫡传洪觉山都没有有效地传承其老师一系的学脉，颇有"有心栽花花不成"的意味。人师秉着"一个都不能少""因材施教""柳暗花明又一村"的教法，细心培育，有志为学之士才可以茁壮成长。在宋儒学脉的启发下，本书的写作将连续性地纵观明儒学脉的师承进路，延着吴溥、杨溥—吴康斋—陈白沙—湛甘泉—唐一庵—许敬庵—刘念台不间断的时间线索，围绕明代诸儒的核心范畴与核心概念"至善性体"展开，试图在阳明心学于明朝大澜、大明与大传播的框架外，找寻明儒学脉的新线索，发现有明一朝学问内在逻辑成长的新视野。"无心插柳柳成荫"，于学术亦然，从吴康斋到陈白沙，从湛甘泉到唐一庵，表现了教育家仁爱学子的博爱情怀。

四　明儒学脉的新观照：以吴康斋到刘念台的师承为线索

现代的部分学者通过阅读先儒文献而产生感情上的老师认同，往往会产生击节而谈的崇拜和信服，并在生活上、学术上和行为上与之保持契合，出现所谓的"私淑"现象。"私淑"现象是通过文献传播的途径而实现的，也成为中国文化传承体系的重要组成部分。中国文化传承的另外一种方式就是登门拜师，典范如"程门立雪"，好学的学生表现出诚心求学的热忱和对知识的深切渴望。受学名儒门下不仅是一种荣耀，更是一种锻炼。儒家学者通过言传身教的方式，传播的不仅是学术、思想和读书方法，更重要的是为人处世的人生道理和满怀知识兼济天下的视野。文献阅读获得的可能是一种远距离的感悟、体认，可是在老师门下与老师共同读书、学习成长带来的往往是即时生效的知识体认。与醇儒郝敬、来知德、贺时泰、孙夏峰、王心敬潜心山间、教书育人和刻苦著述一样，吴康斋18岁拜学于太子洗马杨溥门下并得到明初心学的大体规模，他知道圣贤必可学而至，并感受到杨溥渊博学识的大儒气象。由于其父吴溥多年春秋学、四书学的启蒙，良好的教育背景使得他做出焚毁"路引"、立志成圣的疯狂举动，吴溥一度与其断绝父子关系。在明道"猎心说"启发下，他回到江西崇仁的山间潜心读书、农耕炼身、潜心教育，经过近60年的诚心育教，培养了一大批15世纪杰出的儒家学者胡九韶、娄一斋、陈白沙、胡敬斋、郑伉、谢复，其中陈白沙、胡敬斋配享孔庙，占据全明配享孔庙人数的一半。

胡九韶是典型的农耕型读书人，"课儿力耕"①，诗书传家，其学传丰城杨崇，而杨崇传朱子理学于与蔡清同名的大儒杨月湖②。杨月湖一生出仕，官至南京礼部尚书，实为 15 世纪末期至 16 世纪初期崇仁学派后学中与阳明心学互动的重要人物。为官之余，他利用官职之便尽心推动吴与弼、陈献章、胡居仁三人文集的出版、修订和传播，曾亲自祭拜娄谅墓，撰写悼文，弥合、增进娄谅、陈献章、胡居仁等门人弟子与王阳明间学术性交往③，是崇仁学派与姚江学派对话的重要桥梁。娄谅（1422～1491）来往吴康斋师门"十有余年"④，著作较多，包括《日录》（四十卷）、《三礼订讹》（四十卷）、《诸儒附会》（十三篇）、《春秋本意》（十二篇），可惜皆因战火散失，其弟子有娄性（号野亭，1481 年进士）、娄忱（号冰溪，年 70 没）、潘润（1464～1526，号玉斋）、夏尚朴（1466～1538，号东岩）等。娄野亭至南京太仆寺卿，曾主持白鹿洞书院、鹅湖书院讲学事。野亭遵父一斋所定目录⑤，分门别类⑥，收明太祖至英宗百年国家大事，费十余年于 1491 年成《皇明政要》⑦，1507 年刊刻（1526 年再版）。娄冰溪居家讲学⑧，设馆招待来访学者，"从游者众甚"⑨。夏东岩从政 20 多年，

---

① （清）黄宗羲：《明儒学案》，沈芝盈点校，卷 2《崇仁学案二》，中华书局，1985，第 45 页。
② （明）杨廉：《杨文恪公集》，续修四库全书集部别集类，影印山东省图书馆藏明刻本，第 1332～1333 册。
③ （明）杨廉：《杨文恪公集》第 1333 册，卷 62《祭一斋先生文》，第 116～117 页。
④ （明）夏尚朴：《东岩集》，四库全书第 1271 册，卷 5《娄一斋先生行实》，第 41 页。
⑤ （明）娄性：《皇明政要后序》，《皇明政要》，四库全书存目丛书史部第 46 册，台南，庄严文化事业有限公司，1996，第 343 页。
⑥ （明）娄性：《皇明政要》，第 191～193 页。
⑦ （明）娄性：《皇明政要》，第 344 页。
⑧ （明）夏尚朴：《东岩集》卷 5《冰溪先生墓志铭》，第 44～45 页。
⑨ （明）夏尚朴：《东岩集》卷 5《监察御史李君墓志铭》，第 47 页。

官至南京太仆寺少卿。为官之余常讲学，曾批评阳明良知学，并与崇仁学派后学湛若水、余祐、魏校、王顺渠等人共同对抗阳明心学的壮大，著有《东岩集》《东岩诗集》二种①。潘润则终身以教书为业，官成都教谕，实为儒家中的职业教师楷模②。胡敬斋以布衣之身于1467年（时年34）、1480年（时年47）两度主持白鹿书院工作（计约2年），曾于1472年（时年39）赴上饶拜访娄谅，交流学问③，旅游唱和，与大儒罗伦（1431~1478，丰城人）、内翰张东白多有书信往来。同时，他也多次批评白沙心学。对于老师康斋在明代的学术意义，胡敬斋说，"方今海内之士，学明德尊，足为师表者，康斋先生一人而已"④。其嫡传弟子余祐（1465~1528，字子积，鄱阳人，号韧斋）官至云南布政使⑤，为官30载，多次遭诬陷，不改其志，可谓明代理学能臣廉吏，有巨著《文公先生经世大训》（1514年撰成，1522年刊刻）⑥。自称"私淑"胡敬斋的魏校（1483~1543，苏州人，号庄渠）官至太子师，门人弟子多，如王应电、郑若曾（1503~1570）、王敬臣（1513~1595）等。但是，吴康斋上述弟子的学脉或因战火中断，或因其后学身体不好，或因外来因素的影响，学脉后传均没有绵延到16世纪中期，唯有广东来学的陈白沙接续了崇仁学脉并发扬光大。

① （明）夏尚朴：《东岩诗集》，四库存目丛书集部第67册。
② （明）夏尚朴：《东岩集》卷5《教谕潘德夫墓志铭》，第45~46页；（清）黄宗羲：《明儒学案》，沈芝盈点校，卷4《崇仁学案四》，第76~77页。
③ （明）胡居仁：《胡敬斋集》卷2《芸阁记》，中华书局，1985，第46~47页。
④ （明）胡居仁：《胡敬斋集》卷2《丽泽堂学约并序》，第72页；（明）胡居仁：《敬斋集》，董平点校，儒藏精华篇第252册，卷2《丽泽堂学约并序》，北京大学出版社，2008，第995页。
⑤ （明）张岳：《吏部右侍郎韧斋余公佑神道碑》，载焦竑《献征录》卷26《吏部三》（侍郎），《续修四库全书》史部第527册，上海古籍出版社，2002。
⑥ （明）余祐（辑）：《文公先生经世大训》，四库全书存目丛书，子部第6册，台南，庄严文化事业有限公司，1995，第697页。

　　陈白沙自 27 岁后游学康斋半年，康斋馆接待他。白沙归家静坐读书，研求义理，开江门心学学派[①]，是崇仁学派南传的代表。白沙早年弟子偏于禅学者多，晚年细心接洽门人，其钦点弟子为湛甘泉[②]。甘泉多年入仕，随时兴建书院，又曾管理南京国子监，故弟子多，如吕怀、何迁、唐枢、洪垣、蒋信[③]、王道[④]辈，开创与姚江学派比肩齐驱的甘泉学派。甘泉钦点弟子为洪觉山（洪垣，1527～1607，婺源人）[⑤]，但觉山默默治学于婺源乡间，调和阳明心学与甘泉心学，以随时随处体认天理为宗，遗憾的是其学没有传人。甘泉弟子何迁（1501～1574，号吉阳，江西德安人）有著述[⑥]，因文集藏于日本，国内学者难有其著述面世。甘泉弟子吕怀（约 1493～1573，号巾石，江西广丰人）1532 年进士[⑦]，官至南京太仆少卿，其弟子有杨时乔（1531～1609，号止庵，上饶信州区人）、唐伯元（1540～1597，号曙台，广东澄海人）。杨时乔少年父母双亡，自小独立，苦学成才，1565 年进士，官至吏部左侍郎，学术上秉承程朱理学，不喜阳明心学

---

① 白沙门人弟子著作如下：（明）林光：《南川冰蘗全集》，罗邦柱点校，中国文史出版社，2004；（明）张诩：《东所先生文集（十三卷）》，四库全书存目丛书集部别集类第 43 册；（明）贺钦：《医闾先生集》，武玉梅校注，辽宁人民出版社，2011；（明）李承箕：《大崖李先生诗集》，四库全书存目丛书集部别集类第 43 册。

② （明）湛若水：《湛甘泉先生文集（三十二卷）》，山西大学图书馆藏，清康熙二十年黄楷刻本，四库存目丛书集部第 56～57 册。

③ （明）蒋信：《蒋道林文粹》，刘晓林点校，岳麓书社，2010；《蒋道林先生桃冈日录》，《美国哈佛大学哈佛燕京图书馆藏中文善本汇刊 17》，商务印书馆、广西师范大学出版社，2003。

④ （明）王道：《顺渠先生文录》，日本昭和 7 年（1932）版本。

⑤ （明）洪垣：《觉山先生绪言》，续修四库全书子部第 1124 册，明万历刻本；《觉山洪先生史说》，四库全书存目丛书史部第 283 册，明万历四十二年刻本。

⑥ （明）何迁：《吉阳山房文集》，日本内阁文库版。

⑦ （明）吕怀：《巾石类稿》（30 卷，现存一卷，散失）；（明）湛若水、吕怀：《古乐经传全书（二卷）》，四库存目丛书经部第 182 册；（明）吕怀：《律吕古义（三卷）》，四库存目丛书经部第 183 册。

与近溪心学①。唐伯元 1561 年进士，以尊经著称，是反对阳明从祀孔庙的代表人物②。甘泉四大弟子中传播久远的是湖州的唐一庵③，一庵终生以讲学育人为业，晚年得大儒许敬庵④，传理学一脉。许敬庵晚年则有刘念台跋涉来学，崇仁学派一系流传至蕺山一脉的明儒学脉得以大成⑤。刘念台弟子黄梨洲奋笔多年，以心著学术史，有皇篇《明儒学案》，开清代史学之澜⑥。

① （明）杨时乔：《新刻杨端洁公文集》，四库全书存目丛书集部第 139～140 册；《周易古今文全书》，四库全书存目丛书经部第 8～9 册；《两浙南关榷事书》，上海古籍出版社，1995；《马政纪》，四库全书史部第 663 册。
② （明）唐伯元：《醉经楼集》，朱鸿林点校，台北，中研院历史语言研究所，2010；《铨曹仪注》，上海古籍出版社，1995。
③ （明）唐枢：《木钟台集》，四库全书存目丛书，子部第 162～163 册；《唐一庵先生年谱》一卷，（明）李乐编撰，（清）王表正重编，许正绥三编，《儒藏》史部《儒林年谱》，四川大学出版社，2008，第 1～101 页。
④ （明）许孚远：《敬和堂集》13 卷，日本内阁文库版；《敬和堂集》，四库存目丛书集部第 136 册；《大学古本（一卷）》《大学述（一卷）》《大学述答问（一卷）》，台北，中国子学名著集成编印基金会，1978 年影印万历二十一年刊本。
⑤ （明）刘宗周：《刘宗周全集》，浙江古籍出版社，2007。
⑥ （清）黄宗羲：《黄宗羲全集》，浙江古籍出版社，2005。

第一章
吴康斋的养良心

吴与弼（号康斋，1392～1469，江西抚州崇仁人）主元气说，重视气在宇宙生成中的作用，融气入理。康斋常年患病，因贫困无钱看病，主要通过保养精神的方法克治疾病。充养天地元气于身来消除疾病成为其保养身心的主要方法。通过自己亲身体验，康斋把宋儒先验的精神性元气观"下沉"到能验于身心的元气观，从而使得客观之理具有真实性。吴与弼论理大抵不出程朱范围①。在思考天理契合于内心的道德修养中，康斋感悟到心学的大要。康斋说"精白一心、对越神明"，其心中之理是纯善的道德伦理，其"神明"即天地之主宰，即"上帝"。在与客观之理的相对待中，他认为自己功夫涵养的一己、主观之心可以把握客观之理。他还说，"学者须当随事痛惩此心，划割尽利欲根苗，纯乎天理，方可语王道……可谓出世奇男子"②。"王道"即圣贤治理天下的方法。如果个体可以在自己的心地上做功夫，

---

① 康斋秉承元代金华理学之余风，重视道德涵养，详参陈荣捷《元代之朱子学》，载《朱学论集》，华东师范大学出版社，2007，第 194～214 页。

② （明）吴与弼：《康斋集》，四库全书集部，第 1251 册，上海古籍出版社，1987，卷 11《日录》条 3，时 35 岁，第 566 页。引文所引《康斋集》出处下同。

即"随事痛惩此心",那么可以存理去欲,内圣外王。从心出发,通过个体的主观努力,存理灭欲,可以把握外物之理。他还说,"五伦各有其理,而理具于吾心,与生俱生。人之所以为人,以其有此理也,必不失乎此心之理"①。此语虽讲现实礼节有内在客观之理,却是康斋论理的一个方面。康斋认为心具有知觉道理的能力,此语虽吸收二程心理本一的思想,但在义理上有所推进,特别强调心性功夫以不失心之理为原则。康斋的心具此理、理在心中思想,通过读书、沉思与自我觉悟等方式将朱熹的客观之理内化、主观化。

康斋所讲的心仍是未脱离形体的个人之心,但他在个体之心的基础上把体与用、心与物、内与外进一步合一了。如,"心一也,胜于物则灵,掩于物则昏"②,讲心体本为一;而"夫心,虚灵之府,神明之舍,妙古今而贯穷壤,主宰一身而根抵万事,本自莹彻昭融"③,在描述心的认识作用方面与朱子没有大的不同。但心"妙古今而贯穷壤",本来"莹彻昭融"而圆满自足,这就赋予心以"形而上"的本体意义了。功夫论上,康斋"反求吾心固有之仁义礼知而已",通过反求以获得心中四端的"人心固有"之说似有些接近于陆象山的"本心"说。但与陆象山的伦理实体之心并不相同,康斋主要指通过静观、冥悟所达到的"与天地同流"的心理境界,一种对宇宙万物实现直觉的神秘体验。康斋"静中思绎其理"主张物我同一于"理","理"存在于心体"未发之前"的气象之中,其从人生境界方面体验并阐发"心"的本体意味,是对朱子关于心的体用关系的改造,也代表着明初以来"心"概念的发展趋向④。

---

① 《康斋集》卷 8《吴节妇传》(时康斋 35 岁),第 528 页。
② 《康斋集》卷 10《耻斋记》,第 563 页。
③ 《康斋集》卷 10《沈斋记》,第 561 页。
④ 刘宗贤:《明代初期的心性道德之学》,《中国哲学史》1999 年第 2 期。

第一节　良心、性灵与心学

朱元璋、朱棣建立了强大而又有良好秩序的恢弘帝国，明初诸儒承盛世国运，享受着那个时代最好的太平盛世。在一片"耕读诗书好传家"淳朴风气下，醇儒吴康斋坚实地实践着程朱理学家的道德践履，在耕作读书方面，甚至超越以前的一些儒家，被后世儒家高度赞赏。正是由于在道德修养践履的路子上涵养太深、太久，康斋享受自然山水对内心德性的熏陶，获得了天理契于"吾心"的心理感受，其良心学体系带上了心学家的风采，"实际上已开启了明代心学的先河"①。明初刘伯温、宋潜溪②、朱元璋、朱棣等帝王大臣都具有浓郁的心学思想，这些心学思想为康斋心学思想的成长奠定了良好的思想史背景。刘伯温、宋潜溪作为明代开国文臣，其心学思想多体现在其长年的军旅生涯中。

朱元璋特别注意强调诚明之心对外在的感悟，他说：

> 人之一心，最难点检。朕起兵后，年二十七八，血气方刚，军士日众。若不自省察，任情行事，谁能禁我者？因思心为身之主帅，若一事不合理则百事皆废，所以常自点检。此身与心若两敌然，时时自相争战。凡诸事，为必求至当，以此号令得行，肇成大业。今每遇祭祀，以为当斋整心志，对越神明。而此心不能不为事物所动，检持甚难。盖防闲此身，使不妄动，则自信己能；

---

① 李霞：《明初理学向心学的演变》，《江淮论坛》2000年第6期。
② 对刘伯温、宋潜溪的心学思想，学术界多有专著面世，限于篇幅，此处略过。

若防闲此心，使不妄动，尚难能也。①

看到了人的虚灵之心对复杂事物的强大驾驭能力，这是他年轻时当和尚和后来常年军旅生涯的人生阅历给他带来的智慧，因此"斋整心志，对越神明"来实现本心的"精白一心"的常醒常觉状态，就可以实现外王天下的最高境界："运筹于帷幄之中，决胜于千里之外。"这样的人格境界事实上就是先秦儒家心学思想的精髓，即通过对至诚之心的刻苦磨炼，获得与上天感应的超凡决策力，诚心治理天下。在政务繁忙之余，朱元璋除了读书提高自己心性修养，还喜欢反思自身，以便时刻提醒自己的错误，建造观心亭，并说："人心易放，操存为难。朕酬庶务，罔敢自暇自逸。况有事于天地、宗庙、社稷，尤用祗惕。是以作为此亭，名曰观心，致斋之日，端居其中，吾身在是，吾心即在是。却虑凝神，精一不二，庶几无悔。"② 可见其思想具有浓厚的心学色彩，并直接影响了朱棣、康斋等人的心学思想。朱元璋具有强大的意志力、饱满的工作热情和深刻的分析力，工作十分勤奋、细心、周到，心胸极为开阔。他告诫他大儿子说，"吾自起田里至于今日，凡治军旅理民事，无不尽心。恒虑处事未当，故常深念古人。为治必广视听，凡言之善者，吾即行之；不善者，吾虽不行，亦绎思至再，果不可行，然后置之。夫虑事贵明，处事贵断，庶几不眩……天下之事，可得而治矣"③，集思广益，"增益其所不能"。朱元璋试图以心学建设强大的国家，因此他说，"朕常患下情不能上达，得失无由以知，故广言路以求直言。其有言者，朕皆虚心以纳之"④。朱元璋洁

---

① （明）余继登：《典故纪闻》，顾思点校，中华书局，1981，卷3，第40页。
② （明）余继登：《典故纪闻》，顾思点校，卷3，第58页。
③ （明）余继登：《典故纪闻》，顾思点校，卷3，第49页。
④ （明）余继登：《典故纪闻》，顾思点校，卷3，第57页。

身自好，生活非常简朴，可是工作却很卖力，虚心治政。他说："朕
夙兴视朝，日高始退；至午复出，迨暮乃退。日间所决事务，恒默坐
审思，有未当者，虽中夜不寐，筹虑停当，然后就寝……吾岂好劳而
恶安？顾自古国家未有不以勤而兴以怠而衰者。天命去留，人心向背，
皆决于是。甚可畏也，安能暇逸？"体现了他以虚静之心处理天下事
务的思想。朱元璋特别强调静心寡欲，以主敬之法对治人的欲望，
他说：

> 吾持身谨行，汝辈所亲见。吾平日无优伶媟近之狎，无酣歌
> 夜饮之娱，正宫无自纵之权，妃嫔无宠幸之昵。或有浮词之妇，
> 察其言非，即加诘责，故各自修饬，无有妒忌。至若朝廷政事，
> 稽于众论，参决可否，惟善是从。若燕间之际，一人之言，尤加
> 审察。故言无偏听，政无阿私。每旦，星存而出，日入而休，虑
> 患防危，如履渊冰，苟非有疾，不敢怠惰，以此自持，犹恐
> 不及。①

这些体现了一代雄主严于律己、以心治身的良好典范。

朱棣也崇拜程朱心学思想，不仅亲自于 1409 年撰写学术性专著
《圣学心法》，而且于 1423 年夏编辑完成历代学者对《金刚经》的注
解。他在《圣学心法》一书中系统地提出"心学"治政的理念，构建
"诚心治政"的体系。他说："上智则生而知之，其次则必学而后能。
学之之至，则可以为圣人；学不至于圣人，则不足谓之学。然万事必
根于一心，先明诸心，力求其至，使本体之明，贯通透彻，无毫发之

---

① （明）余继登：《典故纪闻》，顾思点校，卷4，第61页。

蔽，裁制万物，各得其宜，则体周而用备，以是为训，或庶几乎其可矣。"① 可见朱棣意识到认得本心明觉对公共事务治理的领导力，所以他的王道思想凸显本心的地位，为后来明代心学的繁荣提供思想史背景。他还说"君人者，以一心而维持天下；心之好恶不可以不慎"②，但是"一心之用，周流天下，须臾暂息"③，他要以"天地为心"④，提出"渐磨人心"⑤、"以理制心"⑥ 的行政管理思想。他注意到"财者，民之心"⑦，"修德以合天心"⑧，实现"君臣同心、君民同心，天下大治"⑨ 的局面。他说，"夫一心之源，本自清净，心随境转，妄念即生……说此经，大开方便。俾解粘而释缚，咸涤垢以离尘，出生死途，登菩提岸；转痴迷为智慧，去昏暗即光明，是经之功德广矣大矣"⑩，指出他晚年要以大慈悲精神诚心建设新王朝的理想。和朱元璋一样，朱棣也主张以虚静心体明觉状态处理天下公共事务，他说：

> 朕每旦四鼓以兴，衣冠静坐。是时神清气爽，则思四方之事，缓急之宜，必得其当，然后出付所司行之。朝退未尝辄入宫中，间取四方奏牍，一一省览。其有边报及水旱等事，即付所司施行。宫中事亦多须俟外朝事毕，方与处治。闲暇则取经史览阅，未尝敢自暇逸。诚虑天下之大，庶务之殷，岂可须臾怠惰？一息惰则

① （明）朱棣：《圣学心法》，明永乐七年内府刊本，序言第 3 页。
② （明）朱棣：《圣学心法》，明永乐七年内府刊本，序言第 7 页。
③ （明）朱棣：《圣学心法》，明永乐七年内府刊本，序言第 7 页。
④ （明）朱棣：《圣学心法》，明永乐七年内府刊本，序言第 17 页。
⑤ （明）朱棣：《圣学心法》，明永乐七年内府刊本，序言第 9 页。
⑥ （明）朱棣：《圣学心法》，明永乐七年内府刊本，序言第 26 页。
⑦ （明）朱棣：《圣学心法》，明永乐七年内府刊本，序言第 20 页。
⑧ （明）朱棣：《圣学心法》，明永乐七年内府刊本，序言第 27 页。
⑨ （明）朱棣：《圣学心法》，明永乐七年内府刊本，卷 1《统言君道》，第 55 页。
⑩ （明）朱棣：《金刚经集注》，上海古籍出版社，1984，序言第 1～2 页。

百度弛矣。①

通过神妙不测之体来把握纷繁变化之公共事务，以大公之心纠治天下公共事务。朱棣特别爱好学习，喜欢藏书，以读书作为休息的好方法，这是他学习宋代大教育家朱熹和其父亲朱元璋刻苦治学的地方。通过最大限度地达到无欲的状态实现人的主观本心对外物的决策能力，朱棣的心学思想与张良、诸葛亮的思维契合。他说，"常恐民有失所，每宫中秉烛夜坐，披阅州郡图籍，静思熟计，何郡近罹饥荒，当加优恤。何郡地迫边鄙，当置守备，旦则出与群臣计议行之"②，这说明朱棣重视以己之心来运筹帷幄天下之理。朱棣在熟看了学士解缙等进的《大学正心章讲义》，说：

> 人心诚不可有所好乐，一有好乐，泥而不返，则欲必胜理。若心能静虚，事来则应，事去如明镜止水，自然纯是天理。朕每朝退默坐，未尝不思管束此心为切要。又思，为人君但于宫室车马服食玩好无所增加，则天下自然无事。③

其以至诚之心处理公共事务由此可见。朱棣系统论述心学思想，较早地提出以明觉心灵领导公共事务的指导作用。他说，"一心明，万理明；一心正，万理正"④，因此他要追求心明的道德境界，故"吾心既明，天地万物之理皆具于吾心"⑤ 的治政方法。他提出"人君之心与

---

① （明）余继登：《典故纪闻》，顾思点校，卷6，第116页。
② （明）余继登：《典故纪闻》，顾思点校，卷6，第104页。
③ （明）余继登：《典故纪闻》，顾思点校，卷6，第111页。
④ （明）朱棣：《圣学心法》，明永乐七年内府刊本，卷2《学问》，第33页。
⑤ （明）朱棣：《圣学心法》，明永乐七年内府刊本，卷2《学问》，第34页。

天一"①，"心在则天在"②，大大抬高了人的主观意志和行动力对外在事物的管理能力，于是，他在公共政策上构建了不少形象工程，如"北京皇宫、长城、运河、郑和航海远征、永乐大典和南京大报恩寺的琉璃宝塔"③，有的工程对经济发展和文化保存还是有一定意义的。

明初雄主以明觉之心处理天下事务，凸显虚明心体对外在事务的主宰作用，获得经纶天下的伟业。浸润在浓郁的心学环境下，吴康斋通过多年养良心、养性灵、养灵台、养灵府的道德践履，深悟心学之要，其获得的愉快的精神状态与朱元璋、朱棣是一致的。吴康斋的心学思想其实是对明初心学思想义理上的提炼和总结。

一 良心学体系

吴康斋以"良心说"为核心，总结程朱诸宋儒的心学思想，提出天心、本心、初心、真心、良心、道心、心气、素心、芳心、私心、奢心等哲学概念，心的范畴成为其学术思想的核心概念。

（一）天心

吴康斋的"天心"来源于康节、朱子的"天地之心"。天心为宇宙万物终极主宰和核心源泉，是宇宙万物运动的主宰。其心中的"天心"客观且永恒，具有"无改移"的特征，其生生不息之特征即"泰"。康斋讲"前程信有自然妙，莫把天心当等闲"④，暗示了"天心"孕育下的大千世界必然是生机勃勃、博彩斑斓的。他有时用"三

---

① （明）朱棣：《圣学心法》，明永乐七年内府刊本，卷2《法天》，第41页。
② （明）朱棣：《圣学心法》，明永乐七年内府刊本，卷2《法天》，第41页。
③ 张小平、周少青：《政治合法性视野中的明成祖朱棣：一个范本的解读》，《吉林师范大学学报》（人文社会科学版）2008年第2期。
④ （明）吴与弼：《康斋集》，四库全书集部第1251册，上海古籍出版社，1987，卷4《望越中山》，第427页。引文所引《康斋集》出处下同。

阳交处天心泰，百福臻时瑞气饶"① 这句话来祝福朋友新居在冬去春来的好时机落成。康斋说，"是心也，其天地生物之心乎！验诸日用之间，凡非有所为、油然以生者，皆是心也，充是心以弘厥德焉"②，康斋感悟到"天心"的妙用，"非有所为、油然以生"暗示了"天心"所具有的内在顺势的天然特性。天心的"好生之德"可以在天人各自的领域展开、贯通，这一功夫过程就是康斋所说的充心弘德从而"验诸日用之间"。康节的心性功夫论对康斋影响较大，其"物理悟来添性淡，天心到后觉情疏"③，与吴康斋的"天心见处从义觅，物理窥时向邵求"④、"欲见天心时访柳，闲窥物理独寻梅"⑤ 一致，都强调以"天心"察看"物理"。吴康斋在每年冬至、夏至（"至日"）季节变化之际，仰观天空，俯视万物，其以"天心"察见物理之意表明他学习康节的格物穷理观。吴康斋透过观察湖水而追求的"月到天心处，及风来水面时之乐，则在乎其人焉"⑥，其蕴含的"清意味"就源自邵康节"月到天心处，风来水面时。一般清意味，料得少人知"⑦、"天心月满蟾蜍动，水面风微菡萏香。肯信人间有忧事，新醅正熟景初凉"⑧ 等诗歌。吴康斋赞同康节、明道、朱子天地"无心"而博爱一体对待万物的思想，思儒均追求"廓然而大公、物来而顺应"的潇洒心境。康节说，"天心复处是无心，心到无时无处寻。若谓无心便

① 《康斋集》卷7《贺彭九彰落成新居》，第500～501页。正月三阳开泰，正月三阳生泰卦，此时是立春、新年的好时节。故"三阳"意味着春天的开始。
② 《康斋集》卷10《天恩堂记》，第600页。
③ 《邵雍集》卷3《答人放言》，第211页。
④ 《康斋集》卷7《至日》，第490页。
⑤ 《康斋集》卷7《至日次杜韵》，第498页。
⑥ 《康斋集》卷8《观湖说》，第528页。
⑦ 《邵雍集》卷12《清夜吟》，第365页。
⑧ 《邵雍集》卷13《依韵和王安之少卿六老诗仍见率成七首诸诗》，第393页。

无事，水中何故却生金？"① 明道说，"天地之常，以其心普万物而无心""天地无心而成化"②，朱子也说"天地自有个无心之心"③，康斋则说"万事付之无心，可也"④。

（二）芳心

"天心"范畴从宇宙生成、演化和成长的主体层面着眼，如果从宇宙生生不息的客体层面而言则是"芳心"，"芳心"凸显"天心"抚养万物的盎然春意。康斋说，"苟能存养此心之一，岂鬼神教我哉"⑤、"一亲圣贤之言，则心便一。但得此身粗安，顷刻不可离也"⑥，此"一心"即是充满生意的德性之心，即"芳心"⑦。"芳心"意味着天心之"芳"，是天心最具生意、活泼的层面，是天心投影于真实世界万事万物的生机盎然表现。康斋喜欢往福建亲证朱熹讲学布道遗迹，甚至在晚年70多岁高龄仍然往福建，跋涉武夷山水，访朱子墓，"申愿学之志"。在壮丽的武夷美景中，康斋看到祖国的壮丽河山得天地万物一体之乐。这种快乐，就是他对天地万物所蕴含"芳心"的生生精神，如康斋诗"困鼷正怜鱼囷囷，芳心谁似木欣欣"⑧、"芳心怜露草，清韵爱晴鸠"⑨。明道的生态儒学思想是以芳心为主题而展开的。此种可敬、不息的草木生机周流到真实世界中，就是"自在芳心"，康斋诗"虬枝忽见雪交加，自在芳心阅岁华。客里但贪春意好，

---

① 《邵雍集》卷8《寄亳州秦伯镇兵部》，第290页。
② （宋）程颐、程颢：《二程集》，王孝鱼点校，中华书局，1981，《定性书》，第460页。
③ （宋）朱熹：《朱子语类》，（宋）黎靖德编，岳麓书社，1997，卷4《性理一人物之性气质之性》，第55页。
④ 《康斋集》卷11《日录》条229，第582页。
⑤ 《康斋集》卷11《日录》条287，第585页。
⑥ 《康斋集》卷11《日录》条288，第585页。
⑦ 字典载，芳心本意为具有香气的花蕊，引申为美好的心灵和情感。如赞牡丹，"国色天香人咏尽，芳心独抱有谁知？"后用"芳心"一词比喻女子内心美好的感情。
⑧ 《康斋集》卷2，《除日奉和族叔父仰学先生见寄诗韵》，第390页。
⑨ 《康斋集》卷2，《寓宝应寺》（二首），第390页。

短墙不必问谁家"①。"自在芳心"呈现给我们"行云流水"的自然心境。

（三）本心

本心指人心的本来状态，属于抽象先验概念。康斋认为湛然虚明是心之本体，其日用功夫就是要让习俗之心回到本心的原初状态，"随时随处不是功夫"，发扬本心对外物的感知能力，即《易经》说的"复，见天地之心"，"复"的心性功夫论一直是宋儒所追求的。康斋说"心本太虚，七情不可有所"②；又说"苟本心为事物所挠，无澄清之功，则心愈乱"③；"人苟得本心，随处皆乐，穷达一致"④。可见保养"本心"的纯洁性和明觉能力是一项重要的道德功夫。康斋说"本心所主浑由己，外物之来一听天"⑤，又说"理家务后，读书南轩，甚乐，于此可识本心"⑥，可见保有、察觉自己的"本心"是儒家内心快乐的心法。虽然康斋主张读书、廓清的方法保养道德本心，但涵养本心的衷曲与孟子、象山是一致的。康斋涵养本心，操持以不失本心为度。

（四）初心

康斋"初心"说可能源于宋儒胡瑗弟子徐积（1208～1103）的"初心"观⑦。康斋用"初心"来表达自己早年立志所预设的理想人格心灵状态，其看《韩文》"聪明不及于前时，道德日负于初心"⑧，察觉到社会习俗对人心的污染。康斋年轻时生活贫困，除读书外，忙于

---

① 《康斋集》卷2，《道中见梅》，第400页。
② 《康斋集》卷11《日录》条13，第568页。
③ 《康斋集》卷11《日录》条26，第569页。
④ 《康斋集》卷11《日录》条34，第570页。
⑤ 《康斋集》卷11《日录》条153，第578页。
⑥ 《康斋集》卷11《日录》条22，第569页。
⑦ 见何怀宏《良心论：传统良知的社会转化》，上海三联书店，1994，第三章《诚信》第三节《如何规定作为基本义务的诚信》，故事原见《宋元学案》（《安定学案》）。
⑧ 《康斋集》卷11《日录》条175，第580页。

治生，故德性涵养的时间有限，故有"道德日负于初心"的感触。

（五）心气

元气周流宇宙之间，在天为天气，在人为人气，在心则为心气。人心秉气，虚明湛然，具有知觉的功能。在康斋看来，一个人的内心之气阴阳中和、平衡的话，内心就会平静，心思也就稳定了。康斋说，"五六月来，觉气象渐好，益加苦功，遂日有进，心气稍稍和平"①。康斋通过逐日刻苦读书的传统方法来获得内心的中和心态。康斋说，"夜病卧思家务，不免有所计虑。心绪便乱，气即不清。徐思可以力致者，德而已，此外非所知也。吾何求哉？求厚吾德耳，心于是乎定，气于是乎清"②，可见通过对德性修养的坚定，可以避免心气对其理想人格修养的干扰。康斋的心气说是把心与气联系起来说的，讲究心平气和，是中国哲学史的创新，如他说"累日看《遗书》……因思二程先生之言……温乎其夫子之言也。读之，自然令人心平气和，万虑俱消"③。康斋对心气清明的重视被胡敬斋所继承，他特别欣赏理气之清明感觉，功夫论上主张诚意慎独，他说，"谨独功深切，防微意最玄。交争真在此，要不愧皇天"④。其"防微意最玄"的"诚意关"思想⑤与康斋对心气的察觉有关。康斋的"心气"范畴大概相当于王阳明所提出的"意"的概念，都有暗示心之涌动的意思。吴康斋的"心气"影响了他自己的意念功夫。他意识到心气运动对德性修养的直接关

① 《康斋集》卷11《日录》条13，第568页。
② 《康斋集》卷11《日录》条11，第567页。
③ 《康斋集》卷11《日录》条183，第580页。
④ （明）胡居仁：《胡敬斋集》，正谊堂全书丛书集成初编第2162册，中华书局，1985，卷3《诚意关》，第89~90页。
⑤ 刘念台颇表扬胡敬斋"心有专主之谓意"的说法，见钱明《阳明学的形成与发展》，江苏古籍出版社，2002，第217页。这说明吴康斋还没有对"意"的明确认识，胡敬斋开始重视"意"，而王阳明的"意"学就比较体系化了。

系，其功夫修养上主张心内气的清明、平衡，也就是清除内心污浊之气的躁动，使心气变成纯然的清明、平和之气，康斋的读书、思考事理的修养方法与王阳明发动内心意志力的致良知功夫是不一样的，其强调遏制心气的方法使得他的心学思想仍然是程朱理学家的路子。在长年的心性历练上，康斋所提出的"心气"观无疑把程朱理学的心学思想推进了一大步。陈白沙正是由于难以在清明之心修养的着力点上获得重大突破，于是在多年的主静中，才找到了适合他的养心法子，来克制心气的运动，实现愉悦的天人一体的快活心境。

（六）活物之心

"心是活物"源于朱子，指心的变动性。吴康斋坚持朱子的"心为活物"说。心之静、动是指心之未发已发、寂感。心之静指心思虑未萌、未接事物时的意识状态；心之动指既接事物、思虑已萌时的意识状态。心之静、动表明时间上的前后源流关系①。康斋继承朱子的静时存养、动时察省，察觉心的流动性，注意心须静养默察，需要静心。康斋说"近来身心稍静，又似进一步"②，是其自觉克制身心进行道德修养的效果。他"玩《中庸》，深悟心学之要，而叹此心不易存也"③，故说"心是活物，涵养不熟，不免摇动。只常常安顿在书上，庶不为外物所胜"④。康斋喜从静动两个方面做涵养功夫，以应事后读书的方法对治摇动之心，使心体得以存养，以便内心宁静证道。

（七）道心

道心是灵明之心的道德化状态，是心气朝着全具此理方向迈向精白素心的过程。朱文公说的"此心之灵，其觉于理者"是道心，而

---

① 陈来：《有无之境：王阳明哲学的精神》，人民出版社，1991，第68页。
② 《康斋集》卷11《日录》条196，第581页。
③ 《康斋集》卷11《日录》条86，第574页。
④ 《康斋集》卷11《日录》条92，第575页。

"觉于欲者"的心是人心①，道心与人心之分是区别高尚的人与俗人的标志②。潘桂明教授认为，道心与人心概念颇有大乘佛学"一心"开"二门"即体即用的关系。康斋感兴趣者在涵养道心，即长道心、消人心，使心气朝纯乎天理粹然的心理状态前进。其"静里生诗思，闲中长道心"③、"窗前花草宜人意，几上诗书悦道心"④，通过读书和休闲实现德性完全具于内心。康斋的"值予道心长，咏归正相宜"⑤、"希贤事业愧庸才，锻炼磋磨志愈乖。世泽厚深流庆远，道心连日得悠哉"⑥，把道心的成长作为身心修养的日课，最终修到"浑是道心"的地步⑦。受私欲支配的人心通过恰当的训练可转变为依理而动的道心，心与理具有关联性而不是同一性关系⑧。

（八）良心

康斋说"人心谁不良？"指出人的本心是善良的。长道心的最终目标是良心在人的身上，其日常行为体现了一个儒家的独善与兼济的品格⑨。

---

① 《朱子文集》卷56《答郑子上》（十）。
② 诚如钱穆云，朱子思想研究的难题在于朱子所讲前后颇不一致。朱子思想尽多先后递变处，在先如此说，在后或如彼说，大抵后胜于前，此乃朱子自己思想之转译。此点为笔者等学者研究不得不注意者。参阅钱穆《朱子学提纲》，三联书店，2005，第95页。笔者于2006年暑假到沪访同济大学中国哲学史家朱义禄教授，朱先生《〈朱子语类〉述评》刚刚完稿。席间谈论朱子学，先生告笔者，朱子学尤要注意。朱子一会儿这样说，一会儿又那样说，不可不当心。盖朱先生深究《朱子语类》，得出与钱穆先生一样的结论。
③ 《康斋集》卷1《闲述》，年29，第365页。
④ 《康斋集》卷11《日录》条157，第578～579页。
⑤ 《康斋集》卷1《晓出》，时年28，第362页。
⑥ 《康斋集》卷1《省己》，时年34，第377页。
⑦ 朱子晚年认为有道德的人心即是道心，圣人浑是道心，不使道心与人心敌对，见钱穆《朱子提纲学》，三联书店，2005，第94～95页。
⑧ 刘述先：《有关宋明儒对于心性理的了解之反思》，拉措译，《西北民族大学学报》（哲学社会科学版）1992年第2期。
⑨ 吴康斋道德修养论的核心是养良心，而长道心是养良心的修养方法。他说，看《孟子》，深悟心学之要，盖指孟子之良心、赤子之心。他说"安得同志人，灵台共期养"，他的功夫显然是针对流俗滔滔的时代有感而发的，具有现实针对性。守住良心是社会有序的最后一道防线。当良好的制度被小人说抛弃或篡改的时候，制度便难以有效管理社会的时候。有序秩序只能依靠政治精英的道德自觉，即良心。

吴康斋察觉到公共良心的缺失导致人道的丧失，社会风气的败坏，因此他说，"能不失此心之理……亦人道之当然……然人欲横流，良心断丧，而人道不亏者鲜"①。他呼唤知识分子以养良心来引领社会风气的改善。康斋还说，"知止自当除妄想，安贫须是禁奢心"②，"与一邻人谈及不肖，稍能负重私心，稍悦"③，"逐日从容深燕养，憧憧慎勿役私心"④。他提出克制每个人的私心和奢心来保养良心、长道心，挺立道德主体性。仁者养良心的传统修养功夫亦只是去奢、去私。

（九）真心

佛教、道家均好用真心来证明其证道的程度。儒家的真心指德性饱满之心。吴康斋常借用朱子的真心。吴康斋说，"毋以妄想戕真心、客气伤元气"⑤，希望修养者一心一意饱含德性，强调功夫入于自然、勿忘勿助状态，摆脱妄想（过高）与客气（过低）之病，这与白沙"自然为宗"、甘泉"随处"心学一致。吴康斋"真心"说强调功夫入于自然而然不着意境界，去除虚伪的礼节和客气，这与《周易》的自然思想一致。明代中期儒家唐枢（1497～1574，号一庵，湖州人）看到阳明后学陷入空虚之地，就以"讨真心"为教来纠正阳明心学。道心、良心与真心都是德性充养于人心的状态，只是使用的角度不同。

（十）素心

吴康斋的"素心"⑥指其一直梦想的圣贤之心。素心可以表现为隐居山林之超脱名利的雅心，纯粹于偏僻之地读书、治学和育人，如

---

① 《康斋集》卷8《吴节妇传》，时35岁，第528页。
② 《康斋集》卷11《日录》条15，第568页。
③ 《康斋集》卷11《日录》条51，第571页。
④ 《康斋集》卷11《日录》条289，第585页。
⑤ 《康斋集》卷11《日录》条241，时将70岁，第583页。
⑥ 在植物中，素心春兰是上等兰花。

"清洁乃素心，白云一茅屋"①、"十载劳经营，得卜寒泉麓。虽乏囊中资，幸安一茅屋。桃李君自花，风月吾人独。侨居非素心，言归事耕读"②、"素心在丘壑，衡茅隐松萝。时访李邨侯，或亲郭橐驰。空谷响樵唱，绿野喧农歌。暝然日之夕，不乐复如何"③。康斋多能欣赏山林风景带来的自然之乐，如陶渊明般陶醉于山水之间；以农业劳动和读书相夹持，无心于名誉、权力和财富，纯粹于成圣的道德修养。素心因摆脱外在事物与自我表现超越之心，如"素心无物我"④ 消除物我对待进入天人一体的和谐境域，如水一样自由自在于天地之间，"素心同似水"⑤。"素心"追求超越的自我，保持如同自然物那样未受外界干涉的本然状态，有回归真实世界的不黏滞之乐，体现主体对本心自由意志的张扬和放飞。乡居中，康斋会刻意辞掉乡人的宴请，不想去沾染世俗关系，纯粹于长道心，保持"素心"不失的状态。康斋的"平生非欲多违忤，恐负区区雅素心"⑥，体现了作为一代教育家不愿像世俗之人一样随便应酬，展现一代大儒高雅的一面，而其不苟世俗的生活作风也影响其门人弟子。他的"行装已出杉关道，闽水闽山惬素心。身幸平康僮御乐，春风桃李可无吟"⑦，表明其心是乐的，暗示他很乐意于这种不被世人注意的平民生活，故而出游访学多能如光风霁月般放得开，游走江湖多带着乐观的生活态度。康斋感悟到心"虚灵之府，神明之舍"⑧ 的神奇，修养心的明觉能力，康斋和一斋都

---

① 《康斋集》卷 2《石泉》，第 380 页。
② 《康斋集》卷 2《追和刘秀野诗韵》，第 397 页。
③ 《康斋集》卷 2《追和刘秀野诗韵》，第 398 页。
④ 《康斋集》卷 2《出城道中》，第 390 页。
⑤ 《康斋集》卷 2《同孙修撰日恭赋诗留石源黄宅》，第 388 页。
⑥ 《康斋集》卷 2《辞李氏宴》，第 399 页。
⑦ 《康斋集》卷 6《杉关道中》，第 475 页。
⑧ 《康斋集》卷 10《浣斋记》，第 561 页。

追求"圣贤之心如止水"①的高明境界，把崇仁心学带入精深的殿堂。

二　性

心是能觉，性是所觉②。性指仁义礼智信五种，是理的人化过程。吴康斋以天性、德性、本性、真性等概念来表达他对性的理解，建构一套较为完整的心性学体系。

（一）天性

天心之所以周流天地万物、生生不息源于其天性的至上性与不可抗力。天性是指天心主导世界自我运转的德性。儒家天性为天命之性或天地之性，指先天具有的品质或性情，指天地自然的关爱万物的品性。天性投于人伦之间表现为亲子之爱。吴康斋的天性指父子间的天然亲情，他说，"夏日舒以长，斋内深更静。正襟新浴余，肃容湛天性"③、"天性良固有，深爱成长泣。涕泪泫莫收，晓起衾犹湿"④，盖康斋内心表示出对父亲的思念。康斋湛"天性"功夫带有主敬的意思，以一种象征性礼仪来引导规范内心的发展。孟子、董仲舒、张载、程颐对天性特崇⑤，朱子爱讲"天性"⑥，而康斋说"父子之道，天性也，其有不爱乎？反是者，丧其天耳"⑦，彰显儒家对父子亲情天性的

---

① 《康斋集》卷11《日录》条19，第569页。
② 钱穆：《朱子学提纲》，第51页。伊川接引《中庸》"天命之为性"，形成"性即理"说，见〔日〕岛田虔次《朱子学与阳明学》，蒋国保译，陕西师范大学出版社，1986，第40页。
③ 《康斋集》卷1《读易》，第371页。
④ 《康斋集》卷1《梦严亲》，第369页。
⑤ 孟子说"形色，天性也。惟圣人然后可以践形"（《孟子·尽心上》），董仲舒说"明于天性，知自贵于物……然后知仁义……然后乐循理"（《春秋繁露·天人三策》），伊川说"人有秉彝，本乎天性"（程颐《四箴》）。
⑥ 柳诒徵（1879~1956）的《读墨微言》曾说儒家立言，处处据天性，转引郑师渠《学衡派论诸子学》，《中州学刊》2001年第1期。
⑦ 《康斋集》卷10《思善堂记》，第564页。

执着，有将父子伦理纲常化之意味。

（二）本性

本心所收摄之性即本性，人性本善。刘述先认为象山的"先立乎其大者"的"大"即是本性，而本性具有清纯优良的特性①。朱子的本性含义广泛，涵摄德性（善）、理。明道认为性如水，朱子则认为本性如灯。吴康斋说，"人性之本善而气质之可化也，的然矣"②，"性也何曾染，心合此正虚"③，其性指人心善之德性。本性具有本然之特性，无所沾染，故为善。康斋主心性相合，以虚灵之心相合性体，主张勿忘无助的随分功夫，这是他开启了白沙自然主义心学之处。

（三）德性

吴康斋多以读书、劳动和思索等方式来尊德性。性体虽善，但容易被世俗污染，要通过下学尊德性功夫变化气质，回归真实性体状态。康斋说，"德性学问，不敢少怠，但恨岁月来日无多"④，"德性难驯学力微，空怜遽瑗晚知非。从今何以酬余齿，博约须令莫暂违"⑤，性体本身虚灵，难于认识，故德性学问功夫难于把捉，即"难驯"。康斋意识到德性功夫的紧迫性、必要性和艰巨性，故常常表现出紧张的心情，比较在意自己的德性修养不够扎实、深入和坚定，这是他不同于一般儒家的地方。德性说源于《中庸》（第二十七章）"尊德性而道问学"，朱子配以道问学来丰富德性学体系，希望德性、问学二事浑做一事来看。吴康斋与门人一斋德性修养限于乡间，故其德性涵养穷理

---

① 刘述先：《有关宋明儒对于心性理的了解之反思》，第 127 页。
② 《康斋集》卷 11《日录》条 10，第 567 页。
③ 《康斋集》卷 2《即事》，第 381 页。
④ 《康斋集》卷 11《日录》条 283，第 584 页。
⑤ 《康斋集》卷七《晓枕作》（时年 75），第 493 页。

不够，不似朱子那般博大①。吴康斋说，"令郎在侍，宜笃教之。熟读小学四书五经本文，养其德性，勿令束放"②，重视收敛身心、主敬等从小学、四书、六经入手的下学功夫。胡敬斋通过不断讲学和钻研深奥物理等活动增强德性功夫论③，康斋另一高足陈献章却感觉到德性功夫的麻烦、繁琐，以"六经为糟粕"，专一静坐，开启明代心学之奥。

（四）真性

康斋的"性真"指去邪思的功夫论以恢复本性的清明之态。康斋说，"眼前名利日纷纭，扰扰何由得性真？置却身心贫富外，始知世有出尘人"④、"尝闻《洪范》思能睿，只恐邪思乱性真。时止时行非人力，慎勿憧憧役此生"⑤。其"性真"意义接近"真性"。但似不敢大讲"真性"，以免引起学术界的非议，体现其学术纯正的特点。真性本佛家用语，指究竟之性⑥。朱子在回答学生"保合大和乃利贞"说，"天之生物，莫不各有躯壳……有个躯壳保合以全之……则真性常存，生生不穷……全其大和之性，则可利贞"⑦，其真性指生生大化之理。康斋捐馆后，真性说风行天下，学界巨子多有追求心体之虚灵明觉，以求天地一体之乐。白沙、阳明、钱德洪（1496～1574，号绪山）、王时槐（1522～1605，号塘南）、张后觉、赵维新等心学家多发

① 一斋在苏州，遭到桑悦（1447～1503）的批评。桑悦批评一斋的道问学功夫不够。据《明儒学案》卷39载，一斋高冠佩剑，所至倾仰，至姑苏，桑悦来访，引僻书相难，一斋未答，悦曰："老先生德性工夫有之，道问学则未也。"一斋遂不与语。
② 《康斋集》卷8《与曰让书》，第523页。
③ 参见方旭东《尊德性与道问学：吴澄哲学思想研究》，人民出版社，2005，第246页。
④ 《康斋集》卷2《名利》，第385页。
⑤ 《康斋集》卷2《枕上偶成》，第391页。
⑥ "真性"说较早提出者是宗密，其"灵觉真心"蕴含如来藏真性。
⑦ 《朱子语类》卷六十八。

挥真性学，一度将真性抬高到无以复加的地步①。

（五）中和性

康斋一以圣贤境地为归宿，追求"致中和"。康斋深谙功夫之道，"何由养得中和性？乐以忘忧理浑然。敛然下学无他法，一味深功克性偏"②，颇能欣赏性上功夫养身之妙以契合于人格的发展。再如他"偶来溪畔爱阳坡，瞑坐光风养太和。幸托林泉交物少，故于情性得功多"③，其情性功夫颇得理心浑然一体状态。他说，"凉月清襟抱，闲吟气正和。熟思刚暴性，旦昼梏亡多"④，通过克制脾气，使心性不偏不倚，情性归于平和。吴康斋将"养太和"的功夫置于淡然之乡与优美山景之中，"幸托林泉交物少"，正是由于长年的读书和沉思，终能"勘破当年义利关，随处动心兼忍性"，获得"淬化"、心广体胖之意⑤，这也是刘念台特别崇拜康斋的地方。

（六）性命

心性情合说⑥，如"心兼性情"与"心统性用"。康斋对自己性命功夫颇为得意，在教学、读书、旅游和农业劳作中，多将身心性情命合起来讲，如"观《近思录》……其有益于身心性情"⑦与"枕上思《晦庵文集》及《中庸》，皆反诸身心性情，颇有意味"⑧，表达了读书对于安身立命的积极作用。而他的"学弛心性芜，农惰饥冻逼"⑨

---

① 胡敬斋在评论陈白沙的学术宗旨时，就认为陈白沙幻想一个"真性""真身"不灭，认气理，心包宇宙，以心之精神为理，看出白沙真性说在其心学中的意义。

② 《康斋集》卷1《正月十九夜枕上作》，第376页。

③ 《康斋集》卷2《溪畔偶成》，第393页。

④ 《康斋集》卷1《月夜》，第377页。

⑤ 《康斋集》卷1《十二月四日绝句》，第375页。

⑥ 潘桂明：《中国居士佛教史》（下），中国社会科学出版社，2000，第629页。李翱通过正思、复性与循礼灭恶之情，"忘嗜欲而归性命之道"。

⑦ 《康斋集》卷11《日录》条27，第569页。

⑧ 《康斋集》卷11《日录》条127，第577页。

⑨ 《康斋集》卷2《枕上作》，第381页。

与"疏狂每恨知非晚，性命谁人可得闻"（《东斋即事》卷七），体现
其担忧心性学问难契合身心的心情，反映其成圣者的孤独、艰辛和贫
困。他说，"欲向何处求心性，日用由来总是天"①；又说，"诗书渐觉
添新得，心性还应胜旧时"②，身心性情命是一个不可分割的整体，具
有一致性。康斋意识到涵养性命重要，他说，"大哉仁义言，沃我萌
芽心。才质各高下，性命无古今"③，"客久无违性，身闲独称情"④、
"客身无恙心虚寄，细写闽山性命诗"⑤，表明其学以涵养身心性情、
切于人伦日用的德性功夫。

（七）性灵

性灵表示性的能动性，有感而遂通之意。康斋通过动心忍性和读
书涵养的方法来变化性格，所谓"雨滴空阶响，灯悬净壁明。掩书人
独坐，性达正惺惺"⑥。他说，"寻得幽偏养性灵，衰年惟喜少逢迎。
简编随意闲舒卷，尽日禅房一味清"⑦，通达自身之性向天地与他人双
向展开，让世界为我而展开以获得仁者胸次。康斋陶醉于这种单调却
又单纯的乡村生活，是其对宋元以来儒学道统自觉担当的最好注脚。
吴康斋心性有合一倾向，讲心之灵明，性灵与心灵合一，如"此心一
灵，或兴感于中夜，或发愤于穷途"⑧，指灵心对于人生志向的能动作
用。此种灵性，是心胜外物的表现，故"心，一也。胜于物，则灵；
掩于物，则昏"⑨。灵觉虚明之心既可促进道德的正面成长，也可防止

① 《康斋集》卷1《书所得》，第376页。
② 《康斋集》卷1《观旧稿》，第377页。
③ 《康斋集》卷1《读〈孟子〉》，第365页。
④ 《康斋集》卷1《读罢》，第362页。
⑤ 《康斋集》卷7《又绝句》，第489页。
⑥ 《康斋集》卷1《夜坐》，第370页。
⑦ 《康斋集》卷7《独坐》，第499页。
⑧ 《康斋集》卷10《厉志斋记》，约31岁，第555页。
⑨ 《康斋集》卷10《耻斋记》，第563页。

物欲与习心对本心的污染。

性灵与性达的终极关怀就是安天乐命。命是心性论的宗教化发展。命在吴康斋的视野里多有天理和宗教意味。天命观就是吴康斋人格成长的精神动力①。命体现儒家面对不确定性应对的安心之法，虽尽人事，事却未成，知此命则不自悔自憾，不怨天尤人。康斋的"对越神明"表达其对天命的敬畏和契合，如"穷通得丧，听乎天命。虽饿死沟壑，不可丧此德矣"②、"载渴载饥都有命，时止时行一由天"③，是其"听天命"借鉴《易传》"顺天体命"的思想④。他把自己对天命的听从建立在"大德"受命等心理暗示上，容易激发内心对抗恶劣环境的信念。《易传》的"乐天知命故不忧"、"致命遂志"；程颢的"乐天知命"与罕谈命，伊川在逆境中泰然处之的生活观，均与吴康斋命理观心契⑤。吴康斋的"上不怨天，下不尤人，君子居易以俟命，小人行险以侥幸。灯下读《中庸》，书此，不肖恒服有效之药也"⑥、"会得心中无事旨，乐夫天命复奚疑"⑦，乐天命体会到"孔颜乐处"⑧，都体现了儒家光风霁月的情怀。

三　康斋心性学的定位

吴康斋心学自天性上立论，借以此对抗佛学。他曾说过"释氏、

---

① 李申教授曾专论吴康斋学问的宗教色彩性，参见李申《中国儒教史》，上海人民出版社，2000。

② 《康斋集》，《日录》条198，第581页。

③ 《康斋集》卷7《寝息偶成》（时年75），第489页。

④ 张岱年：《中国哲学大纲》，中国社会科学出版社，2004，第399～401页。

⑤ 张岱年：《中国哲学大纲》，第409～410页。

⑥ 《康斋集》卷11《日录》条50，第571页。

⑦ 《康斋集》卷2《小年夜》（俗以岁除前一夕为小年）（时年46），第393页。

⑧ 朱义禄：《朱子语类述评》，上海古籍出版社，2006，第94～96页。"定数"无法抗拒，需"复性"来抵制命定之固定与僵化。

太监不除、天下不可治"之语，其对释氏之反感可见。在世俗事务上，他特意维护宗族谱系的传承，参与名教事务。他是个地地道道的醇儒，洞见心学，以功夫证本体，偏于功夫论，创建自己的心学体系。

康斋心学结构①

类 型		心	性
良心	自然心	天心	天性
	规范心	本心	本性
	经验心	心气	性情
		活物	
		道心	德性
		真心	性真
	天地心	素心	性命

可见，吴康斋的心学呈现一定的格局和规模。他继承程朱与元明诸儒的心性说，鲜活宋学的生机（钟彩钧语）。吴康斋为明代心学的新生做出功夫上的体验，为江门心学的崛起奠定功夫论背景；洗心之方为胡敬斋心学提供义理基础。吴康斋以天心、天性说开启心学之门，以真心、性真、中和性为功夫论之宗。康斋说，"观湖之莹然静绿，物无遁形，则知不可以一私累乎吾心之高明。观湖之不息，则知委之有源，而吾心不可不加涵养之力。观湖流之必溢而行，则知进修之有其渐，而助、长之病不可有"②，心学全体大用和洗心之方已昭然。康斋在涵养中总结出心体涵养性体的目标、路径和下手方法：心体涵养应追求精白一心、周流无碍的高明境界，因此在日用中应该时常从本源

---

① 本表试图从规范与经验之间的二元视野对人之心作划分，同时按照冯友兰之自然、功利、道德与天地四维境界对心作一划分。
② 《康斋集》卷 8《劝湖说》，第 528 页。

上加以涵养，而涵养之方就是日积月累的，不走助长两个极端的"勿
忘无助"。心体大公源自程颢"阔然而大公"说，即"莹然""高
明"。"物来顺应""勿忘勿助"实洗心要法，儒家心学之"大经大
法"。道"本平，诐生于欲……欲消诐去，道得平铺。一补过之或吝，
则危机之是履矣"，所以康斋和一斋都追求"心如止水，无适而非坦
道"① 的德性目标。成圣的阻力来自"权度"之难于把握，故他说
"然事几万态，大和难保，不有精鉴以为权度，难乎？免于流俗架空
之患矣，甚则差之毫厘，谬将千里，安求其人心不死而天理常存也
耶？"② 康斋说："窃尝以谓，身垢易除，心垢难浣。夫心，虚灵之府，
神明之舍，妙古今而贯穹壤，主宰一身而根柢万事。本自莹彻昭融，
何垢之有？然气禀拘而耳目口鼻四肢百骸之欲，为垢无穷，不假浣之
功，则神妙不测之体，几何而不化于物哉？予幼承父师之训，尝读先
儒释日新之旨。每恨洗涤工夫未闻焉！又读夫子赞易洗心之章，圣人
妙用，未易窥测也。于是，退而求诸日用之间，从事乎主一无适及整
齐严肃之规，与夫利斧之喻，而日孜孜焉。廉隅辨而器宇宁，然后知
敬义夹持实洗心之要法，等而上之圣人能事可驯而入"③，对理心的认
识是由功夫而证本体的，得出理在心中即心即理的义理，这与王守仁
悟到"心即理"的"功夫即是本体"门径颇不一致。康斋心学由杨溥
与吴溥二人领入学术殿堂，但更多的是通过自学、劳作、处困、读书
与沉思（meditation）方式。吴康斋继承程朱对心的认识，并且理论上
更加精要，意识到身心均存在污染的现实性，故而内心明觉能力不可
因外物的污染而丧失光明性，而恢复光明的方法就是敬义夹持、日日

---

① 《康斋集》卷10《坦斋记》，第564页。
② 《康斋集》卷10《省庵记》，第564页。
③ 《康斋集》卷10《浣斋记》，第561页。

用功的渐修方法。在吴康斋，心具有虚灵明觉的能力，他用《易传》"神"的概念重新进行诠释。心之此种能力，可以知觉古今上下万事万物，此与象山心即宇宙的含义一致，此点是吴康斋抬升心学的主要依据。对于人而言，即是一身之主宰，也是人解决外事的思维原点。此讲心之应然层面，但由于实然之心受天生遗传的生理原因与后天习俗的诱因遮蔽心的神通，所以他特别强调后天"敬义夹持"的功夫论，保持心的超级知觉能力以便王天下[①]。

第二节　养良心

康斋特别重视廓心、澄心、清心、平心、存心、静心、无心、公心、绝邪思、去妄想、凝敛、瞑目等心上功夫克己洗心，建构以"养良心"为功夫目标的庞大心学体系。吴康斋重视对客观抽象之理的对待与思考，并用心、灵台与灵府将之转化成具体的、可感受的主观体悟，有益于身心。

一　至理契于身心

康斋的知行均以圣贤言论为依归，天人关系具有"相胜"性，求天理常存于心。康斋通过渐修、长时间的读书活动，实现内心纯理。他反复告诫学生，"何者为天理而当存？何者为人欲而当去？"读书之道在于"涵泳乎圣贤之言，体察乎圣贤之行，优柔厌沃，日就月将"[②]，不能期近效，欲速成，急功近利，故"学者须当随事痛惩此

---

① 由于当时呈文给宰相，故吴康斋多抬敬，绝口不提主静，可见其行文之谨慎。至于如何主敬，后文有专章讨论。
② 《康斋集》卷10《厉志斋记》，第555页。

心，划割尽利欲根苗，纯乎天理，方可语王道"①。在"迢迢良夜月澄秋，万象清严风露幽"的环境中，获得"廓然欲尽理周流"②的心理感受。通过摆脱习俗之欲，"廓然欲尽"，实现内心自然，与天理流通③。由于心具众理，故保持心的明觉能力，做洗心功夫，时时涵养，理常在于人之一心，"无极之妙，充盈宇宙，而该贯吾心，何可须臾离哉！"④吴康斋通过对天理的反思，来克制自己过于刚猛的脾气，化粗暴为平和，克己复礼，变化气质。在博览群书的基础上，他获得思辨之理；在与事物的应对过程中，天理周流其间，实现理浑然于身心，乐以忘忧。他说，"何由养得中和性？乐以忘忧理浑然。敛然下学无他法，一味深功克性偏"⑤，"一味深功"可证吴康斋克制自我之苛刻。通过思考事物之理的必然性与实在性，承认理之于事物身心的指导作用，吴康斋实现客观外理自我化，所谓天地之理皆为我，反身而诚，以至于忘记生活的贫困，与颜渊的贫中作乐相契。吴康斋的读书穷理以勿忘勿助为原则，以随分为尺度，随读者的学力为要求，求其中之理。"每读书，但随力所到为之，少倦则止，惟此心不可间断为学本。当日就月将，优游涵泳方能持久。若要急迫速成，徒自苦耳，终不济事"⑥，此说尤补学子贪功急进之弊。"归，焚香读书外南轩，风日和煦，览景乐甚。读书，理亦明著，心神清爽"⑦；再如"贫困中事务纷至，兼以病疮，不免时有愤躁。徐整衣冠读书，便觉意思通畅"⑧，且态度真诚，俨然禅宗老和尚。吴康斋认为是获得儒家义理，使生活之

---

① 《康斋集》卷11《日录》条3，第566页。
② 《康斋集》卷1《月夜》，第374页。
③ 与其同时的儒家薛文清性"与天通"同。
④ 《康斋集》卷10《省庵记》，第564页。
⑤ 《康斋集》卷1《正月十九夜枕上作》，第376页。
⑥ 《康斋集》卷8《与友人书》（壬寅），第520页。
⑦ 《康斋集》卷11《日录》条37，第570页。
⑧ 《康斋集》卷11《日录》条8，第567页。

理明白地呈现在日常的真实世界，获得心情、感觉上的愉悦，理契于心。其读书甚为恭敬，如焚香、整衣冠之类，可见其爱读书，非功利心态，是自然而然的追求，具有值得我们称赞之处①。

二　养良心

吴康斋多有心上磨炼功夫，使理贯于其心。虽然吴康斋未在哲学义理上公开说过"心即理"，但在实际的身心功夫操持中，存心即存理，体心即体理，事实上说明他在功夫论上见证即心即理。他说，"心苟一念之或失，则圣人之道斯远尔"②、"心一失，几何不为水之流荡、云之飘扬，莫之据哉"③，表示心一念非正则远理，特别强调心理相合、密不可分，这样就抬升心的灵明昭觉能力对理的把握，使心的地位在身心修养论中上升。故君子心"必兢兢于日用常行之间"④，君子之学"舍圣何归。欲师于圣，其廓然而大公，物来而顺应乎。居敬穷理明诸体，养气集义利诸用"⑤，以圣贤"正大光明之学为根本，则外物之来有以烛之"，而"吾心庶得以不失"⑥。盖吴康斋学术根本在于不失心，也就是不失本心所具之理，使天理周流于一心，此是存心功夫高明处。而本心全具此理的过程需要心静，即"一理存乎静"⑦。

康斋心学首先得益于其老师杨溥。他在回忆老师时说，"剪烛论心夜，焚香读易晨"⑧，而老师对其期许的"己私须尽克，天理必全

---

① 这是一个方面。因为读书另有更深的意义在，即传道。
② 《康斋集》卷 8《与徐希仁训导书》，第 515 页。
③ 《康斋集》卷 8《与九韶书》，第 518 页。
④ 《康斋集》卷 10《厉志斋记》，第 555 页。
⑤ 《康斋集》卷 10《坦斋记》，第 564 页。
⑥ 《康斋集》卷 8《答九韶书》，第 518 页。
⑦ 《康斋集》卷 1《读〈中庸〉》，第 369 页。
⑧ 《康斋集》卷 1《梦洗马先生》，第 360 页。

纯"①，也是他日后走向成圣的重要动力。因为《易传》有洗心之方，所以当年师生间谈论的主要是心学议题。"论心"在其文集出现 7 次，也说明与学生谈论心学是其教学思想的一方面②。"论心"之归宿即是"养心"。由于"一心谁不良"③，养心主要是保养良心④。他说，"尘窗旋扫养灵台"⑤、"养心随处抱遗经"⑥，表示向内身心修养的色彩。其早年许下"良心贵有养"⑦ 心愿，晚年仍然坚持与友人一起养心的理念。"养良心"是吴康斋存理去欲功夫论的心上面向。

　　吴康斋谈心性本体是兼谈心性功夫的，要实现精白高明之心需要洗心、澄心、静心、存心、充心心法，而这些都是围绕"养良心"而展开的。心作为"虚灵之府"，康斋常用"灵明""灵台"或"灵府"来表达"良心"，以凸显心对外物的知觉能力。吴康斋"中岁方知学养心"⑧，方法多以读书调养为法，以随处为权度，即"养心随处抱遗经"⑨，这些随处的方法传给白沙、甘泉。由于沾染世俗物欲，灵台陷入"久自私"⑩、"泥俗情"⑪、"俗氛"难于自清，故要涵养的过程去除污染。吴康斋涵养灵台、养灵府表达了心的明觉能力在儒家生命与心灵深处的意义，他说"灵台宜有养"⑫、"何能挽得千溪

---

① 《康斋集》卷 1《梦洗马先生》，第 360 页。
② 据检索，"心"在《康斋集》中出现 599 次，而"理"才出现 91 次。
③ 卷 1《感怀》，第 365 页。
④ 其"晨朝气清爽，良心还炯然"（《康斋集》卷 1《晓起即事》）表示康斋时刻注意养"良心"。
⑤ 《康斋集》卷 7《即事》，第 492 页。
⑥ 《康斋集》卷 7《即事》，第 498 页。
⑦ 《康斋集》卷 1《睡觉》，第 362 页。
⑧ 《康斋集》卷 3《九日同九韶饮子贞宅》，第 416 页。
⑨ 《康斋集》卷 7《即事》，第 498 页。
⑩ 《康斋集》卷 1《不寐》，第 367 页。
⑪ 《康斋集》卷 5《别二孙生》，第 454 页。
⑫ 《康斋集》卷 1《阅九韶吟稿》，第 363 页。

水，净洗灵台一片私"①、"尘窗旋扫养灵台"②。他自己多以"透彻灵
台第几关？"③ 严格要求自己。灵台"须静养"④，要以"静虚"⑤ 为
法，即"一点灵台合太虚"⑥，以获得人与天地万物一体的廓然意境，
即"灵台清晓玉无瑕，独立东风玩物华。春气夜来深几许？小桃又发
两三花"⑦ 来表达。吴康斋的"灵府偶然无一物，静中意思验周
程"⑧、"无别想"显然要消除外物对内心明觉特性的侵蚀，"但教灵府
虚"⑨，以便保持内心的无意心态，这些都与陈献章的"致虚立本"
"虚明静一"一致。⑩ 吴康斋虚静涵养灵府带来的"灵台一点明"⑪，
获得的"灵台更有天然妙，不待秋风也自香"⑫ 意境，正好符合《中
庸》无声无息、鸢飞鱼跃意境。正是在不断保养心的过程中，他通过
心契古圣贤之心的方法，获得"至理有契"的体验。在阅读孟子著作
后，吴康斋感受到"性命无古今"⑬，因此可以阅读古人留下的言语获
得真理。在"红炉坐终日，黄卷静相对"⑭ 的静读氛围下，康斋感觉
到"至哉圣贤言，妙契心自醉"⑮，这给他成圣的精神历程增添继续下

---

① 《康斋集》卷 2 《感怀》，第 382 页。
② 《康斋集》卷 7 《即事》，第 492 页。
③ 《康斋集》卷 1 《数月矣有怀寄诗》（壬辰），第 359 页。
④ 《康斋集》卷 2 《次学者韵》，第 383 页。
⑤ 《康斋集》卷 2 《秋夜》，第 398 页。
⑥ 《康斋集》卷 7 《宿罗原冈》，第 506 页。
⑦ 《康斋集》卷 1 《晓立》，第 367 页。此诗歌被晚明周汝登（1547～1629）高度欣赏，见
　 其《圣学宗传》。
⑧ 《康斋集》卷 4 《对月偶成》，第 439 页。
⑨ 《康斋集》卷 6 《宿安定里》，第 479 页。
⑩ 对陈献章"致虚立本""虚明静一"的分析可参阅苟小泉《陈白沙哲学研究》，第 57～
　 60、124～127 页。
⑪ 《康斋集》卷 2 《病中倦卧，偶思年二十四时寓居东坪，与诸生夜读赋玩月诗，微吟一
　 过，神思洒然，次旧韵》，第 387 页。
⑫ 《康斋集》卷 5 《孙氏丛桂堂》，第 453 页。
⑬ 《康斋集》卷 1 《读孟子》，第 365 页。
⑭ 《康斋集》卷 1 《即事》，第 364 页。
⑮ 《康斋集》卷 1 《即事》，第 364 页。

去的动力。吴康斋的读书是以静中阅读、观物反思与体悟为主要特色的，他的"幽独悦兹圃，把书行且吟……长契静者心"①、"静来悟道机……但得此心安"② 可为证。

衡量养心是否益于身心的标准是无念、无欲与自然的"无心"（"无私心"之谓）如"止水"的状态，此时外理周流于内在身心，所谓的"寸心含宇宙"③ 的快乐心情。他的"廓然欲尽理周流"④、"寸心似水无纤痕"⑤，表示心中无事、心纯乎理的状态。吴康斋早年寡欲之法更多采用的是绝邪思、去妄想，他的"妄想潜消思寡欲"⑥ 可为证。他甚至把"寸心凝敛绝邪思"升级到"作圣之功"⑦ 的地步，以致"一念之微须致精……毫埃丝垢宜揩尽……律身须礼不容疏"⑧、"纤私绝处海无波"⑨，也可见其功夫之严谨。其"一念私才起，风波势便增。若非鏖战勇，方寸几时平"⑩ 之语，令人感受理欲交战之激烈。他的"莫以私心搅自然"⑪，要求功夫主体按照天下大公之心随分读书、随缘做事，以达到气和灵明状态。他强调以《易传》洗心之方保持心体无私，如他说"一玩谦亨辞，冷然涤心垢"⑫。他特别喜欢对月养心⑬。

---

① 《康斋集》卷1《圃内》，第366页。
② 《康斋集》卷1《客玩夜月》，第368页。
③ 《康斋集》卷1《道中作九首》，第368页。
④ 《康斋集》卷1《月夜》，第374页。
⑤ 《康斋集》卷1《午枕》，第377页。
⑥ 《康斋集》卷2《偶书》，第381页。
⑦ 《康斋集》卷2《梦觉作》，第380页。
⑧ 《康斋集》卷2《病中枕上作》，第383页。
⑨ 《康斋集》卷2《题友琴轩》，第388页。
⑩ 《康斋集》卷2《私》，第385页。
⑪ 《康斋集》卷3《元旦枕上作》（壬戌），第404页。
⑫ 《康斋集》卷2《晨坐东斋》，第382页。
⑬ 在吴康斋诗歌里面，有几百次他提到对月洗心的感受。月亮是洁白的，他希望良心像月亮那样无私。

康斋通过洁心、顺心、收敛此心、玩心、读书入心、正心、通心等心上功夫保养良心。洁心是指思虑上的干净引发行为上的合德，如"思其清以洁乎心。心洁，而百行从，可正百行。正，则通人道"①。养心则通过读书等活动自己调理与应对"把捉不定、动与心违"②，做到内心真诚，不违背自己的良心。收敛此心则应对"此心常役于外，四体无所管束，恣为放纵"现象，以"衣冠整肃，言动端严，以礼自持"③ 的方法，安顿身心。其玩心方法弥补收敛法之笨拙，主要是读书思考，劳作空隙之余的遐想与胡思乱想。读书入心则显得很正规，如"小学书，尤不可不痛加工夫，须逐篇逐条玩味入心，见圣贤教人之意，昭然见于言外。如此庶几有进"④。正心则本于《大学》之教，他说"圣贤教人，必先格物致知以明其心，诚意正心以修其身"⑤，正人心，"息邪说，距诐行，放淫辞者……列圣之绪，赖以不坠"⑥。对于《春秋》深奥学问，则主张"优游涵泳，默识心通"⑦。

三　真意

陶渊明《饮酒》（其五）有"结庐在人境，而无车马喧。问君何能尔，心远地自偏。采菊东篱下，悠然见南山。山气日夕佳，飞鸟相与还。此中有真意，欲辩已忘言"。诗歌中"真意"是指功夫主体心灵深契自然界所得的趣味，隐含着他自己人生价值的归宿，回归自然志趣之意⑧。

---

① 《康斋集》卷 10《松涛轩记》。
② 《康斋集》卷 8《答九韶书》，第 518 页。
③ 《康斋集》卷 8《与友人书》，第 520 页。
④ 《康斋集》卷 8《与曰让书》，第 523 页。
⑤ 《康斋集》卷 10《厉志斋记》，第 555 页。
⑥ 《康斋集》卷 10《唐山书阁记》，第 556 页。
⑦ 《康斋集》卷 10《麟经轩记》，第 558 页。
⑧ "真意"说是魏晋言意之辨所在，即"得意可忘言"，参见朱义禄《玄学思潮》，上海社会科学院出版社，2006，第 252 页。

康斋以陶渊明的"真意"说为自己的人生归宿并多有体贴，如他说"白鸟自飞人自度，个中真意淡忘还"①，表示他内心陶醉于山林生活。而"庭树阴阴过雨凉，水轮正照坐中央。等闲真意须当认，莫学浮生一样忙"②，"一般真意谁能辨，矫首苍茫独咏心"③，这些诗句则反映了康斋获得月映万川、理无所不在的认识，对心学深奥义理难言之态。"两间真意无穷外，一点虚灵变态中"④，表示康斋以心体理的复杂性、无限性，而"瞑倚虚庭玩偶奇，纷纷凉月满绨衣。悠然真意无言表，忽报阶前客于归"⑤，暗示着自然之理悠然，此种功夫仍需在月下完成。总之，康斋观察自然所获得的"真意"是其"养良心"而来的心境，类似王守仁致良知所获得的"无"之心态。

第三节　静时敬

吴康斋德性修养论以身心修养为主要目的，而居敬与主静则是其身心修养的主要方法。综观康斋的一生，其修养方法经历过由主敬到静时敬最后主静这样的一个过程⑥。

一　居敬

敬义夹持，诚明两进是程朱功夫论的核心⑦。敬有尊重、自持、

---

① 《康斋集》卷3《雨后神岭晚眺》，第409页。
② 《康斋集》卷4《山庭夜坐》，第437页。
③ 《康斋集》卷4《游山》（由二峰尖至西坑原头而归），第440页。
④ 《康斋集》卷7《吴氏会景楼》，第491页。
⑤ 《康斋集》卷7《候饶循》，第503页。
⑥ 朱子经历过功夫论主敬到主静的演变，详细的分析参阅张荣明《宋代理学"静"、"敬"的思想历程》，上海人民出版社，1987，《中国古代气功与先秦哲学》附录。
⑦ 陈荣捷：《早期明代之程朱学派》，万先法译，载自《朱学论集》，华东师范大学出版社，2007，第221页的注释；钱穆：《朱子新学案》（三册），巴蜀书社，1986；钱穆：《朱子学提纲》，三联书店，2007。

恭谨、沉着和专心的意思，表示个体对人、事的尊重，要求个体对事物的全神贯注与兢兢业业①。朱子的敬不仅包括内心德行的修养，也包括外在容貌的修养；既包括大礼仪的仪节，也包括日常生活的行为规范②。"敬以直内、义与方外"是《易经》实现圣贤理想人格功夫论之主旨③。吴康斋的敬主要是学习、吸收伊川、朱子的敬，突出对心对身的管制。在吴康斋，"雪山增重，草木可敬"④、"甘棠勿剪拜，草木皆可敬"⑤，天地间草木与人一样可敬，敬具有普遍性。"草木皆可敬"是吴康斋学习程、朱思想而来，加上自己山村生活的体悟所得，却与道家、佛家思维相契。如湛然等人说"无情有性"，体现中国思想家对人文精神的发扬⑥。除了草木可敬，但凡遇到好学之人、守礼之人、乐善好施之人，吴康斋必写信致以"可敬""可喜可敬""敬羡""悚然起敬"之意⑦，如"与弼闻之，为之惕然而惧，跃然而喜，感天地而起敬者，再三为之寒栗"⑧。康斋常焚香敬观四书⑨，他说"不敬则不直，不直便昏昏倒了。万事从此隳，可不惧哉？"⑩ 敬成为其早年读书处理事务的基本原则。康斋说，"大抵圣贤授受紧要，惟在一敬字。人能衣冠整肃，言动端严，以礼自持，则此心自然收敛。

① 〔英〕葛瑞汉：《中国的两位哲学家：二程兄弟的新儒学》，大象出版社，2001，第122页。
② 陈来：《东亚儒学九论》，甘阳主编，三联书店，2008，第154页。
③ 孔子用忠恕之道，廉溪用主静，伊川用敬，来修炼君子人格。
④ 《康斋集》卷10《桑溪记》，第562页。
⑤ 《康斋集》卷10《墨池记》，第563页。
⑥ 潘桂明：《论唐代宗派佛教的有情无情之争》，《世界宗教研究》1998年第4期；潘桂明、吴忠伟：《中国天台宗通史》，江苏古籍出版社，2008。
⑦ 见《康斋集》，《与章士言训导书》卷8，第516~517页；《与子端帖》卷8，第519页；《与胡升》卷8，第519~520页。
⑧ 《康斋集》卷11《日录》条103，时38岁，第575页。
⑨ 例如，弟子九韶送朱子《经济文衡》至，吴康斋每日敬观，见《康斋集》《与九韶书（丙午，1426）》卷八，第522页。
⑩ 《康斋集》卷11《日录》条78，第574页。

虽不读书，亦渐有长进。但读书明理以涵养之，则尤佳耳。苟此心常役于外，四体无所管束，恣为放纵，则虽日夜苦心焦思读书，亦恐昏无所得脱。讲说得纸上陈言，于身心竟何所益。徒敝精神，枉过岁月，甚可惜也。此区区平昔用功，少有所见，如此"①，康斋早年教法把敬视为成圣最重要的原则，其敬兼有生理与心理的两层治疗作用。康斋对敬颇为信服，因敬生梦，时常梦见文王、孔子父子、文公等圣贤②。诚体敬用，敬是诚的保持过程③，康斋说，"夫惟善学者，必本之圣人以教，居敬穷理以修其身，积力久，然后知彼一切世俗之学，举不足为。而吾所以参天地，赞化育者，道弘矣"④，"舍持敬穷理之功，则吾不知其方矣"⑤。敬不仅可以涵养身心性情，还可以提供人生的动力，变成活泼泼的生活勇气。康斋以敬作为通往精白心灵的涵养功夫，不断实现美德和礼仪制度的操练、践行和反躬过程。君子之学"居敬穷理明诸体，养气集义利诸用"⑥，通过读圣贤书，严格管束身心，使身心收敛，常惺惺，使得元气充裕于身心上，使身体自然而然地得到滋长。敬有时也和宽恕的行为联系在一起。

二　静时敬

敬是儒家礼仪制度在个体身上的衡量标尺，静则是身体涵养的功夫，有助于自我智慧的认知。主静强调对道的把握与对身体的保养。濂溪和明道倾向于主静，象山、白沙、阳明尤其重视静中审视天理，

---

① 《康斋集》卷8《与友人书》，壬寅，1422。
② 康斋生活贫困，地处偏僻之乡，梦到孔子往往给予他不断成德的意志力和动力，故四库提要作者说康斋"刻画过甚"之说固不可取。
③ 〔英〕葛瑞汉：《中国的两位哲学家：二程兄弟的新儒学》，第119页。
④ 《康斋集》卷10《唐山书阁记》，第557页。
⑤ 《康斋集》卷11《日录》条127，第577页。
⑥ 《康斋集》卷10《坦斋记》，第564页。

喜静坐，故被一些保守派学者视为禅。36 岁以后，康斋心性功夫论倾
向于"静时敬"①，试图把主敬和主静结合起来，既有利于身体的涵
养，也有利于性灵的保养，如"缓步途间，省察四端，身心自然约
束，此又静时敬也"②；"连日禅房昼梦浓，人情物理静时功。宵来更
碍寻潇洒，净几明窗写训蒙"③。康斋在静时敬的操持下，慢慢开始理
解主静对天理的察觉，他说"一理存乎静"④，静中可以"悟道机"⑤，
静夜"寸心凝敛绝邪思"⑥；"南轩读《孟子》甚乐，湛然虚明，平旦
之气略无所挠，绿阴清昼，熏风徐来，而山林阒寂，天地自阔，日月
自长。邵子所谓'心静方能知白日，眼明始会识青天'，于斯可验"⑦，
"幽静无非安分处，清闲便是读书时"⑧，刘念台正是在这个意义上敬
佩吴康斋得圣人心精。他特别欣赏吴康斋的"淡如秋水贫中味，和似
春风静后功"⑨，并表扬其有醇儒之风。习静是对儒家抽象哲理的深思
与贯通，"和似春风"表现出康斋习静大有感悟。习静有助于心气的
澄清与天理呈现于内心，体会万物一体的生生意思，获得身心和谐的
快感，如"夜观童子照鱼，静听流水。自悟川上之叹，及朱子安、

---

① 吴康斋的"静时敬"可能来源于真德秀（1178～1235）。康斋曾在 31 岁左右阅读真德秀
　　的《大学衍义》。真德秀说："所谓主一者，静时要一，动时亦要一。平居暇日，未有作
　　为，此心亦要主于一，此是静时敬。应事接物有所作为，此心亦要主于一，此是动时敬。
　　静时能敬，则无思虑纷纭之患；动时能敬，则无举措烦扰之患。如此，则本心常存而不
　　失。为学之要，莫先于此。"（《西山文集》卷 31《问敬字》）转引自朱人求《道学话语
　　的形成、发展与转折：以宋代"定性说"的展开为中心》，《哲学研究》2008 年第 1 期。
　　而且康斋的"以理养心"也与真德秀一致。
② 《康斋集》卷 11《日录》条 54，第 571 页。
③ 《康斋集》卷 7《太平寺》，第 489 页。
④ 《康斋集》卷 1《读〈中庸〉》，第 369 页。
⑤ 《康斋集》卷 1《客玩夜月》，第 368 页。
⑥ 《康斋集》卷 2《梦觉作》，第 380 页。
⑦ 《康斋集》卷 11《日录》条 12，第 567～568 页。
⑧ 《康斋集》卷 11《日录》条 14，第 568 页。
⑨ 《康斋集》卷 11《日录》条 16，第 568 页。

行、体、用之旨"①；"夜立庭间，静思践履，笃实纯粹。君子不可得也，诚难能也"② 等句。他对习静功夫很是欣赏，如"近来身心稍静，又似进一步"③。通过"静听流水""静思践履"、幽静读书之类的静中观物与静中思理功夫，吴康斋把握到圣贤身心修养的诀窍。他说："一事少含容，盖一事差，则当痛加克己复礼之功，务使此心湛然虚明，则应事可以无失。静时涵养，动时省察，不可须臾忽也。苟本心为事物所挠，无澄清之功，则心愈乱，气愈浊，梏之反复，失愈远矣"④，在"静时敬"中得到天人一体的感悟，实现克己复礼，恢复湛然虚名的本心，获得心气和平愉悦。康斋把主静作为一种好的教育方法传播给江西丰城的杨德全，如"子归，静扫一室……将圣贤之书，熟读玩味，体察于身，一动一静……不患不造古人门庭矣"⑤，希望他可以转化气质，实现圣贤人格。

三　主静

吴康斋晚年以孔子随心所欲为心境宗旨，多习静，如"静中黄卷夜忘眠"⑥、"静观万物生生意，契我虚灵无事心"⑦，静中读书研理，让心中充满春意。他说"偶逢涧石坐繁阴，惬我平生习静心"⑧，表明其一生以"习静"为功夫，而身心多有受益。"残书破砚贫中乐，虚阁明窗静里心"⑨，为其读书时心静的写照。他说，"夜来枕上静思，

---

① 《康斋集》卷11《日录》条31，第570页。
② 《康斋集》卷11《日录》条32，第570页。
③ 《康斋集》卷11《日录》条197，第581页。
④ 《康斋集》卷11《日录》条26，第569页。
⑤ 《康斋集》卷8《劝学赠杨德全》，第529页。
⑥ 《康斋集》卷7《发景德镇》，第490页。
⑦ 《康斋集》卷7《仙游山》，第496页。
⑧ 《康斋集》卷6《齐原道中》，第479页。
⑨ 《康斋集》卷6《偶成》，第478页。

一味圣学，帖然。终此余喘而已"①。他晚年习静多以体会静中意思为目标，把握儒家无声无臭之理，明道所谓"真乐"，体现超越精神。其静中意思是指静中有天理在，故心体上多有乐意，如"徐步墙内，看秧生螣。静中春意，可乐也"②；"憩亭子，看收菜。卧久，见静中意思，此涵养功夫也"③，展现为一幅活泼泼、生机盎然的图像。吴康斋消化明道"天亦是以生为道"，以生生之道为理，并以之为本原。他的"静中观物，理随处有得"④，表明理在物之生理上，故能被心所感受，故"午憩亭，静中胸次淡然"⑤。内心感受此意，加以辅仁之功，晚年确以"见静中意思"为"涵养功夫"。如果说吴康斋还不敢超越程朱敬静兼具功夫论的话，广东弟子陈献章则纯以主静为功夫，厌烦主敬之严格，翻越藩篱，直指心性，自成一大家，把明代心学功夫带入新领域。

---

① 《康斋集》卷11《日录》条271，第584页。
② 《康斋集》卷11《日录》条273，第584页。
③ 《康斋集》卷11《日录》条296，第585页。
④ 《康斋集》卷11《日录》条274，第584页。
⑤ 《康斋集》卷11《日录》条303，第585页。

第二章
陈白沙的"养端倪"

    陈献章（号石斋、白沙，1428～1500，江门古岗人）虽然名气在15世纪甚响，被誉为"真儒复出"①，可是其一展雄才的仕途却极不顺利。1466年（成化二年丙戌），白沙时年38岁，满腹才华的他得到老友、国子监祭酒邢让的帮助，担任吏部文选清吏司。因白沙拒绝接纳时任礼部侍郎尹旻子入其门下，来往多次，令尹旻恼怒而遭其打击报复、排挤，第二年春天不得不归家②。1483年（成化十九年癸卯），白沙时年56岁，再次前往北京应邀受职，还是被时任礼部尚书老仇家尹旻再次打击报复，结果以"翰林院检讨"③虚职而归。自此以后，白沙再无心国家事务的参与，反而刺激他在心学上打开局面，创立江门学派，独树一帜，开启16世纪心学的大帆，成为当时思想界的时代弄潮儿。白沙孜孜于教育事业，英姿豪迈，气象超脱，颇有明道之风，也善于启发人，培育出一大批优秀的教育者、儒家学者。

---

① （明）陈献章：《陈献章集》，附录2《年谱及传记资料》，孙通海点校，中华书局，1987，第810页。

② （明）陈献章：《陈献章集》，附录2《年谱及传记资料》，第810页。

③ （明）陈献章：《陈献章集》，附录2《年谱及传记资料》，第831页。

1466 年中进士的贺钦（1437～1510，号医闾，辽宁人）自见白沙后，倾心问学，并于 1488 年后无意仕途，淡泊名利，潜心成圣，在家耕读教学 20 余年①。林光（1439～1519，字缉熙，号南川，东莞人）31 岁时受学白沙门下，较早得白沙学真传。其一生献身于地方教育，曾任浙江平湖县教谕（1484 年始，总九年），山东兖州府儒学教授（1495 年始），严州府儒学教授（1498 年始），国子监博士（1501 年始），襄王府左长史（1505 年始），1513 年中顺大夫致仕②。林南川来往江门多年，先隐后仕，以治事高效、清廉著称③，心学上能守白沙之说，主静上得其效。湖北籍弟子李承箕（1452～1505）慕白沙之名，不畏风寒路遥，往来湖广四次，绝意功名，潜心教学，设立义庄以资宗族贫困者④。广东南海的张诩（1456～1515，号东所）更是淡泊功名，究心于心学，以自然为宗，从事地方教育事业⑤。而其高足湛若水得白沙江门钓台，则官至南京三部尚书，著书立说，将江门心学发扬光大。

第一节 "若个人心即是天"

在心性学上，白沙接引老师康斋的"诚心"之学，重视《中庸》的诚意之学，但具体道德修养上觉得老师的教法过于无边无际，难于着力，故放弃吴康斋"无所不讲"的繁琐教法，专以主静的简易之

---

① （明）贺钦：《医闾先生集》卷 8《奏稿》《辞职陈言疏》，武玉梅译注，辽宁人民出版社，2011，第 126～132 页。
② （明）林光：《南川冰蘗全集》，罗邦柱点校，中国文史出版社，2004，前言第 2 页。
③ （明）林光：《南川冰蘗全集》，前言第 4 页；卷 1《启》《肃清门禁以防不虞启》，第 31 页。
④ （明）李承箕：《大崖李先生诗集》，四库全书存目丛书，集部别集类第 43 册。
⑤ （明）张诩：《张东所先生文集（十三卷）》，四库全书存目丛书，集部别集类第 43 册。

学，偏于往内涵养，所以涵养得越深，就越背离伊川教法。吴康斋教白沙以"悉其心以立乎己"①，故白沙独得静坐功夫之妙。白沙心学以凸显心对道、理的直觉把握能力，其说心"通塞往来"②，具有"微尘六合、瞬息千古"③的"无尽"变现能力。而此种灵明知觉白沙似乎把它神秘化。同时，他把心"虚"化，"非见闻之所及"，"迹著而心隐"，故"心者，吾之所独知"④，强调个体借助自身的心灵体验去获得真理性认识，在此推理下"若个人心即是天"⑤，"六经尽在虚无里，万理都归感应中"⑥，把天地之理归为一心之变现、感应，而中国博文约礼的规范性传统也被纳于其一心之"虚无"中，经义之学失去其历来的独立性和普遍性，而主体之心成为变现世界的主宰了。白沙说，心为"一元之所舍"⑦，是天地万理的藏身之所、器，这些思想促进门人湛甘泉提出"心之本体，与宇宙同大""宇宙之内一心"的心学思想。白沙提出的"心为道舍""心具万理"和"心即是天"的心学思想被看做"成就阳明心学的重要渊源"，开出明代学术的新路向，其意义非同一般⑧。

白沙重视心体的觉悟，功夫上追求心体的自然，境界上追求洒脱愉悦的超理性情怀。夏东岩说得没错，白沙确实要打破伊川之"主敬"学，要让理学快乐起来，这也与当时盛世社会的良好发展相关。

---

① （明）陈献章：《陈献章集》，孙通海点校，中华书局，2008，《附录》4，吴与弼：《孝思堂记》，第936页。本文所引《陈献章集》出处同。
② 《陈献章集》卷1《送李世卿还嘉鱼序》，第16页。
③ 《陈献章集》卷3《与林时矩（三则）》（一），第243页。
④ 《陈献章集》，《陈献章诗文续补遗》，《与林缉熙（三十一则）》（十六），第975页。
⑤ 《陈献章集》卷6《示儿》，第664页。
⑥ 《陈献章集》卷6《与湛民泽》，第644页。
⑦ 《陈献章集》卷1《仁术论》，第57页。
⑧ 苟小泉：《陈白沙哲学研究》，中华书局，2009，第110～118、210页。

在"善端"的涵养上，白沙汲取康斋"洗心"之方①。康斋以"敬义
夹持实洗心之要法"②，通过"诚明两进"的功夫进路，白沙也说，
"一洗天地长……再洗日月光……洗之又日新"③、"洗竹洗荒枝，洗心
洗狂驰……一洗一回疏，相将洗到无"④、"洗之以长风"的洗心功夫，
以此获得"无累于形骸，无累于外物"⑤ 的澄明洒脱心境。吴康斋以
"又从虚阁学澄心"⑥、"克己良规各洗心"⑦ 方法，获得"悟彼静心
者，乐此动时趣"⑧ 之快乐，白沙功夫论在此相同。在存心上，吴康
斋以"德义存心"⑨，"于思处分真妄"，消除妄想，获得"心清一气
自和平"⑩ 之心境，白沙也以存心作为身上体验诚敬的方法，让"元
神"⑪、"浩气"⑫ 归于一身，从而实现万物一体之乐。更甚的是，二
人论"充心"，语句上也有惊人的相似处。吴康斋说"是心也，其天
地生物之心乎……充是心，以弘厥德焉"⑬，白沙也说"仁，人心也。
充是心，足以保四海"⑭，二人的"是心"即为儒家讲的"天心"，而

---

① 陈献章"治心"功夫论，参阅苟小泉《陈白沙哲学研究》，第136~144页。苟小泉发现
陈献章"治心"功夫论可以有洗心、存心与充心三层。他似乎把"充心"错误地理解为
"大心"（《陈白沙哲学研究》，第141页）。对"充"字字典解释为充实、满足，即是以
儒家仁义之理浇灌于心，使心全具义理，也就是心具万理的过程。笔者认为，白沙的
"充心"不是空间范围上使用的"大心"。"大心"的目的是要让心的知觉能力提升，心
包万物。陈献章未讲过格物致知意义上的"大心"，他强调收敛意义上的顿悟、静中坐。
② 《康斋集》卷10《浣斋记》，第561页。
③ 《陈献章集》卷4《梦作洗心诗》，第316页。
④ 《陈献章集》卷5《洗竹》，第515页。
⑤ 《陈献章集》卷2《与太虚》，第225页。
⑥ 《康斋集》卷7《即事》，第501页。
⑦ 《康斋集》卷7《感兴》，第487页。
⑧ 《康斋集》卷3《游黄岚坑》，第417页。
⑨ 《康斋集》卷7《挽饶州吴别驾》
⑩ 《康斋集》卷2《枕上偶成》，第392页。
⑪ 《陈献章集》卷1《仁术论》，第57页。
⑫ 《陈献章集》卷4《赠世卿》，第300页。
⑬ 《康斋集》卷10《天恩堂记》，第559页。
⑭ 《陈献章集》卷1《古蒙州学记》，第28页。

"充"含有天人一体的意思，颇有同调。

白沙坚持了老师康斋的洗心、存心功夫论，并在此基础上重视觉悟、专心静坐发展出一套重视静坐觉悟的心学新体系。除了洗心、养心等传统涵养的方法外，白沙独排众说，提出觉悟之教，开心学的新格局。在教学中，白沙以近禅心法教人，要求学生重视心体的觉悟，其说"人争一个觉，才觉便我大而物小，物尽而我无尽"①，在觉悟万事万物之理过程中，人的道德主体性得以提升，一应百应，豁然开朗。他把自己悟得的心得告诉湛甘泉，他说"学无难易，在人自觉耳。才觉退便是进也，才觉病便是药也"②，而近来学者凋零，原因在于这些学者成圣之失多在"不自觉"③，中途遇难而废道学，不能长久坚持不懈。

第二节　静"养端倪"

白沙27岁时（1454）从吴康斋（时年64岁）处游学半年，坚定其成圣的决心和意志，获得读书涵养的方法，也知道成圣的各种方法，但是迟迟未能寻找到适合自己的修养路径，一时之间，颇为苦恼④。后来，乡居已久，在偏僻的乡野中，白沙奋勇主静，撇开师说中主敬致知功夫论，很快就找到养出善端（"端倪"）的方法，感觉到成圣的自信与快乐。白沙对其学生医闾说"为学须从静中坐养出个端倪来，方有商量处"⑤，又说"夫养善端于静坐，而求义理于书册，则书册有

---

① 《陈献章集》卷3《与林时矩（三则）》（一），第243页。
② 《陈献章集》卷3《与湛民泽（十一则）》（五），第191页。
③ 《陈献章集》卷3《与湛民泽（十一则）》（五），第191页。
④ 容肇祖认为白沙有高明之资，见容肇祖《明代思想史》，《民国丛书》复印，上海书店，第18~22页。
⑤ 《陈献章集》卷2《与贺克恭黄门（十则）》（二），第133页。

时而可废。善端不可不涵养也,其理一也……善端可养,静可能也"①,静观是功夫主体在天地自然和日用生活中对本体存在的刹那间的直觉把握,类似禅宗的顿悟,获得天人合一、心即理的境界②。康斋不敢抬高习静妙用,白沙则把静中身心修炼抬高到本体论意义,被胡敬斋等学者视为禅学,广受批判之苦,一生难于释怀。吴康斋时常静中思考理学义理如何契于身心,思考成圣贤的阻力和动力,如"长契静者心"③。他早年对于静的理解还停留在一种模糊的认识之上,难于固定化,故"静来悟道机,深奥难言说"④。有时,他对主静还是有怀疑,故"习静生憎损病心,晚凉门外独横琴"⑤。而后"静时功"带来心灵自信,时时操练,时常感到愉悦,这大概是 35 岁到 36 岁之间的事。又过了几年,"习静"成为一种日课,一度宗教化,内化在日常生活中。这种习静的功夫,在吴康斋看来,其实和禅的区别不大了,故他自己也说"习静日同禅"。"静时功"与"习静"其实是一种心理学意义上的自我观照和自我反省,是人格成长的自我教育机制。伴随而来的是"静中滋味",如"笔砚为伍书作朋,寒檐不觉朝昏改。静中滋味将语谁,一日诗情阔于海"⑥、"识得静中滋味别,始知禅客最为忙"⑦ 句,"静中意思"如"灵府偶然无一物,静中意思念周

---

① 《陈献章集》,《陈献章诗文续补遗》,《与林缉熙(三十一则)》(十五),第 975 页。

② 朱汉民:《吴与弼的教育思想和明代心学思潮》,《江西社会科学》1992 年第 6 期,第 95 页。他认为,吴康斋的静观功夫预示着新的心学思潮的出现;刘兴邦对吴康斋与陈献章二人在静的功夫联系上论述独到,他认为陈献章"静坐中养出端倪"来源于吴康斋的"见静中意思""静中思绎事理",是一种超理性功夫和境界,见刘兴邦《吴与弼与江门学派》,《五邑大学学报》(社会科学版)2003 年第 1 期,第 31~36 页。

③ 《康斋集》卷 1《圃内》,第 366 页。

④ 《康斋集》卷 1《客玩夜月》,第 368 页。

⑤ 《康斋集》卷 2《门外闲坐》,第 385 页。

⑥ 《康斋集》卷 4《工楼店即事》,第 433 页。

⑦ 《康斋集》卷 6《昼梦觉作》,第 474 页。

程"① 和 "静中春意"。晚年，吴康斋把习静作为保养身体的方法，他说 "观生时学易，习静日同禅。利用崇吾德，忘机不识圆"②、"静观万物生生意，契我虚灵无事心"③。

白沙似乎不知道恩师习静修养到何等程度，其经过十多年的苦读和 "静坐"，养出个 "端倪"，获得了解脱、自我超越，证得至善本体④。而这时，康斋已经捐官很多年了。白沙求学崇仁的时候，吴康斋习静功夫已经相当成熟，对自己教法也很自信。这个时候（1454 年秋冬），胡敬斋也在，两人同为寒门弟子，均得到吴康斋的生活资助（"辅仁之功"）。应该说，白沙和胡敬斋二人都学到成圣的方法，可能吴康斋在讲课的时候讲得过于繁琐、多样与笼统，"无所不讲"，白沙尚未弄透弄通，只好回家慢慢实践。故清代四库《康斋集》编者认为，白沙学问上得到吴康斋 "静观涵养" 为学方法，形成了江门一系⑤。侯外庐等学者进一步指出，"白沙在吴康斋门下受业，尚未得其旨，未能悟师道，回到江门，'静坐久之，反复体味，方见此心之体'。陈献章 '静坐' 中反复 '体味' 才悟得 '心之体'，其实就是吴康斋早就提出过、实践过的观点。白沙回忆录中说他对师传之道，悟之迟迟，并没有说他的 '所得' 与乃师无关"⑥。这些说法强调当时的白沙尚未有成圣的深度领悟，应该说这样的分析都是言之有据的。

师徒二人诗歌里都有对习静的大量描述，白沙发展与深化吴康斋的主静学，他说静坐 "久之，然后见吾心之体，隐然呈露，常若有物，日用间种种应酬，随吾所欲，如马之御衔勒，体认物理，稽诸圣

---

① 《康斋集》卷 4《对月偶成》，第 439 页。
② 《康斋集》卷 7《对雨书怀》，第 495 页。
③ 《康斋集》卷 7《仙游山》，第 496 页。
④ "端倪" 即 "端绪"，也就是 "真心""善端"，即 "天理"。
⑤ 《康斋集》，《提要》，第 358 页。
⑥ 侯外庐主编《宋明理学史》（下），人民出版社，1997，第 144 页。

训，各有头绪来历，如水之有源委也…有学于仆者，辄教之静坐。盖以吾所经历确有实效者告之，非务为高虚以误也"①、"学劳扰则无有见道。故观书博览，不如静坐"②，白沙的主静学成为他自己的教学思想和方法，指导学生入学术之门。他的"使心常在内，见理明"③ 和吴康斋一致。晚年吴康斋与白沙习静如出一辙，白沙主静功夫论源于吴康斋，二者学术关系非常密切。心在内是指心在腔子内，坚持老师读书理明心得。白沙与吴康斋功夫论的不同在于白沙自己不再信奉读书，专向主静探求心体，开启江门心学"别派"。

白沙主静多被人误为禅学，有偏静不动之弊，其嫡传湛甘泉甚喜静坐，"每夜瞑目坐，率至漏分"④。在教学中，湛若水要求学生每日静坐4小时，"申酉二时默坐思索"⑤，以防学生精神恍惚，弥补读书之辛苦。湛甘泉较清醒地认识到过分主静容易引起遗弃事务的毛病，所以他以主敬规制主静，事实上有意识地"转手"白沙学术。白沙早期弟子林南川喜静坐。他透过人心之静明，空其心，心在万物上，超乎万物之表，直接把握万物之理，察识宇宙道德之体，物我一体，使物我对待消失，获得宇宙本体生意的观象⑥。这些心灵感受与吴康斋、白沙是一致的。林南川提出静养动应说，静养为体，动应为用，试

---

① 《陈献章集》卷2《复赵提学佥宪（三则）》（一），第145页。
② 《陈献章集》卷3《与林友（三则）》（二），第269页。
③ 《陈献章集》卷1《书漫笔后》，第66页。
④ （明）洪垣：《墓志铭》，《甘泉文集》，集部第57册，卷32，第247页。
⑤ （明）湛若水：《甘泉文集》，集部第56册，卷6《大科书堂训规》，第3条，第554页。
⑥ （明）林光：《南川冰蘖全集》，罗邦柱点校，中国文史出版社，2004，卷二《静观亭记》，第41页。林光中晚期因弃隐归宦多为师门所不满。作为陈献章弟子，曾代陈献章答伍光宇、贺钦问学，指教功夫路数，学问多得陈献章真传，终终因品格欠缺坚毅，别母外宦，不得江门衣钵。其文集不得收入四库全书，流传不广。梨洲因未读《南川冰蘖全集》，明儒学案未详其学问功夫。林光的哲学思想一本陈献章所教，倡学问自得与自然性，以我大而物小、气学为本体论，以闲心、主静下的静养动应、默养善端和勿忘勿助为特色的功夫论。在天理的把握上，与湛若水的随时体认相同，认识到天理的周流与无间，提出参前周养说，深造自得性命。

图维护师说的合理性。他说，"夫人之一心，息之极而闲之至，足以参两间，而后群动万物不足以相挠，死生不足以为变，视世之为仁义者犹若拘拘，而况于功名富贵乎？……闲其心者有要也，要者，一而已矣。事之未至一其心，则静而闲矣；事之既接一其心，则动而闲矣。知静养而不知动应，是有体而无用，非吾儒之学也"①，实现诚的心理状态，需要心灵的闲息，觉我大而物小。如人心不能闲，人心会受制于事物之繁冗，被事物所牵制和拘役，物大而我小。林南川的"大我"学说体现人格的挺立，对大写的人给予重视②。这与甘泉用静以待动、先翕后辟释白沙之"主静"颇不同③。陈白沙另外两个高徒张诩、李承箕则将白沙的静养功夫滑入坐禅一系，不参与公共事务，隐于山野，生活、学术与政治上多未能与传统儒家伦理相契，引起甘泉的不满。

主静过程中的规矩就是勿忘勿助。勿忘勿助是康斋的重要教法，更是一种读书博文约礼渐进之道，指功夫入于自然、无法着力的境界，是合本体的功夫④。勿忘勿助源于孟子养气说，本意是指在读书学习和成就圣贤的道路上，既不要拔苗助长，也不要懒散消极，走一条优游厌沃、日就月将的中和之道，分勿忘、勿助两层。康斋 31 岁时刻苦

① 《游心楼记》，《南川冰蘗全集》卷 2，第 38 ~ 39 页。
② 《南川冰蘗全集》卷 2《游心楼记》，第 38 页段一。这种闲，是建立在不可厌的冗之上，非纯空虚之言。理中有个辩证法在。
③ 景海峰：《陈白沙与明初儒学》，《中国哲学史》2001 年第 2 期，第 59 ~ 67 页。他认为主静强调身体自我的调适，凝聚精神，存养本心。主敬，则偏重于关系自我的顺合，交相为用，格物穷理。静坐也就是识蔽、去蔽的过程，通过静坐，明天理而消人欲，养成君子品格。静是孕育生机之静，静坐是体悟天地之道的过程。当时的主静思潮，是针对当时学术的利禄化、官方朱子学的威权化，以及普遍的心灵窒塞、思想僵固而发。明初朱学居敬穷理的主张占据主导地位，理学家多偏执于下学功夫，生活化（人伦日用）的居敬穷理功夫对"主静"派张力加大，在理学内部产生某种紧张。陈献章逢人便说"静坐"，可以说是对"主敬"派话语的挑战。
④ 钟彩钧：《吴康斋的生活与学术》，《中国文哲研究集刊》1997 年第 10 期，第 292 ~ 293 页。

读书，以勿忘勿助熟玩四书五经，证得圣贤之境。当早期门人胡九韶（约 1395 ~ 1465）因读书过苦致疾，康斋（时年 36 岁）告知他读书不应该急功近利，过于用功，“兼足下不曾有积累着实工夫，难一时骤语也。大要入门只在拨置他书，一以四书及洛、关、闽诸子，专心循序熟读，勿忘勿助，优柔厌饫于其间，积久自然有得。不可强探向上，此味真难知也。正文公所谓：虽淡实腴也。不肖亦何幸而忽臻斯境，痛快，痛快。来谕谓较去年差胜，甚善。但用心不宜太苦，进锐退速，实非虚语。足下精神甚短，体弱致然，宜倍加保养，以图万全”①。就是说，应该勿忘勿助，慢慢调整，学问自然就会增长。即使不读书，只要有礼貌，衣服得体，对人和学问怀着一颗尊敬的心，学问也会慢慢长进起来。康斋 43 岁时的《日录》中就有“勿忘勿助”的专门记载：“勿忘勿助，近日稍知此味。天假以年，尚宜少进。穷通得丧，可付度外也。”② 白沙写的墓文则对老师的“勿忘勿助”教法评价较高。白沙 27 岁到小陂求学的时候，康斋已经 64 岁了，那时康斋的教法已相当娴熟。众所周知，康斋对白沙的批评当时可能引起白沙的反感③，而且白沙在小陂半年，多数时间应该是从事劳作的。对于白沙品格的砥砺，康斋耕读一体的教法功不可没。据夏尚朴记载，身为官宦之家的娄一斋从学康斋门下是经常要从事劳作、“折节下学”的，所以举人出身的白沙从事农业劳作是不可免的，故惠州籍心学家杨起元（1547 ~ 1599）《白沙语录序》说白沙“值蔬编篱”“研墨”“接

---

① 关于胡九韶的生平，明史《儒林传》记载的“及与弼殁，门人多转师之。成化中卒”。（《明史》卷 282《列传第一百七十》）有误，当采黄宗羲《明儒学案》“成化初卒”说。康斋对于胡九韶捐馆有诗歌，可见九韶捐馆当在 1465 年左右，见“时傍邻舟向日吟，天涯忽动故人心。始知一失钟生尔，宜绝当年伯氏琴”（《康斋集》卷 7《鄱阳舟中伤九韶》，第 491）。而且，胡九韶为崇仁萝溪人，不是金溪人。

② 《康斋集》卷 11《日录》，第 579 页。

③ （明）陈献章：《陈献章集》，（清）阮榕龄：《编次陈白沙先生年谱》，第 806 页。

茶"应该属实①。劳作有助于学生养元气，在持久、耗时的劳作中思考天理的模样，当有补于"勿助"之学②。当多数读书人忙于功利之学应举的时候，康斋令白沙从事劳作涵养学问，这是一种崭新的教法，圭角磨去，加以深厚涵养，势必爆发，故祭酒邢让以诗考察白沙，最后有"真儒复出"之叹。白沙颇有才气，不免锋芒毕露，康斋以"勿忘勿助"教法，令白沙待人接物，端茶研墨，从事劳动，有助于其人格的发展。主静涵养是宋元诸儒心学家成圣功夫论的两种途径之一。静观是功夫主体在天地自然和日用生活中对本体存在的刹那间的直觉把握，获得天人合一、心即理的境界，康斋的静观功夫预示着新的心学思潮的出现③。白沙则把主静抬高到本体论意义④，白沙"静坐"养善端，证得至善性体的出现是对康斋"静时敬""无声无臭"的习静感悟的理论推进，故《宋明理学史》撰者指出，白沙在康斋门下受业，尚未得其旨，未能悟其师道，其后他回到白沙里（江门），"'静坐久之，反复体味，方见此心之体'，白沙说的在'静坐'中反复'体味'才悟得'心之体'，其实就是康斋早就提出来的观点。白沙上文的意见，是说他对师传之道，悟之迟迟，而并没有说他的'所得'与乃师无关"⑤，这样就推翻了黄宗羲的"别派"说，论证康斋对白沙思想的促进作用。康斋的克己安贫、真诚的生活，完全依着自己的人生哲学信条来生活，对白沙一生独立为学起示范作用。康斋 38 岁时说，"人须于贫贱患难上立得脚住，克治粗暴，使心性纯然。上不怨

---

① （明）陈献章：《陈献章集》，（清）阮榕龄：《编次陈白沙先生年谱》，第 806 页。
② 对康斋劳作的分析，可参见李雪、徐福来《吴康斋哲学思想之特色及其意义》，《南昌大学学报》（人文社会科学版）2011 年第 1 期，第 41 页。
③ 朱汉民：《吴与弼的教育思想和明代心学思潮》，《江西社会科学》1992 年第 6 期，第 95 页。
④ 刘兴邦：《吴与弼与江门学派》，《五邑大学学报》（社会科学版）2003 年第 1 期，第 31～36 页。
⑤ 侯外庐主编《宋明理学史》（下），人民出版社，1997，第 144 页。

天，下不尤人，物我两忘，惟知有理而已"①，康斋追求的"物我两忘"是对贫困的生活而发出的解决之道，是一种恶劣生活环境下的乐观精神和超脱态度，其艰苦功夫所要达到的是"精白一心、对越神明"②的"理与心一"道德主义境界，是儒家追求至善的"醇儒"精神，故独得明代理学宗师刘念台的崇拜和尊敬。白沙以静养端倪发展了康斋的"物我两忘"境界论，抛弃读书穷理的"太严"教法，一任自然，其最终获得身心愉悦、超脱潇洒和收"放心"的精神状态，体现中国哲学飘逸的面向。另外，康斋的"无时无处不是功夫"的随处之学与白沙的自然之学、甘泉的随处体认之学颇相暗合。

---

①　《康斋集》卷 11《日录》，第 574 页。
②　《康斋集》卷 11《日录》，第 575 页。

第三章
湛甘泉的"随处体认天理"

　　湛若水（1466～1560，字民泽，号甘泉，广东增城人）与王阳明（1427～1529，浙江余姚人）可算是明代最有名的两位儒家学者了[①]。甘泉吸收白沙的自然学说，却也转手白沙的心学功夫论，以"主敬"代"主静"，以"中正之理"代"端倪"，吸收张载的气学、明道的一体思想、伊川的体用一源观拓展了白沙心学，通过博文约礼的读书方法回归经典的研究，丰富并发展五经学，使明代理

---

① 弘治五年27岁的湛甘泉中举人，29岁往江门就学于陈白沙（1428～1500），焚掉赴考证件以表学习决心，潜心白沙门下。弘治十一年三月，白沙赞甘泉学术规模，"来书甚好，日用间随处体认天理，着此一鞭，何患不到古人佳处也"。第二年将"江门钓台"作衣钵传与甘泉，作《赠江门钓台诗》并跋，"达摩西来、传衣为信。江门钓台，病夫之衣钵也！今与民泽收管，将有无穷之祝。珍重！珍重！"弘治十三年（1500）白沙卒，甘泉为之服丧3年。弘治十八年（1505），甘泉中进士。后到西樵山建书院，聚徒讲学4年。甘泉讲学讲究方法，要学生先习礼，明学规；先静坐聚精会神，然后才授课。嘉靖元年（1522）复职，次年转翰林院侍读，又次年任南京国子监祭酒，作《心性图说》。历四年，升南京吏部右侍郎，次年转礼部左侍郎，68岁升南京礼部尚书，71岁转南京吏部尚书，74岁转南京兵部尚书，75岁致仕。家居后，在府第附近建"天关书院"讲学。在西樵有大科、增城有明诚、南香山有莲洞、新塘有甘泉等书院；在新塘江畔建钓台。参阅（明）湛若水《湛甘泉先生文集》（三十二卷），山西大学图书馆藏清康熙二十年黄楷刻本，《四库存目丛书》，集部第56～57册；（明）王守仁：《王阳明全集》，吴光等编校，上海古籍出版社，1997。

学走进经学时代①。甘泉的弟子多为较为平实的儒家，喜欢阐发经典，在礼学、乐学、兵法、算数等方面拓展儒学的研习视野，并在与阳明后学交往中力图捍卫儒家道德意识。与白沙师吴康斋（1392～1469）晚年对"名教"的忧患一样，甘泉俨然有充当名教教主的一面②。甘泉"主虚""无欲"吸收道家心性方法，却对老子虚无之说有批评；他捍卫白沙心学，并不认为象山为禅家，反对杨慈湖（1141～1226，浙江宁波人）"灭意"功夫论，以慈湖为"真禅者"③。甘泉从白沙（江门）归，其"体认天理"思想就渐趋成熟④，他以"大心说"为基础，试图达到内外合一、动静合一、物我一体、体用一原的高妙境界论⑤，实现生理（包括生意、生机、生气）与伦理的融合。

第一节 气化的自然

甘泉试图建立以气为中心的大一理论体系，其嫡传弟子洪觉山称"大全"理论⑥。郭齐勇、李锦全和钟彩钧诸教授注意到甘泉吸收张横渠的大心说⑦。甘泉大全学包括大心说、一体说、辩证法等。世界是一个基本元体：气。气是个流行的道体，充塞宇宙之间，天地内外无

---

① 邓志峰：《王学与晚明的师道复兴运动》，社会科学文献出版社，2004。

② 关于白沙、康斋二人的内在学术联系，可参阅（明）吴康斋《康斋集》，上海古籍出版社影印文渊阁版本，1987；（明）陈献章《陈献章集》，孙通海点校，中华书局，1987。

③ （明）湛若水：《湛甘泉先生文集》（三十二卷），山西大学图书馆藏清康熙二十年黄楷刻本，四库存目丛书集部第56册，卷7，《寄崔后渠司成》，第581页。未作特别说明，所引论文均出此《湛甘泉文集》。

④ 刘兴邦、江敏丹：《岭南心学传人：湛若水》，广东人民出版社，2006，第66页。

⑤ （明）湛若水：《湛甘泉文集》，四库存目丛书集部第56册，卷27，《送杨少默序》，第700页。

⑥ 弟子洪觉山整理其师的著作，就以《泉翁大全集》（嘉靖十九年版本，万历二十一年版本，参阅台湾中研院文哲研究所钟彩钧研究员主持整理点校版）命名。

⑦ 郭齐勇：《中国哲学史》，高等教育出版社，2006，见湛若水章节。

所不贯，自然万物的运动动力。气是天地间万物的本体。气本体论源于康斋、白沙的"元气"说。阴阳之气中和为道，物质组合依据一定的元素形成宇宙体系，而人吸收各种成分变化成个人的心性情理。世界的一切存在，有形无形，有意无意，都来源于气之理运动，鬼神和天理亦在自然的气息中。

甘泉说，"天地间万物，只是一气而已"①，"宇宙间隔一气而已。自其一阴一阳之中者，谓之道。自其形成之大者，谓之天地。自其主宰者，谓之帝。自其功用者，谓之鬼神。自其妙用者，谓之神。自其生生者，谓之易。自其生物而中者，谓之性。自其精而神虚灵知觉者，谓之心。自其性之动应者，谓之情。自其至公自正者，谓之理。自其理出于天之本然者，谓之天理，其实一也"②，在气化之下，阴阳之道形成天地，由此帝、神、易、性、心、情、理、天理等概念得以展开，最后"穷理尽性以至命是一气，滚做一气，滚成自其处"③，气化到人，人要臻于完美，复性之学得以必要。由气生出天地、人间的各种道理。宇宙本体论体系各范畴，如阴阳、升降、浮沉、晦明、刚柔、伸屈、曲直、溶结、避阖、开闭、动静、语默、有无、体用、显微、知行、长短和方圆等，在气的磨合下，便具有互动、互补和调试特征。甘泉接续张载的太虚说，细致地刻画气化之理"理一分殊"的诸多特征。甘泉说，"气一则理一矣。如池浑浑，群鱼生焉，是谓同体。溢则同生，涸则同死，一体之谓也，其形体呼吸性情，潜跃之异者，分之殊尔。见之者，谓之知道"④，"体用一源，显微无间，一以贯之"⑤，

---

① 《湛甘泉文集》第 56 册，《知新后语》第 45 条，卷 4，第 544 页。
② 《湛甘泉文集》第 56 册，《新论》（第 65 条），卷 2，第 532 页。
③ 《湛甘泉文集》第 56 册，《天关语通录》（第 88 条），卷 23。
④ 《湛甘泉文集》第 56 册，《新论》（第 51 条），卷 2，第 530 页。
⑤ 《湛甘泉文集》第 56 册，《二业合一训》第 10 条，卷 5，第 549 页。

指出一体之理的理一分殊特性。"阳升则浮，阴降则沉，浮沉相荡，而润下生焉。阳精则明，阴精则晦，晦明相感，而炎上生焉。阳刚则伸，阴柔则屈，屈伸相循，而曲直生焉。柔以溶之，刚以结之，溶结相推而纵革生焉。刚以避之，柔以阖之，避阖相烫，而稼穑生焉。天地之生也。行气而质，故水火多气，木金土多质"①，此语则说万物之理阴阳变化、相克相生的道理。这样的一套分析话语大大拓宽了白沙的自然说体系，内蕴辩证法易使名教道德学说因具有自然、生理之理增强理论上的正当性。

甘泉说，"天地之初也，至虚。虚无，有也。无则微，微化则著，著化则形，形化则实，实化则大。故水为先，火次之，木次之，金次之，土次之。天地这终也，至塞。塞者，有也。有则大，大变而实，实变而形，形变而著，著受而微。故土为先，金次之，木次之，水次之。微则无矣，而有生焉。有无相生，天地之终始乎?"②"行短而知长，行方而知圆，行有止而知无穷，故行一而已造其极之谓也，非造其中而谓也。若夫知者，所以潜天地，达古今，通昼夜尽终始之变，以至于化育，非天下之聪明睿知，其孰能尽之?"③指出气化来源于天地之"至虚"，与张载的太虚说契合，这样就让白沙的自然主义学说具备理论基石，提高白沙自然说的"形而上"特性。甘泉对自己发现这套神妙不测的气说，给予了较高的地位，并把理论的发明权给予了圣人，从而给自己的气化自然、动静合一的一体之学一度烙上接续道统的地位，他说："性，妙天地之有情，著天地之无；神，妙有无之

---

① 《湛甘泉文集》第56册，《知新后语》第1条，卷4，第539页。
② 《湛甘泉文集》第56册，《新论》（第37条），卷2，第529页。
③ 《湛甘泉文集》第56册，《新论》（第40条），卷2，第529页。

机，道天地之一，其惟圣人乎？"① 这样的"动静无端，阴阳无始，妙
之至也"②、"一开一闭，可以观极。一动一静，可以观性，一屈一伸，
可以观神，一语一默，可以观德"③，可以辩证之"妙"发前人之未
发，给理学语言增添活力。通过对"妙"的细致阐发，使得甘泉的气
化之说具有厚重的理论色彩，不再像以前的名儒那样使用武断的语
句式。

第二节　随处体认天理

　　要获得对奇"妙"天地之理的认识，甘泉要求学者"大心"，要
有天下一体的潇洒胸怀，来做"廓清"的中和、中正功夫。甘泉说
"和气致，则天地泰、万物若"④；"大其心能全体天地之性"⑤；"胸中
无事，则天理见矣"⑥；"学之要，洒而落之；不廓清，不足以入道"⑦；
"廓清之，则本体不污；本体不污，则光明自生，日新之谓与"⑧；"或
问习心不除？廓而清之，久则除矣"⑨。甘泉认为，"中正者，天下之
至道也，是故勿意必固我，而发皆中节，君子可以知道也"⑩，君子应
该知道修养身心之道就是实现中和的德性，天人合一和的就是天理，
化为内心的一体、中正之理。成中英把生机的自然主义作为中国哲学

---

① 《湛甘泉文集》第 56 册，《新论》（第 30 条），卷 2，第 528 页。
② 《湛甘泉文集》第 56 册，《知新后语》第 48 条，卷 4，第 544 页。
③ 《湛甘泉文集》第 56 册，《新论》（第 5 条），卷 2，第 526 页。
④ 《湛甘泉文集》第 56 册，《新论》（第 10 条），卷 2，第 527 页。
⑤ 《湛甘泉文集》第 56 册，《樵语》（第 3 条），卷 1，第 521 页。
⑥ 《湛甘泉文集》第 56 册，《雍语》（第 55 条），卷 3，第 536 页。
⑦ 《湛甘泉文集》第 56 册，《樵语》（第 51 条），卷 1，第 526 页。
⑧ 《湛甘泉文集》第 56 册，《雍语》（第 9 条），卷 3，第 533 页。
⑨ 《湛甘泉文集》第 56 册，《雍语》（第 7 条），卷 3，第 533 页。
⑩ 《湛甘泉文集》，《樵语》（第 48 条），卷 1，第 526 页。

的一个特征①，发现世界上生机与自然主义并不断体悟、省察涵养是儒家的核心思想之一。以甘泉而言，《易经》的主要思想就是体认"复"，察见天地生生不息的心。《论语》中记载的孔子对城外树林胡乱砍伐的担忧以及"仁者乐山、智者乐水"的山水情怀，可以表现早期儒家对"生意"仁体的关注。甘泉说，"心无一物，天理见前。何为天理？本体自然。廓乎浑兮，四时行焉。勿忘勿助，圣则同天"②，指出天理的自然性，就是廓浑流行之理，一气流行。在此之下，"随处体认天理，六字千圣同行。万里一心感应，虚灵中正观生"③，通过人心对事事物物的感应能力，去把握中正和谐之理，实现天下太和的局面。甘泉功夫论的核心理念是随处体认天理，作为道的天理是大公心、无私心，蕴含生意，自然流行，中正虚混。随处体认天理的方法是勿忘勿助、自然而然与渐进的自强不息。勿忘勿助功夫心法是复活吴康斋、陈白沙的教法。

按照传统儒家的理论，完美道德是天理的主要价值取向。直接从生意角度来定义天理，容易滑入道家的自然主义学说。甘泉并没有像崇仁学派胡敬斋那样严格、单纯地坚持儒家伦理和道德思想，而是偏向从自然界的生意层面描述他认为的天地之理。甘泉还有坚持、继承白沙自然学说的地方，认为"心之生理"就是"天理"，甘泉说"生意，即是天理，即是浑沦"④，"天理只是心之生理。如彼谷种，仁则其生之性。仁即是天理也"⑤，因此，"心者，生理，如树在地。斯须

---

① 〔美〕成中英：《从中西互释中挺立：中国哲学与中国文化的新定位》，中国人民大学出版社，2006。

② 《湛甘泉文集》第57册，卷26，《示诸学者》，第163页。

③ 《湛甘泉文集》第57册，卷26，《示学六言赠六安潘汝中黄门》，第173页。

④ 《湛甘泉文集》第56册，《问疑续录》（第40条），卷11，第638页。

⑤ 《湛甘泉文集》第56册，《问疑续录》（第48条），卷11，第639页。

弗存，生理索然"①，"心之生生，乃理也。存心养性，养金于沙，乃理也"②，在这里，甘泉打了一个比方，"心道生仁，树道生实。存心根之，省察防之，讲习灌溉之。人力不与焉，而生生不已"③，以一棵茂密的大树而言（生意、仁），需要和大地（根基、心道）相联系；以谷种而言（心），它有孕育新生命的力量（仁、生之性）。所以，天理让天下命物更好地生生不息，甘泉试图回到儒家《易经》的原初智慧。因此，存心养性的功夫论要求"畜生意"，"生意"需要主体者时时刻刻的涵养（"咸畜"）。甘泉继承康斋、白沙的生意理论，自己也曾在西樵山间隐居7年，获得道德生命的亲证。他把"生意"范畴抬高，突出内心对生生不息的体认和功夫。他说，"夫农夫之养苗也，去其害苗者尔，而生意不可遏也。学者之养心也，去其害心者尔，而生理不可息，锄夫何加力焉？"④ "锄其骄而苗自夭，杀其虫而木自茂，绝其欲而理自足，是故万化咸畜"⑤，通过生动地锄苗的比喻，鼓励儒家学者敢于磨炼，日新月异，勇敢地改正内心的不良习惯，以便涵养天理。

儒家学者除了日新功夫，还需要保持内心的虚灵和寡欲的念头，体认天理。甘泉说，"虚无，即气也。如人之嘘气也，乃见实用，故知气即虚也。其在天地万物之生也，人身骨内毛面之形也是，皆气之质。而其气即虚无也。是故知，气之虚实，有无之体，则于是道也，思过半矣"⑥；"空室空木之中，有物生焉。虚则气聚，气聚则物生，

---

① 《湛甘泉文集》第56册，《新论》（第2条），卷2，第532页。
② 《湛甘泉文集》第56册，《天关语通录》（89条），卷23。
③ 《湛甘泉文集》第56册，《新论》（第18条），卷2，第527页。
④ 《湛甘泉文集》第56册，《新论》（第13条），卷2，第527页。
⑤ 《湛甘泉文集》第56册，《新论》（第41条），卷2，第529页。
⑥ 《湛甘泉文集》第56册，《新论》（第43条），卷2，第529页。

故不待种也。气即种也，得之气化而生也，故虚者，生之本"①，可见甘泉的虚心功夫论是基于本体的功夫论，在儒家哲学上具有一定的创新。他说，"夫身在屋内，四面墙壁也，何以见天地四方之全，必超身而也立于九层之台，斯尽可见之矣。故物欲也，玩好也；文艺也，皆墙壁之类也。故僻之，而后可以见道"②；"人心之虚也，生意存焉。生，仁也。生生，天地之仁也。塞则死矣。圣人之心，太虚乎？故能生万化，位天地，育万物，中和之极也。必有主，而后能虚"③，天地之气本虚，虚化之气运转天地，因此人心虚灵，主一无适，跃升于天地之上，势必可以透彻天理。自然间流动之气遵循的是道家的本体论，具有虚无性。《易经》在此处与老子的宇宙本体论相通。甘泉对仁的理解坚持继承孔子仁学，把仁的含义归纳为直接贴切自然的勃勃生机，是有一种生活本然意味的。程朱传统的仁还具有政治性与规范秩序的美德与善，一种好的政府治理范畴与体系，充满政治未来的忧患意识和政治生活的危机感④。甘泉的仁内化到主体者的虚心，这种思维逻辑的起点是道家哲学的思想，只不过那不是主，而是附属于儒家哲学道德的基点罢了。寡欲成仁，甘泉提出无私无欲的为学功夫，保持清明心体论。甘泉说，"仁也者，安之为大"⑤；"学立，则人无私，学无私，则一，一则明"⑥；"贤者寡欲，圣人无欲。寡欲之至，可圣。

① 《湛甘泉文集》第56册，《新论》（第44条），卷2，第529页。
② 《湛甘泉文集》第56册，《新论》（第46条），卷2，第530页。
③ 《湛甘泉文集》第56册，《新论》（第50条），卷2，第530页。
④ 融合朱陆理心学说的清初大儒孙夏峰多把生意哲学抬高。值得注意的是，作为明末清初的三大儒之一，其心性功夫论的核心归宿就是"随时随处体认天理"。孙夏峰说，"随时随处，体认此心此理。人生只有这一件事，所谓必有事也"，又说，"收放亦是随时随处体认天理"，参阅（清）孙奇逢《夏峰先生集》，朱茂汉校点，中华书局，2012，卷13《语录》，第547页。
⑤ 《湛甘泉文集》第56册，《新论》（第27条），卷2，第528页。
⑥ 《湛甘泉文集》第56册，《新论》（第11条），卷2，第527页。

无欲之至，可天，圣则无意无必，天则无声无臭"①，这是他坚持二程功夫论的地方。

除了融合前人的多种修养方法，比如涵养、寡欲和日新等心法外，甘泉道德修养论的特色在于他提出"煎销习心"的心法来实现精白一心。甘泉分析禹成就圣人般的精神意志，是因为禹具有千锤百炼的金子般的品格②，因此他告诫自己的学生，务必具备坚强的人格，内心存有敬畏，修养者才会浑合无间，具备盛德，实现"纯心"的"精白一心"特点。甘泉说，"禹之圣也，其犹诸百炼金矣。浑合无间是之，谓盛德"③；"（纯心）其犹乎金之精乎。金之不精，有或杂之，非复企之初矣。今夫金，时时而炼焉。久则精金尔矣。又何待于外求？"④ 甘泉对锤炼精神的强调不仅是一般规范意义上的，还结合适合经验的方法论。甘泉突出辩证技术的运用（与道家哲学合流），考虑现实生活的不确定性与困难。有时，妥协和容忍有利于美德涵养。他说，"君子之学也，犹之锻金也，不炉不锤，则金不精。事也者，学之炉锤也。不历事，则仁不熟。不熟，而仁之弃也者。夫仁也者，贵熟之"⑤，"观洪炉之铸金，则知天地张始矣。在炉而溶生之也。出炉，而结成之也。溶也者，水始之象也；结也者，土终之象也。其溶也，孰不以

---

① 《湛甘泉文集》第 56 册，《新论》（第 1 条），卷 2，第 526 页。
② 这是一种类似《金刚经》所提出的顽强忍耐和超越时空概念的风格。《金刚经》是大乘佛学的经典著作之一。《金刚经》的人生哲学就是要求人类顽强地活下去，勇敢地活下去，不屈不挠地活下去。不管将来遇到多大的磨难，不管将来遇到多大的打击，都要珍惜当下生活。保存，就是最好的存在，最真实的存在。《金刚经》反复强调的人生精神，就是超越过去和未来，超越生活的环境，不断经历风雨，磨炼身心，成就人格。从这里也可以看出，真正的佛学思想不是消极的，而是积极的。这与老子《道德经》主张的"无为无不为"的思想一致。一个人，一直处在安逸舒适的生活环境里，是很难成就坚强品格的。具备顽强忍耐的良好品格，必须从千难万苦中经历，可以更好地面对人间的欲望问题。详细的分析可阅东方桥《金刚经现代读》，上海书店出版社，2003。
③ 《湛甘泉文集》第 56 册，《樵语》（第 2 条），卷 1，第 521 页。
④ 《湛甘泉文集》第 56 册，《雍语》（第 76 条），卷 3，第 538 页。
⑤ 《湛甘泉文集》第 56 册，《新论》（第 55 条），卷 2，第 530 页。

为屈而不知生之始也。伸，孰大焉。其结也，孰不认为伸而不知成之终也。屈，孰大焉。始终相乘，屈伸相感，而金未曾变，道之象也”①。“习心”即人心中的坏的部分，好比金子中的杂质。宋代儒家常用人情心、物欲心、私欲心、世俗心来表达这样一个概念。甘泉哲学的主旨是随时体认天理，而要达到廓清大公的澄明心境，需要煎销习心。在这里，甘泉透过“习心”概念发展了前人的学说。“体认天理”与“存天理”的不同在于，前者突出了修养自得的思想，体现默识的修养态度，更加关注功夫的有效性；而后者强调境界的保存和占有。作为哲学意义上的“存天理”，这样的境界其实很难维持。其实，从儒学心性功夫角度而言，“存天理”基本上是一个想象的境界。换句话说，“存天理”是一种理想主义的价值追求。而甘泉的体认天理却是可以实现的目标，因为甘泉只强调对天理境界的亲自躬行实践的过程。在甘泉看来，重要的是体验和经历，是一种参与的乐趣，而不是艰难地实现某个难以企及的宏伟目标。随时体认天理是一种现实主义的，是渐进主义的，是有效的，是可以获得的。甘泉的煎销习心，不仅是一般意义上的灭人欲。甘泉把习心看成一种自然现象，首先肯定它的合理性，强调的是渐进和反复的清洗。相反，不少宋代儒家把人欲看成是不合法的，没有存在价值的，需要迅速消除和完全铲除，最后只剩下完全空明的天理境界。甘泉说，“诸生为学，患心不定。只有煎销习心，三层五层，如煎销金银。一番煎销，俞见一番精明。煎销尽者，为大贤之心。习心既人心，只是无一个好心。其不好者，习耳。习尽，则本体广大高明，何尝有缺？何所沾惹？”②“（君子）其要又只在体认天理。体认天理，仍煎销习心之功夫。盖天理与习心相

---

① 《湛甘泉文集》第56册，《知新后语》（第14条），卷4，第541页。
② 《湛甘泉文集》第56册，《大科训规》（第4条），卷6，第554页。

为消长。养得天理长一分，习心便消了一分。天理长了十分，便消了十分习心，即为大贤，熟而化之即是。圣人、贤人非有差别，同是一个天理生熟之闻耳。吾子于《大科训规》中识得个要约如此，便知所从事矣。可喜可喜。然见之非难，体之为难"①。"煎销习心之功夫"就是"体认天理"的过程，体现它作为传统理学家的品格。

第三节　知养并行的博文之学

甘泉以"随处体认天理"为其一生学问宗旨，是跟随他的老师陈白沙"养端倪"而提出的呈现"端倪"而来的，他要随时呈现"端倪"，其"随处"蕴含功夫的无间与合一②。"随处"不仅涵括已发未发、随动随静的双层含义，不再仅仅是宋儒的主静之学或未发之学，"吾所谓体认者，非分未发已发，非分动静。所谓随处体认天理者，随未发已发，随动随静。盖动静皆吾心之本体，体用一原故也"③；还有"随心，随意，随身，随家，随国，随天下，盖随其所寂所感时耳"④，"随时"上达《周易》的感应之说。而甘泉的"体认"主要是通过"中正之心"这个发动机制来实现的。甘泉的"中正之心"就是"勿忘勿助"功夫达到自然之时才有的状态。甘泉说"勿忘勿助只见只是中正处"，并说这是"圣贤心学最精深处"⑤。而主敬就是"勿忘勿助"之间的调停功夫，"勿忘勿助，主敬之谓也"⑥。在"学问、思

----

① 《湛甘泉文集》第 56 册，《问疑录》（第 1 条），卷 10，第 626 页。
② 《湛甘泉文集》第 56 册，卷 7，《答欧阳崇一》，第 574 页。
③ 《湛甘泉文集》第 56 册，卷 7，《答孟生津》，第 574 页。
④ 《湛甘泉文集》第 56 册，卷 7，《答阳明王都宪论格物》，第 572 页。
⑤ 《湛甘泉文集》第 56 册，卷 7，《答聂文蔚侍郎》，第 574 页。
⑥ 《湛甘泉文集》第 56 册，卷 7，《答邓君恪问集义》，第 569 页。

辨与笃行”功夫论下①，甘泉要实现“主一无适”的整全功夫，实现内外之道的契合，即他所说的“与物同体”的“客观”天道②。甘泉说，“敬，无滞也”③，“敬者，一也。一者，无欲也。无欲，则洒然而乐矣”④，甘泉主张道无内外，心无动静，因此功夫上主张道合内外的动静合一之学，“动静皆忘、时动时静”⑤，察见天理。

通往理想人格的道路，除了默默无言的慎独外，还要内心真诚，对越神明，“诚”体现仁者光明的心灵。甘泉说，“初年斋戒三日，始求教白沙先生”⑥，讲述自己真诚求学的初心。他还说，“诚者，天理也”⑦、“至诚动物”⑧，因此，“《易》曰蒙以养正。正也者，诚也。洒扫应对，立诚也。明德新民，立诚而章矣。致中致和，立诚化矣”⑨，体现一位诚实儒家的学术归宿。由于真诚，天人一理，可以感应天地的变化。甘泉认识到感应在人身心间，“非橐则不能鼓气，人之呼吸，其犹诸橐也。百体经络之气，由之以鼓动，感通焉。天地氤氲而已，故能生万物。观呼吸，则氤氲之端，可见矣”⑩，这与《中庸》的感应原理雷同。而长期的修养，儒家多能感应外在事物的变化，成己成物，如甘泉说，“山木之根，可破石，此是至大至刚，以直处此气，无处不到大也。其力刚也，物不能直也。直气之贯，不分木石。木石非二物也”⑪；“其天者，非常之材，得雨露之养于天也，得土力之养于地

① 《湛甘泉文集》第 56 册，卷 7，《答潘廷评》，第 575 页。
② 《湛甘泉文集》第 56 册，卷 7，《答蒋卿实诸君》，第 579 页。
③ 《湛甘泉文集》第 56 册，《新论》（第 48 条），卷 2，第 530 页。
④ 《湛甘泉文集》第 56 册，《雍语》（第 5 条），卷 3，第 533 页。
⑤ 《湛甘泉文集》第 56 册，卷 7，《复王宜学内翰》，第 567 页。
⑥ 《湛甘泉文集》第 56 册，《知新后语》（第 37）条，卷 4，第 543 页。
⑦ 《湛甘泉文集》第 56 册，《新论》（第 52 条），卷 2，第 530 页。
⑧ 《湛甘泉文集》第 56 册，《新论》（第 51 条），卷 2，第 530 页。
⑨ 《湛甘泉文集》第 56 册，《新论》（第 16 条），卷 2，第 527 页。
⑩ 《湛甘泉文集》第 56 册，《新论》（第 64 条），卷 2，第 531 页。
⑪ 《湛甘泉文集》第 56 册，《知新后语》第 27 条，卷 4，第 542 页。

也；得栽培之养于人也，则盛德大业备矣"①，诚者成物。

认识世界首先在于改变自身性格。体会仁、认识仁，需要"自得变化气质"，需要"读书体认涵养"②，时时刻刻的"一体之学"与"一体功夫"。而整合的"合一"功夫需要内心自然与默识的"意会"，没必要"求之太深、索之太苦"③。甘泉说，"道以自然为宗，憔默而识之，君子行其无所事"④，"默识者，其学之至与"⑤，"默足以容耳"⑥，在长时间内消化知识，体会默识涵养的道理。而其背后的理论就是显微无间的体用之学，"诚以藏显，声以藏隐"⑦，"显于始，藏以终。显以生之，藏以终之……知来可以藏往，智者功用大矣哉"⑧。可见，白沙的默识功夫对甘泉影响较大。

"善学者，如贯珠"⑨，学习除了心广之外，还在于体胖，保养元气，"涵养知者，明睿也"⑩；"知与养并行而不离也"⑪，甘泉提倡知养并行、合一，可能阻碍他理论上的突破。"志者，气之帅也……持志以养气"⑫、"神全则气全"⑬，养生是一种儒家道德学问和功夫可以持续悠悠的保障。天命在我，又不是一般意义上的学习可以获得的境界，甘泉试图建构知养合一论，特别重视身体的保养，希望可以治愈他的朋友。甘泉主张学与养的互动，试图解决儒家一贯的道德伦理的

---

① 《湛甘泉文集》第56册，《二业合一训》（第17条），卷5，第550页。
② 《湛甘泉文集》第56册，卷7，《复王德征》，第582页。
③ 《湛甘泉文集》第56册，卷7，《复方西樵》，第560页。
④ 《湛甘泉文集》第56册，《天关语通录》（第48条），卷23。
⑤ 《湛甘泉文集》第56册，《樵语》（第35条），卷1，第525页。
⑥ 《湛甘泉文集》第56册，《知新后语》（第46条），卷4，第544页。
⑦ 《湛甘泉文集》第56册，《樵语》（第47条），卷1，第526页。
⑧ 《湛甘泉文集》第56册，《樵语》第7条，卷1，第522页。
⑨ 《湛甘泉文集》第56册，《二业合一训》（第19条），卷5，第551页。
⑩ 《湛甘泉文集》第56册，《新论》（第38条），卷2，第529页。
⑪ 《湛甘泉文集》第56册，《樵语》（第28条），卷1，第524页。
⑫ 《湛甘泉文集》第56册，《雍语》（第60条），卷3，第537页。
⑬ 《湛甘泉文集》第56册，《二业合一训》（16条），卷5，第550页。

内在张力和忧患意识，契合道家的养生思想。甘泉说，"善治病者，先元气而后攻疾。养元气即攻疾也，苟专于攻疾，是又一病也"①，在这里回应崇仁学派开山祖师吴康斋的"元气"说。"观鸲鹆之能言，而知天下可以气化；观蜩蝉、蜉蝣之能蜕，而知天下可以质化，是故圣可学而贤可至。圣贤之道，存之移气，养之移体，非达天下之变化，其孰能与于此"②，提出从更广阔的视域来看待涵养身心的儒家德性之学。

儒家哲学诗意化由宋代康节开创，绵延和扩展到明朝。甘泉是明儒人生哲学田园化和生活化的典型反映，"春宜居罗浮，冬宜居甘泉。夏宜居西樵，秋宜居天关。何以谓之宜，顺气无乖愆。罗浮春花发，西樵夏木藩。天关秋水清，甘泉冬背寒。四时无穷运，吾以了吾缘"③，将身心放怀天地间，继承白沙和康斋的诗意生活风格。而他的诗歌，"周天之息，息与天通……与天无极。呼吸气通，吾气通天。与天同舒，草木蕃发。一息之吸，天气通吾。与吾同翕，通为一体。一念一天，是谓息存。与天浑然，是谓息至。自息至时，日至月至……三月不违。过此非我，天行无违。人心之神，俨严天君"④，这与朱熹的养生心法契合，与道家的内丹功夫论一致。甘泉没有像王阳明"良知学"那样新颖和耀眼的理论突破，其重视经典的追究与合一理论体系，却具有开放与和谐的吸引力，表明他试图通过白沙的自然之学，接洽传统儒家经典，创造一套新的整全功夫。甘泉哲学在某种

---

① 《湛甘泉文集》第 56 册，《樵语》（第 34 条），卷 1，第 525 页。
② 《湛甘泉文集》第 56 册，《新论》（第 28 条），卷 2，第 528 页。
③ 《湛甘泉文集》第 57 册，《四居吟》（并序），卷 27，第 184 页。序：甘泉子既归田里，置有四居焉，皆寓也。一在罗浮之朱明，一在西樵之大科，一在天关，一在甘泉。未能大归宇宙之本，宅且以四时分居四寓。春居罗浮，夏居西樵，秋居天关，冬居甘泉，作四居吟。
④ 《湛甘泉文集》第 57 册，《息存箴》卷 28，第 208 页。

程度上与冯友兰的"天地境界"① 哲学相类，但似乎其哲学体系还有值得褒扬之处。

甘泉认为自己的"随时体认天理"甚得中正大和精神，强调功夫的自然而然，不像阳明良知学的"行格式"，也不像罗整庵的"禅真"②。甘泉所谓的天理，一方面是与物同体、周流天下的天道，具有客观性；另一方面，在人心中，"体认天理"，"天理者，吾心中正之体而贯万事者也……由仁义行之学，集义所生之学也"③，具有主观感应性，而下手功夫主要是主自然之敬，"先师石翁又发出自然之说，至矣。圣人之所以为圣，亦不过自然如此，学者之学圣人，舍是何学乎？……盖勿忘勿助之间，只是中正处也……学者下手须要理会自然工夫，不须疑其圣人熟后，而姑为他求。盖圣学只此一个路头，更无别个路头，若寻别个路头，则终枉了一生也"④，并依托白沙的感应观与勿忘勿助心法。在心的认识上，一方面甘泉自己也主张"不从躯壳上起念"⑤ 的微妙功夫，"察见天理真为良知"，一度调和王、湛两家之学；另一方面极力反对王阳明的"意念"之学，"物为心意之所著……有外物之病"⑥，认为其学术规模归于狭小、局促，说其"如春蚕在茧内，作丝一层，即自蔽一层，弊弊焉死而后已，不见天地四方"⑦。

黄宗羲看到王阳明在明代学脉流传中把明初的"心性之学"带入

---

① 参阅冯友兰《中国哲学简史》，天津社会科学院出版社，2005；陈荣捷编著《中国哲学文献选编》，杨儒宾等译，江苏教育出版社，2006。
② 《湛甘泉文集》第 56 册，卷 7，《答洪峻之侍御》，第 589 页。
③ 《湛甘泉文集》第 56 册，卷 7，《答洪峻之侍御》，第 588 页。
④ 《湛甘泉文集》第 56 册，卷 7，《答聂文蔚侍御》，第 574 页。
⑤ 《湛甘泉文集》第 56 册，卷 7，《答徐子直书》，第 578 页；《再答戚黄门秀夫》，第 580 页。
⑥ 《湛甘泉文集》第 56 册，卷 7，《与阳明鸿胪》，第 560 页。
⑦ 《湛甘泉文集》第 56 册，卷 7，《答邵武教授周道通》，第 578 页。

明中后期"意念之学"的繁荣、精深地步，而王阳明的良知学开启了
意念之学的大门，明儒学问真正走入细密的地步。在那样的学术转型
时代，湛甘泉把白沙略显深刻的"端倪学"拉回宋明儒的心性学阵
营，以"真正""中和"之心贯通自然天地之理，坚持作存理去欲的
传统功夫，"如精中军，四面却敌。不存天理而先欲去人欲，如中军
无主，谁与却敌？天理长一分，人欲便消一分，天理长到十分盛大处，
则人欲亦便十分净尽。熟而化者为圣人"①，不似王阳明直接从一念上
入手顿悟去欲般简捷，并回归经训的平实、博文约礼之学，确实难以
大规模吸引好学之士。加之王阳明自身的事功和不朽的传奇人生，都
容易征服青年学子的心，自此后，阳明心学风行天下，浙江、江西、
湖南、广东王学日趋发展，泰州学派渐渐干预公共事务，北方王门独
守王学正传，明代学术史用王阳明的意念之学而全新。即便是以后的
理学家，如唐枢、许孚远、刘宗周等，都吸收借鉴王阳明的良知心法，
不能不说阳明心学的影响力。

　　湛甘泉虽然好辩，阒然自修，却有容人的雅量，善于护卫白沙心
学。即便是对阳明后学，甘泉颇多扶正、纠偏，或者鼓励。甘泉高度
评价王阳明对心学繁荣的开启之功，他说"此学如丝，几绝，得一人
如阳明公焉，出而担当之"②。甘泉说邹守益是"王门首科"③，以良
知为"常知常觉、灵灵明明"④、"常知常觉、空空兴起"⑤ 背离王阳
明良知的含义，建议良知学与天理学互动。甘泉赞扬罗念庵"念念无
留念"为学问"千古指南"⑥。甘泉针对欧阳南野"求养病改官以了大

① 《湛甘泉文集》第56册，卷7，《答洪峻之侍御》，第580页。
② 《湛甘泉文集》第56册，卷7，《与桂阳欧平江太守》，第591页。
③ 《湛甘泉文集》第56册，卷7，《答邹东廓司成》，第593页。
④ 《湛甘泉文集》第56册，卷7，《答邹东廓司成》，第593页。
⑤ 《湛甘泉文集》第56册，卷7，《与何吉阳迁》，第595页。
⑥ 《湛甘泉文集》第56册，卷7，《与罗念庵殿元》，第593页。

事，又欲静养"，告之以"道心事合一者也，随时随事，何莫非心？心定则何动非静？随处体认，则端倪随现，何必静养？若见天理，则随处洒落，即是全放下，更无他求"①，爱护之心可见。阳明捐馆后，甘泉站在阳明后学的阵营内，以"体认天理"弥补"良知学"道德功夫论的不足，以良知学和天理学并行不悖，不落井下石，多次抬高评价阳明学的历史价值，谋求心学和理学的共同发展，比之为"交互之用"、"兄弟"之学②，确实体现其自然学涵养深厚的一面，值得称许。

第四节　洪觉山"随时体认天理"对甘泉学的推进

洪垣（1507～1593，字峻之，号觉山，婺源人）刻苦力学，深得老师湛甘泉的赏识，得传甘泉正传衣钵，是后学嫡传代表③，与方瓘、何迁、蒋信、吕怀、邹守益、王心斋、王龙溪、罗洪先、郭平川友善。觉山继承老师甘泉的道法自然、致虚论、大心说，以"随时体认天理"发展老师随处体认天理、煎销习心的功夫论，以静、敬为涵养心法，超越勿忘勿助的为学方法，形成自己独特的"几"学体系，以达

---

① 《湛甘泉文集》第56册，卷7，《答欧阳崇一》，第574页。
② 对阳明学和甘泉天理学的异同，刘兴邦教授从内外、格物、勿忘勿助、互用四个方面进行深度分析，参阅刘兴邦、江敏丹《岭南心学传人：湛若水》，广东人民出版社，2006，第79～89页。
③ 洪垣，嘉靖十一年（1532）进士，授永康知县，征授御史，后出为温州知府。后坐落职归。复与同里方瓘往从若水，若水为建二妙楼居之。洪垣编《泉翁大全集》（台北，图书馆藏，嘉靖十九年朱明书院刊，万历二十一年修补本）、《甘泉先生续编大全》（台北，图书馆藏，嘉靖三十四年刊，万历二十三年修补本）。现有《觉山先生绪言》（二卷），续修四库全书子部杂家类第1124册；《觉山洪先生史说》（二卷），明万历四十二年刻本，四库存目丛书史部第283册。洪觉山生平（1507～1593）说采复旦大学陈时龙博士论文的观点，见陈时龙《明代中晚期讲学运动（1522-1626）》，复旦大学出版社，2007，第297页。续修四库《觉山先生绪言》在觉山捐馆15年后即1608年万历戊申夏季出版，由当时著名学者焦竑（1540～1620）写序。

动静两忘、物我两忘、何思何虑的心境，把白沙、甘泉一系的自然哲学发展到“明意忘念”层次。

　　觉山说，“天地人物一气，浑浑耳”①，“天地人物一气而已”②，“人之气即天地之气”③，其真气说坚持甘泉之道家心性学④。洪觉山常年隐居安徽婺源深山，多有时间仰观物理，观察气化自然，使得理即气学一派理论化展开尤其深刻。觉山赞同魏庄渠的天根说，主天理有根。他说，“善者德之根，一者善之体。善无定在，惟一是在。随时而体认之，以归于一”⑤。洪觉山认为，“天理有根，人欲无根，天理人欲只是一物，只在此心真妄之间”⑥。盖天理之根难于察识，难于观察，需要从气机上去把握⑦。“从人欲上起念，便踏危机、凶机。从天理上起念，便踏安机、吉机”⑧，“理欲只是一念，又何处绝得？只在过与不得之间。故中庸不说理欲，夫子亦不说去欲二字。止说非礼”⑨。洪觉山继承甘泉的“随时体认天理”，主张“存养省察”天理。他说心性功夫“顾不在言行，而在体认天理，一顾俱得”⑩。他认为“思从意起则滞，思从心体则通，体认亦然。有从意者，有从心者，言天理则非意矣”⑪。洪觉山虽在某些地方吸收了阳明心学的合理成分，但是他更多的是以此来反对阳明学。其认为功夫“不在言行”而在“体认天理”，与阳明的“行之明觉精察处，便是知；知之真切

---

① 《觉山绪言》卷2，第91页。
② 《觉山绪言》卷2，第84页。
③ 《觉山绪言》卷2，第83页。
④ 甘泉有六卷本的论老子学术著作，觉山不自觉地批判继承了老子的自然学说。
⑤ 《觉山绪言》卷1，第52页。
⑥ 《觉山绪言》卷22，第83页。
⑦ 《觉山绪言》卷1，第44页。
⑧ 《觉山绪言》卷1，第48页。
⑨ 《觉山绪言》卷2，第76页。
⑩ 《觉山绪言》卷1，第46页。
⑪ 《觉山绪言》卷1，第74页。

笃实处，便是行……知行原是两个字，说一个工夫"不同①。

觉山主张理欲只是一念，认识到心为活物，常静而常动②。对于心的涵养，求天理在我，突出静心。他说，"有释徒于山中静坐定心数年，自谓可以出矣。一过河埠，失跌，不觉心动。复回山中习之。盖其道因物见心而无心可见，原不在事，颇亦近之。但不于事时磨炼，还是煮空铛也"③，强调在流行事物中获取道理，而把握之方则在人内心的"感应之机"，故"动静不失其时，其道光明。总此一理，而机之感应由心"④，所以他说功夫就应该"动静一于自然"⑤。觉山的"动静一于自然"来源于江门学派白沙主静一系思想。但觉山以明觉代替自然，却是他融合佛学对白沙心学的改造⑥。觉山说，"致知穷理，于事物上寻求固不是，外事物上寻求亦不是……原无内外心事之判，意必固我忘，天地万物自在不尔，便是成念之学"⑦，指出此为忘意"成念"的心性功夫论。他又说，"善无定在，如行路然。须见先知一之路径，乃能随感而慎，择之精义入神，屈伸变化，此岂意念可拟议而有者，如明镜之照物然，切磋琢磨都是刮垢还光功夫，垢去而光自在也，故明意念忘而神可入也。故精择去不善，而善可见也，故得一"⑧，试图通过渐进打磨的"明意"之学，把复性之学带入意、念

---

① 《王阳明全集》卷六《文录三》，第 208～209 页。《传习录》（上）还有"知是行的主意，行是知的功夫；知是行之始，行是知之成"，可见阳明赞成以知为行，知决定行。阳明虽然深化了内在道德功夫论的自觉性与实践性，克服了程朱学者知先行后缺陷，同时削弱程朱学者知行说中的知识论成分，轻视对外在客观知识的探索与学习，事实上导致阳明后学过于注重心智开发与自由天性的修炼而缺乏对外王实学的重视。
② 康斋说，心为活物，涵养不熟，常不免动摇。
③ 《觉山绪言》卷 2，第 105 页。
④ 《觉山绪言》卷 2，第 83 页。
⑤ 《觉山绪言》卷 2，第 93 页。
⑥ 对明觉的思想，见下节。
⑦ 《觉山绪言》卷 2，第 83 页。
⑧ 《觉山绪言》卷 2，第 83 页。

的精深地步。明意忘念要保持内心的纯洁，故他说"只要除去闲思杂虑，惟顺理感应自然，此正切要功夫"①，"戒惧不睹不闻，猛然一炉真火，自然点雪不容"②，去除邪思，恢复慎独的功夫，实现心体的澄明。为了实现明意忘念，觉山提出"不动意""何思何虑"口诀，他说"不动意，实是不动气时着落"③，通过"不动意"实现"养气"的效果。觉山对欲念危害功夫进阶颇有洞察，他说，"惩忿如救火，窒欲如防水。惩忿如防火，防火莫如抽薪。窒欲如止水，止水莫如清源"④，所以要实现德性功夫的有效性，明意忘念的一了百了的功夫是最好的，可有隔断欲念对人的心灵影响的连绵性、意向性。他特别提到"何思何虑"来实现"纯心"作德，"精义入神，利用安身，俱从何思何虑脉络上得来；少不尔，便入憧憧"⑤，消化习心对心灵功夫的干扰。在"不动意"与"何思何虑"的功夫论上，觉山思想后面隐藏着《周易》一书的感应之学（"几"学），即通过主体的至诚"明觉"修养实现人内心意念的变化。觉山对自己的这套"默识"学问颇为自信，自认为承接了明代的学脉，说"如颜子终日只省观…其自省而自足者，即默识学脉"⑥，他的学问大要是意念之学，做意上的功夫。觉山说"君子必慎其独。意有不善，而独无不善也"⑦，点出他要解决王阳明"有善有恶意之动"的功夫难题，但与阳明"正念头"功夫下手不类，他决定走"慎独"学脉路子，崇信"独体"至善的思想。

觉山自觉地接洽白沙心学，在其文集中多次引用、发展白沙的心

---

① 《觉山绪言》卷2，第87页。
② 《觉山绪言》卷2，第90页。
③ 《觉山绪言》卷2，第97页。
④ 《觉山绪言》卷1，第60页。
⑤ 《觉山绪言》卷1，第62页。
⑥ 《觉山绪言》卷1，第67页。
⑦ 《觉山绪言》卷1，第74页。

学思想。觉山说，大公顺应功夫"不是触物起念"①，"不以躯壳起念，即一念天下归仁"②，并说"念从知转则念正，知从念转则知亡"③，使内心的念头去除物欲血气之私，说明他通过"一念"归仁的意念功夫试图克治阳明心学的向内之学。念头之学需要广博的知识和深厚的德行涵养来支持。在一念功夫论下，是他多年对《周易》"几"学的把握，他的"研几于良心觉时"④，把"几"学道德化。通过长期的体认，自然而然，"未涉于意"⑤，可以实现"赤子之心"的光明境界。洪觉山的"不落意"意念之学在明代学脉流传中是重要的一环。觉山说，"思从意起则滞，思从心体则通。体认亦然，有从意者，有从心者，言天理则非意矣"⑥，他要去意，要回到开阔的心性学范畴，体现他在心性学说方面自觉地进行思想上的创新。而他的"一贯之道，时中而已；常寂而常感，'知几'二字尽之"⑦，体现他要以感应意念之学复活传统儒学。总之，融合吸收王阳明与湛甘泉的心学思想，强调格物致知、博文约礼，发展以生意为心学归宿的生机（"几"）之学，"惟有知几存义是正当也……不知於几上，既不得谓之学"⑧，心学思想体系博大精深。其晚年重新诠释格物论，融佛道入儒，追求心体的超越，又自甘于偏僻山村，故其博学体系难得传人。他也重视从历史中获得政治知识，以道德主义衡量历史，开启刘宗周道德史观的先河。

觉山自身具有很大的气魄，立志做大学问，他说，"千古学问付

① 《觉山绪言》卷2，第84页。
② 《觉山绪言》卷2，第81页。
③ 《觉山绪言》卷2，第81页。
④ 《觉山绪言》卷2，第102页。
⑤ 《觉山绪言》卷2，第83页。
⑥ 《觉山绪言》卷1，第75页。
⑦ 《觉山绪言》卷1，第75页。
⑧ 《觉山绪言》卷1，第74页。

与千古豪杰担当，顶天立地，岂因循愿怨闷者能之，故吾人直是翱翔千仞"①，"千古圣贤学术付在吾人身上，吾人自当与圣贤一律看"②，表现了他要自觉承担千年道统学脉的责任。因此，通过一念慎独的学问，觉山把吴康斋、陈白沙的心性学推进到意念的领域，这是学术界的创新，也与他40多年的山中潜心涵养有关。在身、心、意、虚、气五个范畴中，觉山致力于炼神还虚的意念之学，重视人心元气的扶持。所以他的论学语录，重视天理的流行，有一种开阔性，这些都是白沙学自然特性的流露。

① 《觉山绪言》卷1，第66页。
② 《觉山绪言》卷2，第81页。

第四章
"致良知"

　　王阳明（王守仁，1472～1529，字伯安，余姚人）的良知学以主体意志力的凸显来做道德修养的功夫，通过主体的意念性直觉的展开来实现道德知识，不仅与传统呆板的朱子格物之学迥异，也与明初吴康斋的静观反思、陈白沙的静养体认端倪不类。由于王阳明道德修养论的简易、通透和直接感悟的特点，再加上他自己九死一生的传奇磨难，以及他晚年的非凡事功，使得他的良知学显得格外引人关注，一下子紧紧抓住想摆脱困窘状况的读书人的心。那么多的读书人，即便是西北偏远山区的，通过直接接触、跟读、游学王阳明，或者是阅读王阳明的著作，或者直接拜于其门下，或者挂像尊奉，或者传播其学，明代学风为之大变。而所有这些现象，都与王阳明良知学的特质有关。良知学的特点就是，无论你是谁，只要足够真诚、上进，善于把握意识，善意开悟，善于知行合一，你都可以超凡入圣。以前那些艰苦的传统入圣的法子，在王阳明善于启发人教法顿悟指引下，容易上手，而王阳明对年轻学子的尊重、包容、热心和长时期的提携，慢慢形成一个庞大的学术流派：姚江学派、阳明学派，后世尊称其为良知学、王学、阳明学。

王阳明与学友湛甘泉一样，主张为学"不从躯壳上起念"①，这是圣学入门第一步。"不从躯壳上起念"的学问，就是要摆脱名利财色等外在诱惑对虚灵本心思维力、决策力和意志力的干扰，公心问学，潜心治学，让本心可以对外在事物有绝对的宰制能力，使"心纯乎天理"，使得心体远离身体血肉之躯的干扰，从而实现读书人经纶天下、开物成务的最终目标。在这里，"此心纯乎天理处同"②，"心纯乎天理上用功"③，使自己实有之心"诚意"，王阳明与程朱理学家并无二异。如果王阳明的学问仅停留在这里，那么他的学问也仅停留在程朱的心性之学上。但是由于意外的政治生命的残酷经历，贵阳绝境的"龙场之悟"，偏远山区血腥的军事生涯，以及随后之政治斗争的凶险，加上他自己常年对佛学、道家哲学的学习，使得他经历了生死之间的意念感悟，经过长期的系统总结，他摆脱了穷经、格物穷理、勿忘勿助、静坐等繁琐的成圣方法，提出了自己的新学问：良知学。王阳明意识到，在客观天理、主体之心之外，还有个隐微之意在保护每个人内心的道德信念、善心，使得那些卓越者可以对越神明，起死回生，力挽狂澜，逢凶化吉，这就是对良知的信念、信仰。致良知，在王阳明看来，就是要让善念从一奥妙难察觉的深层次领域开发出来，迸发出来，使得主体之心可以直接契合客观天理，从而实现千古圣贤治国平天下的壮志雄怀。

王阳明发现，要使善良的意念从微妙之域呈现出来保护善良的人心的心法就是"正念头"，需要善于转换内心的感悟意念，让自己时

---

① （明）王阳明：《传习录》，阎韬注评，凤凰出版社，2009，卷上，第109条，第98页。
② （明）王阳明：《传习录》卷上，第109条，第98页。
③ （明）王阳明：《传习录》卷上，第109条，第98页。

刻保持意念之善，就需要"必有事焉"上的磨炼，把潜意识的良知与外在公共事务、需要分析的事物联系起来，形成内心对事物内在道理的意向性。应该说，王阳明使用的概念、范畴、核心命题确实令人耳目一新，与原来的理学家很不一样。即便是明代心学早期重要代表、自己好友湛甘泉的老师陈白沙，王阳明在自己的学术活动中也很少提及。他或许觉得良知学是他自己辛苦得来的，是"圣贤血脉"，自然需格外重视。在意念之学体系里，"念"作为核心范畴得格外重视。决定善恶的也就是"念"。王阳明的"一念良知"①、"一念开明"②，都是要求道德修养者要狠狠地与内心的恶念作坚决的斗争。天台宗以"一念无明法性心"为其学宗，王阳明为方便教人，也以"一念"心法开示其门人，俨然禅宗学风，其良知学也就成了"良知教"，其四句名言也就成了"四句教"。

1519 年，48 岁的王阳明在南昌与 25 岁的临川籍学生陈九川（1495～1562，号明水）问答时，讲出了意是心的发动机制，意是心活动的深层次，他说，"其主宰处言之谓之心，指心之发动处谓之意，指意之灵明处谓之知，指意之涉着处谓之物，只是一件。意未有悬空的，必着事物，故欲诚意，则随意所在某事而挌之，去其人欲而归于理，则良知之在此事者，无蔽而得致矣。此便是诚意的功夫"③。在这一年，王阳明任江西巡抚，戎马生涯，内心对意念的认识随着军事活动成功而逐渐自信，其意念之学逐渐成熟，指出了其心中的意是联系外在知识、自然事物和内在本心的沟通的重要连接概念④。"心之发动

① （明）王阳明：《传习录》，阎韬注评，卷中，《答陆原静二》第 8 条，第 179 页。
② （明）王阳明：《传习录》，阎韬注评，卷中，《答陆原静二》第 12 条，第 179 页。
③ （明）王阳明：《传习录》，阎韬注评，卷下，陈九川录，第 1 条，第 231 页。
④ 黄宗羲也注意到意念二字合说，参见钱明《阳明学的形成与发展》，江苏古籍出版社，2002，第 61 页。

处谓之意，指意之灵明处谓之知"相当于他后来四句教中"有善有恶意之动""知善知恶是良知""意之涉着处谓之物"，也与"为善去恶是格物"联系起来，这样王阳明四句教的功夫论根本着眼点就是意，只要可以在"意"上做足为善去恶的道德修养功夫，四句教也就成为真知真行的圣贤学脉了。诚意就成为四句教的功夫法门，这样王阳明通过对意念学范畴的确立，使得他的四句教与《大学》内在逻辑契合起来，增强他的良知之学在士子心中的认同感。即便是进士的陈九川尚不能明白"意之所在为物"① 这句话的深意时，王阳明便告诉他"身、心、意、知、物是一件"②，事实上道出了王阳明良知学的整体性、贯通性和一体性，他要用意去打通成圣的所有方面，一了百了。在王阳明的细心教诲下，明水便做起了"正念头"的"诚意"功夫，不断遇到功夫上"打不成一片"③ 的困难，于是王阳明便鼓励、激励他，阳明说，"意念着处，他是便知是，非便知非，更瞒他一些不得。尔只不要欺他，实实落落依着他做去，善便存，恶便去"④；"人若知章良心诀窍，随他多少邪思枉念，这里一觉，都自消融；真个是灵丹一粒，点铁成金"⑤，指出良知学要以意念为下手功夫，要靠内心的觉悟。说到良知对外物欲望的克制效果，他甚至把良知学上升到道家灵丹的效果，表现了较强的学术自信心。而明水性格颇为耿直，不肯流俗，为官颇多劫难，遭廷杖、诬陷、贬官、流放之苦，晚年更遭家庭惨变，却能依托良知学真实践履，转危为安，良知学护人之功效可见。

---

① （明）王阳明：《传习录》，阎韬注评，卷下，陈九川录，第1条，第230页。
② （明）王阳明：《传习录》，阎韬注评，卷下，陈九川录，第1条，第231页。
③ （明）王阳明：《传习录》，阎韬注评，卷下，陈九川录，第4条，第235页。
④ （明）王阳明：《传习录》，阎韬注评，卷下，陈九川录，第6条，第237页。
⑤ （明）王阳明：《传习录》，阎韬注评，卷下，陈九川录，第9条，第239页。

第一节　良知学与意念

在意的发动之下，人通过念头的转换可以在行动上表现出来，这就是"一念"心法①，即众所周知的"正念头"。在回答江西金溪弟子黄直"知行合一"的困惑时，王阳明批评当时学者有"念头不善"的缺陷，指其"一念法动，虽是不善，然却未曾行，便不去禁止"，于是他"正要人晓得一念发动处，便即是行了；发动处有不善，就将这不善的念克倒了，须要彻根彻底，不使那一念不善潜伏在胸中"②，并且他自己称之为"立言宗旨"，可见其对"一念发动"之学的重视。此句彰显阳明所渴望的光明心体、内心光明是纯粹至善德性满溢于内心深处，他要把心中贼、意念中不善的潜意识完全清除，体现了一位大儒的豪迈情怀③。阳明经常告诫他的学生要全心全意作为善念的功夫，这个"一念"功夫具有西方哲学家塞尔（John Searle）所说的"意向性"④，是行动的，如王阳明说"一念孝亲"⑤，善念如"树之根芽"⑥、"树之种"⑦，通过"一念""指向、关于、涉及或表现其他客体和事态"⑧来遏制内心的恶念，这些按现代科学术语来说虽是在

---

① 杨国荣赞同王夫之的观点，认为王阳明的"一念发动"有模糊知与行的倾向，参见杨国荣《象山语录、阳明传习录》，上海古籍出版社，2010，第163页。

② （明）王阳明：《传习录》，阎韬注评，卷下，黄直录，第26条，第251页。

③ 李素平：《王阳明"一念发动处即是行"解析》，《中国哲学史》1998年第4期，第89页。李素平博士认为，王阳明强调个体道德实践主体的"一念发动处便即是行了"，是从道德修养论上而不是从认识论说的，它并不一定导出王船山所批评的"销行归知""以知为行"的结论。

④ 〔美〕塞尔：《心、脑与科学》，杨音莱译，上海译文出版社，2006，第110页。

⑤ （明）王阳明：《传习录》，阎韬注评，卷上，徐爱录，第85条，第77页。

⑥ （明）王阳明：《传习录》，阎韬注评，卷上，徐爱录，第55条，第57页。

⑦ （明）王阳明：《传习录》，阎韬注评，卷上，薛侃录，第117条，第104页。

⑧ 〔美〕塞尔：《心、脑与科学》，杨音莱译，第110页。

"脑中进行的神经生理过程"①，却"表现了可能的未来事态"②，实现了"世界向人心的符合趋向的未来指向"③，沟通了心一身之间从无到有、从隐到显的感应与互动。塞尔说，"意识和意向性是由大脑中较低层次的神经元作用导致的生物过程"④，意向性的心智状态包括"信念、欲望、意向和知觉"⑤，意向性"指向超出了自身的东西"⑥，这样就从现代心理神经生物学解释王阳明意念之学具有知行合一的可能性。王阳明特地要求学生"一心一意""千思万想务必求得此至善"⑦，这说明他预见到意向性的心理活动会带来主体意想不到的气质变化。在这样的思维下，他提出"念念致良知"来做复性的道德修养功夫，也容易将后学引入意念学的精深地步，特别是那些天资聪敏的学生，更是受到鼓舞，强调"几""一念"等觉悟心法，开启阳明后学更深的地步，却也容易偏离道德自我束缚，而遗忘五经、走入狂禅的地步。

意念之学的涵养需要慎独学的支持。王阳明也意识到主体慎独对善念的守护。他说，"独知处便是诚的萌芽。此处不论善念恶念，更无虚假……戒惧亦是念。戒惧之念，无时可息。若戒惧之心稍有不存，不是昏聩，便已流入恶念"⑧，又说"能戒慎恐惧者是良知"⑨，使得他在世的时候良知学不至于流于过分凸显意念知觉的作用。意念本身

---

① 〔美〕塞尔：《心、脑与科学》，杨音莱译，第113页。
② 〔美〕塞尔：《心、脑与科学》，杨音莱译，第124页。
③ 〔美〕塞尔：《心、脑与科学》，杨音莱译，第124页。
④ 〔美〕塞尔：《心灵的再发现》，王巍译，中国人民大学出版社，2005，《导言》第2页。
⑤ 〔美〕塞尔：《心灵的再发现》，王巍译，《导言》第2页。
⑥ 〔美〕塞尔：《心灵的再发现》，王巍译，第74页。
⑦ （明）王阳明：《传习录》，阎韬注评，卷上，徐爱录，第94条，第82页。
⑧ （明）王阳明：《传习录》，阎韬注评，卷上，薛侃录，第122条，第110页。
⑨ （明）王阳明：《传习录》，阎韬注评，卷中，薛侃录，《答陆原静二》第5条，第174页。

有好坏之分①。在心性学时代，意念更多的是作为自私的潜在固执的念头、"私意"或者恶意等应该除去的念头。心学兴起后，杨慈湖的不起意心法以无意为宗，也让后学不敢对意念之学深入实践、讨论。当代中国阳明学研究专家钱明研究员指出，王阳明对"意"的解释有"私意"与"公意"前后两种说法，导致其后学对意念学看法不同②。晚年阳明对意念的认识较为纯熟，多以"意念"来看待意，"凡应物起念处，皆谓之意。意则有是有非，能知得意之是与非者，则谓之良知"③，这时王阳明56岁（1527），功夫已到炉火纯青的地步，把知道好的意念作为检验良知的标准，提升深层次意念在良知学体系中的地位，从而为其门人重视。不难理解，天资聪颖的阳明后学高足王龙溪提出一套精深细密的"一念"学体系，专从意念上发展阳明良知学，可谓用心良苦④。王塘南以不懈的经历，刻苦顽强，从"几"上以生机之意、断续之念透至善性体，"不执意念"，构建庞大的"几"学体系⑤。而王一庵一生以讲学为主，以志为意，其慎独诚意之说以"意为心之主宰"，与刘念台的诚意说颇多契合⑥。总之，经过阳明后学对意念之学的发展和推进，对生意、意志、心意等意念学的百年构建，在刘念台那里，意就成为比心范畴还重要的宇宙最高本体⑦。按黄宗

---

① 钱明研究员专门分析先秦至明朝的儒学家对"意"的界定，区分了意志、意念、诚意、私意等概念，参阅钱明《阳明学的形成与发展》，江苏古籍出版社，2002，第211~223页。

② 钱明：《阳明学的形成与发展》，第60页。

③ （明）王阳明：《王阳明全集》，吴光、钱明、董平、姚延福编校，上海古籍出版社，2006，卷6《文录》3《答魏师说》（丁亥），第217页。

④ 彭国祥：《明儒王龙溪的一念工夫论》，《孔子研究》2002年第4期，第54页。彭国祥博士对王龙溪的一念之学做了较为全面的分析，王龙溪区分"本念"与"欲念""正念"与"邪念"的差异，指出其重凸显"一念之微"的"几"学心法和诚意功夫。

⑤ 钱明：《阳明学的形成与发展》，第223~228页。

⑥ 钱明：《阳明学的形成与发展》，第228~239页。

⑦ 钱明：《阳明学的形成与发展》，第251页。

義研究专家朱义禄教授的话说，刘念台的理学思想核心学理就是"唯意志论"①，"刘宗周的'意'，是指人们在践履自己行为时的专一与坚定，以及战胜困难的勇气与力量"②，意成为一种信仰甚至相当于宗教理念的"神"，高扬主体内心的意志信仰与对伟大崇高目标的至死不渝，他自己也以最艰苦卓绝的努力证明意志之学的有效性，同时也捍卫了明代理学的至上尊严。故王茂与蒋国保等学者指出，心学思想的发展将会出现"崇尚人的主观意志的力量，凸显人的主观能动性，以至于走上唯意志论"的现象③，刘念台以意范畴超越良知范畴④，这是阳明后学不断往内用力、重视意念的深层次心理学的学理发展。

第二节　阳明后学与明代心学的繁荣

阳明对学生的关心、支持、鼓舞和培养是风动天下的。特别是王阳明的功业更是无人能望其项背，再加上其光明人格，所有这一切，都注定了王阳明是明代学术的主流和支柱。书写明代思想史，不对王阳明的良知学大书特书一番，也是对不起读者的。而阳明的学生中，虽然有一些豪杰之士、醇修之士，当然也没有一个有王阳明那样的教法、机遇、才华和光明人格。阳明弟子对师学的传播也是不遗余力，这点比湛甘泉对白沙学的传播有过之而无不及。在传播阳明学弟子中，有恪守师说的钱绪山，有谨严修身的邹东廓，有以禅学接洽的王

① 朱义禄：《论刘宗周的唯意志论：兼论阳明心学的终结》，《东方论坛》2000年第3期，第5页。朱义禄深刻地分析刘宗周的意志之学，并认为刘宗周的意志之学终结阳明心学。此论值得深思。
② 朱义禄：《论刘宗周的唯意志论：兼论阳明心学的终结》，《东方论坛》2000年第3期，第4页。
③ 王茂、蒋国保等：《清代哲学》，安徽人民出版社，1992，第49页。
④ 钱明：《阳明学的形成与发展》，第254页。

龙溪，有民间化的泰州学派，更有得其"的传"的北方王门，不一而足。另外，崇仁后学余脉、甘泉弟子、东林学人、传统理学家也都不遗余力地批评、反对、阻击阳明学。在护卫者和批评者的交互声音中，阳明学和程朱理学共同成长、发展，也客观上推进了经学思潮和实学思潮的成长，学术风气为之一变。

得阳明学血脉的江右王门代表人物邹守益（1491～1562，号东廓，江西安福人）说性体至善，天地见一气运行，此为天地万物之本性（即本来之性）。天心（无极）无言，主宰天地万物的运行与生生不息。其生生之健强即真性①。天性范畴类良知，良知是"天命之性指其精明灵觉而言"②，而天命之性"纯粹至善，昭昭灵灵，瞒昧不得，而无形与声，不可睹闻"③，良知学获得《大学》《中庸》等书的学理基础，增强良知的认同性。天性不仅"精明真纯，自本自根"④，还"灵明至善，戒惧不离，全生全归"⑤，天性相当于康斋之德性。东廓承认"德性是天命之性……精明真纯，发育万物、峻极于天的根本"，只要"全生全归"；即"贫贱患难，何往而不自得"⑥，天性类康斋的元气。在康斋，元气是家国的根本；在东廓，"天性犹元气也"，圣门教人"正是点出就元气上保养"⑦，故其功夫论以慎独为核心，求知于事物中。

浙中王门领袖钱德洪（1496～1574，号绪山，浙江宁波余姚人）

---

① 邹守益：《邹守益集》，董平编校整理，凤凰出版社，2007，书中有 7 次提到吴与弼与陈献章，与魏校和夏尚朴多有书信往来。他熟读吴与弼的《日记》，故对其学相当熟悉。
② 《邹守益集》卷 10《复夏太仆敦夫》，第 492 页。
③ 《邹守益集》卷 11《简郭平川》，第 545 页。
④ 《邹守益集》卷 11《复濮致昭冬卿》，第 536 页。
⑤ 《邹守益集》卷 11《简翠厓黄柱史》，第 553 页。
⑥ 《邹守益集》卷 15《龙华会语》，第 731 页。
⑦ 《邹守益集》卷 11《复余子庄诸友》，第 549 页。

一方面坚持阳明心学范畴，另一方面又试图调和阳明学与甘泉学的分歧。绪山说，"良知天理原非二义……今曰良知不用天理，则知为空知，是疑以虚元空寂视良知而又似以袭取外索为天理矣。恐非两家立言之旨也"①，其调停互用之说可见。在绪山看来，人的初心即原初之心，人的本心是指大公应事之心。绪山说，"格物致知工夫，只须于事上识取，本心乃见"②，这里的本心相当于阳明的真心，都是依托公共事务的磨炼而展现性体的。绪山坚信人的本性为善，"善者，本性也"③，所谓"圣人千言万语，只要人自得本性"④，复性为成人之学的方法。钱恪守师说，以平实之学教人，心学上接承师说的下根之法，看重下学上达的涵养功夫。其天心指天地万物之主宰，如他说"天地之心……主宰乎天地万物者"⑤；天性具有"不求而自得者"⑥自然特性。故他学术上反对龙溪的心说，他批评道："久庵谓吾党於学未免落空，初若未以为然。细自磨勘，始知自惧。日来论本体处，说得十分清脱，及徵之行事，疏略处甚多。此便是学问落空处。"⑦这说明他已经感觉到心学实用性不足的缺陷了，即"养成一个枯寂，恐以黄金反混作顽铁矣"⑧。

阳明、绪山相继捐馆后，龙溪的上根教法逐渐风行浙中地区，使得流传中的阳明心学夹带较重的禅学风气，为学界所诟病。王畿

---

① 《徐爱　钱德洪　董云集》，钱明编校整理，万斌主编《阳明后学续编丛书》，凤凰出版社，2007，《钱德洪语录诗文辑佚》，《上甘泉》，第150页。
② 《徐爱　钱德洪　董云集》，《钱德洪语录诗文辑佚》《答傅少岩》，第151页。
③ 《徐爱　钱德洪　董云集》，《钱德洪语录诗文辑佚》《家属墨迹四首》（序跋），第201页。
④ 《徐爱　钱德洪　董云集》，《钱德洪语录诗文辑佚》《钱绪山语录》，第30条，第127页。
⑤ 《徐爱　钱德洪　董云集》，《钱德洪语录诗文辑佚》《天成篇》，第192页。
⑥ 《徐爱　钱德洪　董云集》，《钱德洪语录诗文辑佚》《书徐调元卷》，第161页。
⑦ 《徐爱　钱德洪　董云集》，《钱德洪语录诗文辑佚》《复王龙溪》，第150页。
⑧ 《徐爱　钱德洪　董云集》，《钱德洪语录诗文辑佚》《复龙溪》，第151页。

（1498～1583，字汝中，号龙溪，绍兴人）则以直接顿悟教人，其天资很高，加之心性涵养较好，对阳明后学的发展影响较大，弟子也较多。其良知即"本心之明，不由学虑而得，先天之学也"①，良知是"本心之灵"②，良知学与象山本心学都有明觉特性。东廓从天性本善、纯粹至善来理解良知，龙溪则承认天然自由自然的本性为良知③，但多发扬良知自然性层面。龙溪说，"心是无善无恶之心，意即是无善无恶之意，知即是无善无恶之知，物即是无善无恶之物"，容易脱离良知对现实伦理价值的终极关怀，"无心之心则藏密，无意之意则应圆，无知之知则体寂，无物之物则用神"④。龙溪以无意、无念等空虚意念为功夫论，与杨简（慈湖）心学相同，被认为是禅学。阳明心学在浙中地区的风行，与龙溪的大力推广、宣传是分不开的。虽然阳明后学在心学义理的探究上未能超过老师，但其人数多，地域广，时间久，对历史影响深远。心学是在象山"心即理"和"宇宙即是吾心"本体论基础上重新改造的，又与明初以来朱派学者更加崇尚自我，注重个人道德实践的风尚相吻合。明代心学既是以朱子理学的转向为前提，又不单是朱子哲学演变的产物⑤，不仅是朱陆合流的产物，更是康斋良心学、白沙端倪学发展、推进的必然产物。

龙溪捐馆后，王学弟子略显寂寞，却在北方山东聊城、河南洛阳一带得以长足发展。真儒张弘山、尤西川刻苦自立，接续后学，其弟子多有豪杰之辈，诚如张元忭（阳和）说的"阳明的传"。北方王门后学张后觉（1503～1578，号弘山，山东茌平人）以教法著称北方，

① 王畿：《王畿集》，吴震编校整理，万斌主编《阳明后学续编丛书》卷6《致知议略》，凤凰出版社，2007，第130页。
② 王畿：《王畿集》卷15《自讼问答》，第433页。
③ 王畿：《王畿集》卷5《书同心册卷》，第121页。
④ 王畿：《王畿集》卷1《天泉证道记》，第1页。
⑤ 刘宗贤：《明代初期的心性道德之学》，《中国哲学史》1999年第2期。

弟子众多，善于启发人。其高弟孟秋、赵维新均为儒家。他创立"良学"体系①，将良知二字拆开来讲，其真心主要是指求儒家之道行伦理之心。孟化鲤（1545～1597，号云浦，河南新安人）师从王学巨子尤时熙（1503～1580）②，以生理为真心③；张信民（1562～1633，号抱初）真心即真实之心④，与康斋真心说相契。

阳明后学以真性说补救龙溪心学的不足，真性说多有流衍，王时槐（1522～1605，号塘南）、赵维新就这一方向发挥性学，形成性本论，尤其是绪山、王时槐透性功夫论、赵维新的真性说。钱德洪的真性杂糅王守仁良知、朱子的天理、象山的本性，真性"人人原具足"⑤。钱把良知功夫论依赖于真性的呈现。同门王畿以真性流行即良知见在。王时槐则以"自得其本然之真收敛"⑥、生理之呈现为真性，以透真性为核心功夫。赵维新则坚持以本性为真性，"真性纯备，只是完我生来本等的人……真机洒然，随在事乐"⑦。真性流行是良知发现的主要依据。陈献章江门心学一系真性还带着气；在王守仁后学那里，真性即良知。王时槐以性体学体系见长，其真心、真体、真宰、

---

① 《张弘山集》，四库存目丛书子部第91册，第165页。

② 孟化鲤之师尤时熙，字季美，洛阳人。时王守仁《传习录》始出，士大夫多力排之，时熙一见叹曰："道不在是乎？向吾役志词章，末矣。"已而以疾稍从事养生家。授元氏教谕，父丧除，改官章丘，一以致良知为教，两邑士亦知新建学……居常以不获师事守仁为恨，闻郎中刘魁得守仁之传，遂师事之。魁以直言锢诏狱，则书所疑，时时从狱中质问……念母老，乞终养归，遂不出，日以修己淑人为事，足未尝涉公府。斋中设守仁位，晨兴必焚香肃拜，来学者亦令民谒。晚年，病学者凭虚见而忽躬行，甚且越绳墨自恣，故其论议切于日用，不为空虚隐怪之谈。

③ 孟化鲤：《孟云浦先生集》，四库存目丛书集部第167册；《孟云浦集》，孟昭德主编，中国文联出版社，2007。孟云浦以教育著称，与顾宪成、邹元标、冯少墟、孟我疆、杨晋庵等人讲学，在新安建川上书院，门人弟子以新安吕维祺（1587～1641）、渑池张信民（1562～1633）为著。

④ 张信民：《张抱初先生印正稿》，四库存目丛书子部第15册，第736页。

⑤ 《徐爱　钱德洪　董云集》，第161页。

⑥ 王时槐：《友庆堂合稿》，四库存目丛书集部第114册，第179页。

⑦ 赵维新：《感述录六卷续录四卷》，《感述续录》卷1条13，四库存目丛书子部第91册。

真根、真生、真息、真知、真机、真识、真功、真修围绕其真性学而展开，学类罗念庵、聂双江、万思默、孙奇逢，主熬一段寂寞功夫始证得本体，主静主义色彩跃然可见①。王时槐承王守仁真性学思想（即致良知功夫论），主性体心用、悟性致心，宇宙即是一性。而其性贯通程颢、朱子之理，将阳明心学转手。所为真宰即是生生之气，所为心即良心、端倪与良知②。王畿吸收杨简、陈献章等人心学思想，把良知学引入禅学一系，"解构道德本体论"，"抽取程朱理的实质性"③，使阳明心学丧失回应与解决公共事务的能力，导致良知学空玩心性，虚空寂寞，最终加剧明代的衰落。而以钱德洪、邹守益为代表的平实一派，试图让良知学照管世间公共事务，并与吴与弼、胡居仁学术思想为呼应，绵延流传，但影响不大。而得阳明良知学"真传"的是山东北方王门。

第三节　山东北方王门对良知学脉的"真传"

山东北方王门的流传路径是王守仁—颜钥、徐樾—张后觉—赵维新、孟秋，流传地主要在聊城一带④。张后觉（1503～1578，号弘山，山东聊城茌平人）以良知学为宗，学问渊博，教育有方，曾拜王阳明

① 吴震：《聂豹·罗洪先评传》，附论《王时槐论》，南京大学出版社，2001，第 257～295 页。吴震教授指出，在阳明后学体系内，存在着一批"主静主义"功夫论学者，其代表人物即是罗洪先、聂豹、王塘南等。见该书 256 页。
② 王时槐的透性研究带有神秘主义气息，是主静功夫论深入的一个特征。他一生累经磨难，人品高绝，坚持学问的精神，何其难哉。王塘南学术甚有特点，国内研究论文不少。参阅任大援、戢斗勇等相关论文。
③ 潘桂明：《中国佛教思想史稿》第三卷下，江苏人民出版社，2009，第 577 页。
④ 穆孔晖（1479～1539，山东聊城人）是王阳明北方王门的早期弟子，但他的学生似乎并不有名，未见明显的流传学派。自颜钥在茌平、徐樾在东昌传播阳明学后，张后觉以圣学自任，在他的苦心教育下，聊城地区北方王学渐盛。

弟子颜钥（1498～1571，号中溪，江西永新人）、阳明再传弟子徐樾
（号波石，江西贵溪人，王艮高弟）为师。弘山高徒有赵维新
（1525～1616，号素衷，山东茌平人）、孟秋（1525～1589，号我疆，
山东茌平人）等，后世纳之入聊城七贤，均是北方王门的代表人物①。
张弘山除了中年时期在华阴（今西安）担任短暂的三年教学生涯外，
大部分时间在山东从事教育工作，曾受聘为长清愿学书院、见泰书院、
济南湖南书院讲席，闲暇之余，与耿定向（1524～1596，号天台，湖
北红安人）、罗汝芳（1514～1588，江西南城人，颜钧弟子）、邹善
（邹守益子，号颖泉）、邹德涵（1538～1581，邹守益孙，号聚所，
1571年进士）、尤时熙（1503～1580，河南北方王门开创人物）、李定
庵等交往过②。赵维新年二十（1544）从弘山（时43岁）学，1574
年（万历二年）冬整理弘山《弘山教言》③，1590年夏（万历庚寅）
再次整理弘山教学语录《感述录》④，曹和声遵照张蓬玄（凤翔）意编
辑整理并公开出版《感述录》，并为该书写序⑤。丁懋儒（聊城人，
1565年进士）、张元忭（1538～1588，号阳和，浙江绍兴人）、王汝训
（1551～1610，聊城人）分别为其写了《墓志铭》《墓表》和《祠

---

① 可见赵维新《感述续录》，中国科学院图书馆藏清道光刻本，四库存目丛书子部第91册，
　山东济南齐鲁书社，1997，第184～185页。补注，聊城，古称东昌、东藩。
② 张后觉：《张弘山集》，四库存目丛书子部第91册，卷四，第171～174页。需要指出的
　是，四库存目丛书收入《张弘山集》的编者误认为张后觉为尤时熙的学生，须知张后觉
　与尤时熙为学友关系，受业各有师承，其说"尝受业于尤时熙"（见该书第182页）当为
　非。尤时熙的老师是刘魁（1488～1552，江西泰和人）。详细的分析见下文。
③ 后孟秋利用担任河北昌黎县令之便公开印刷老师张弘山著作《弘山教言》。现今我们所阅
　读的四库存目本《张弘山集》源自明朝万历二十七年刻本即1599年本，是张弘山孙子张
　尚淳所刻。1599年版本则是建立在张弘山弟子门人抄录老师所讲形成的，有万历二年即
　1574年孟秋、赵维新二序，万历戊子1588年孟秋再序。又据当代聊城乡贤孟传科考证，
　《张弘山集》再于万历戊午（1618）、康熙丙午（1666）重印。
④ 赵维新：《感述续录》，第180～181页。
⑤ 张蓬玄，山东聊城发干人，1601年进士。

记》①。张元忭赞弘山为阳明"的传",其学"深思力践,洞朗无碍",必为阳明所"首肯","齐、鲁间遂多学者"②。王畿(1498～1583,号龙溪,绍兴人)在读了其学生张元忭的信之后,认为弘山学"一心立万法",与徐鲁源较为相似,都是"勇于任道""卓然自信"之辈③。杨起元(1547～1599,号复所,广东惠州人)也认为弘山得阳明"真传",其学为"孔门正脉"④。弘山发展阳明良知学,创立"良学"体系,体现了北方王门后学对阳明心学的创造型转化。深入分析弘山良知学思想有利于我们看清阳明学北方流传的内在逻辑与思想进路,打开我们认识北方王门的新视野。

张弘山对阳明良知学的体悟与江右王门和浙中王门不类,他以"良"摄良知。他说:"近时只体验出个良字,觉得此字最妙。只说一良字,再不消说知字。说良而知自在其中矣。人能体此良字,自然本体灵明,日觉有益。"⑤ 他对自己多年对阳明良知学的体悟甚是自信,编写一歌来流传,他唱道:"良知两字甚莫分,致良便是致知人。"⑥ 在给自己重要的学生孟秋在千里他乡担任地方政府官员的信里面他特别提到,"近数载只悟一良字……冀吾子时时体此,千里之祝,亦只有此而已"⑦。显然,张弘山以致良而不是致良知当做自己的教法,正

---

① 详见张后觉《张弘山集》卷四,第171～177页。
② 张后觉:《张弘山集》卷四《弘山张先生墓表》,第175～176页。需要说明的是,黄宗羲对北方王门心学章节编写不太上心。在编写张弘山条目的时候,可能找不到第一手的资料,完全抄录张元忭的《弘山张先生墓表》,黄宗羲所引五个语句和评论几乎与张元忭的《弘山张先生墓表》完全一致,只是黄宗羲的《教谕张弘山先生后觉》篇幅简略得多。有兴趣者,请对照参阅黄宗羲的《明儒学案》,中华书局,1986,卷二十九,《教谕张弘山先生后觉》。
③ 张后觉:《张弘山集》卷四《明公评附》,第178页。
④ 张后觉:《张弘山集》卷四《张弘山语录后续》,第182页。
⑤ 张后觉:《张弘山集》卷二《昌黎学道堂讲话》,第157页。
⑥ 张后觉:《张弘山集》卷三《良知歌》,第169页。
⑦ 张后觉:《张弘山集》卷三《报孟我疆》(三),第170页。

是这一点，他开启北方王门良知学发展的新局面。在弘山心学视野里，他的良的概念与普通人所持看法不同，并不单纯具有很强的道德性，"良"字还充满较强的自然性、流动性和活泼性。其良说包含良心、良知和良能的统一体，与天心、天知和天能相对应，毋宁说弘山心中之良是天然自有之良，是对宇宙本体无限生机在人身的涵摄。故他对当时任山东提学副使的邹善（号颖泉，江西安福人，邹守益之子）说："某近觉得良字甚为有益，透得此处，真是作圣之基。外此言知，不是真知；外此言能，不是真能。此本然之善也，生而有者也。知则天知，能则天能。天心不假人力。"① 可见，阳明捐馆后，门下弟子的注意力普遍转向对真知、真学的注意。弘山心中的"天能"大概具有周公"不识不知，顺帝之则"② 的流畅活泼意思，用其对重要弟子赵素衷的话来讲就是"每到先天在眼前，眼前无处不通玄。直须坦步青云上，日日说天不是天"③。弘山的良更多的是带有"天然"④ 之则、"天然之知"⑤ 的含义，因此他的良心观体现一种"无偏向"⑥ 之心和"无欲"⑦ 之心。因此，弘山消化其老师徐樾的良知学而自己建构的新良学具有强烈的自然性，用他自己的话说，良知学可达"天机"之学、"天真"之学、"天体"之学和"天道"之学。作为阳明最早北方王门弟子的穆孔晖，其学带有空灵虚寂的禅学化倾向⑧。他的教育思想对聊城的学子影响肯定是有的。浸润在禅学教化的氛围下，山东

---

① 张后觉：《张弘山集》卷一《教言》（赵维新抄录），第 152 页。
② 张后觉：《张弘山集》卷一《教言》（赵维新抄录），第 153 页。
③ 张后觉：《张弘山集》卷一《教言》（赵维新抄录），第 153 页。
④ 张后觉：《张弘山集》卷一《教言》（张后伸抄录），第 154 页。
⑤ 张后觉：《张弘山集》卷一《教言》（张一本抄录），第 154 页。
⑥ 张后觉：《张弘山集》卷二《语录》（宋维周录），第 168 页。
⑦ 张后觉：《张弘山集》卷二《语录》（宋维周录），第 168 页。
⑧ 参阅穆孔晖《大学千虑》，四库存目丛书经部第 156 册。

聊城地区的北方王门心学家们带有超越与悟性的心学机锋是不可避免的。这种偏重个体心灵自由的教学方法，无疑带动聊城地区世风一变，也促使北方王门流传较久，心性功夫扎实。当孟秋 45 岁（1569，万历乙巳）始前往弘山门下求教时，他对老师所讲圣学是"一触而知……何虑何学""顺我天聪天明"① 恍然有悟，发现圣学竟然如此易简，不假人力，不禁雀跃。在皋陶"天聪明"②、"光明干净"③ 引发的天人合一思维模式下，弘山认为人本心具有之良知纯善、自明，他把人此时具有心灵称之为"良心""真心"，而真心所涵摄之理便是"真性"。

弘山认为良知二字可拆开来讲，他说"为学只是要真心。心有不真，终日讲说，还是假的，不谓之问道"④，而"人与它事或伪为，独孝弟仍是真心……古之圣人做的事业光明俊伟，亦是此孝弟之真心发见"⑤，真心学在日用生活中展开，增强良知学在社会传播中的有效性。与阳明对心意善恶的模糊不类，弘山意识到心善意也善，体现至善主义者的报复。在回答学生孟秋的问答中，他同意学生的话，"意者，心之动；心无不善，意何有不善？意原自诚，诚其意者，复其本然之善而已"⑥，这样就与阳明心善但动则意有不善的观点不一样。既然心意皆善，主体道德修养功夫仅需默识本体、保养真心，从而回到至善本体本身。从本体上用功夫，是山东北方王门心性功夫论的一大特色。由于阳明心学特别突出易简功夫，故在弘山看来，"透得本体，

---

① 张后觉：《张弘山集》卷一《教言》（孟秋抄录），第 146 页。
② 张后觉：《张弘山集》卷一《教言》（孟秋抄录），第 149 页。
③ 张后觉：《张弘山集》卷一《教言》（齐鸣凤抄录），第 158 页。
④ 张后觉：《张弘山集》卷一《教言》（孟秋抄录），第 148 页。
⑤ 张后觉：《张弘山集》卷二《语录》（宋维周录），第 165 页。
⑥ 张后觉：《张弘山集》卷一《教言》（孟秋抄录），第 148 页。

天真自运"①。加之至善本体具有"不睹不闻"的特色，因此，"本体用功"，就是"不睹不闻"，实现"直内方外"内外双修的要求②。在内外双修一体功夫的指导下，良上体验的道德修养过程体现为存天理与去人欲的双向互进，用弘山的话讲就是"存天理去人欲只是一件事。存得天理，人欲自然去了"③，消解了程朱理欲观的内在张力。弘山认识到"为学大病"在于"全是自家意思作主张，丧失其良耳"，故"以良应去，即是圣学"④。这样一种良上默默体认的"圣学下手功夫"容易使弘山产生"不思之思、与不学之学"的错觉，将阳明后学带入神秘主义的虚寂。而其学生赵维新的真体之学恰恰沾染了较强的直觉主义的神秘感和空灵般的顿悟⑤。养真心的客体为真性，故圣学下手功夫"顺其良心""随吾良处做""顺此良处做""自无不善，自不为不善"⑥。真性指孝悌，一种徐行徐长的仁爱观。弘山说，"真性运用，故谓之弟。此真性随在皆然，便是尧舜孝弟"⑦，"涵养本源良心"⑧可获赤子之心。他特别批评当时一些学者纠缠于朱陆异同说事，"区区于朱陆之异同，仍于自家良心置之不顾，是自异也，非君子之学"⑨，倾向于当下自家良心上的真功夫。弘山对良知功夫之真的坚持，恐怕是有感于当时学者以良知为谋生话头、良知功夫落空的现状。弘山说，"不怕做，只怕种不真"⑩，着意突出"真我"⑪的功

① 张后觉：《张弘山集》卷一《教言》（赵维新抄录），第151页。
② 张后觉：《张弘山集》卷一《教言》（赵邁抄录），第156页。
③ 张后觉：《张弘山集》卷一《教言》（齐鸣凤抄录），第158页。
④ 张后觉：《张弘山集》卷一《教言》（齐鸣凤抄录），第158页。
⑤ 参阅赵维新《感述续录》。
⑥ 张后觉：《张弘山集》卷二《语录》（吴大定录），第163页。
⑦ 张后觉：《张弘山集》卷二《语录》（宋饭栗录），第161页。
⑧ 张后觉：《张弘山集》卷二《语录》（张尚淡录），第163页。
⑨ 张后觉：《张弘山集》卷一《教言》（赵维新抄录），第152页。
⑩ 张后觉：《张弘山集》卷一《教言》（赵维新抄录），第153页。
⑪ 张后觉：《张弘山集》卷一《教言》（张一本抄录），第154页。

夫，以便达到"万物皆备于我"天人合一功夫。这种对"真我"的追求其实就是"良"学的核心，故"天然自有之谓良，良乃真我人我之良"①。

弘山良知学主要是通过求天之真达到自我之真的目的，去人我之私实现真我之良②。这样的一种过分突出先天良知先验性的良知学无疑受了老师徐樾的影响，而徐樾则是王艮的重要弟子。黄宗羲说，"弘山谓'良即是知，知即是良，良外无知，知外无良'，师门之宗传固如是也。此即现成良知之说，不烦造作，动念即乖"③，明确指出山东北方王门对阳明良知学的方向性转手。因此，在良知现成论的影响下，从本体上用功便是易简之道。由于对良知现成的观念，弘山良知学更多地带有王艮一系的混一、快乐、自信和易简特色，圣学人人可学，"人皆可以为尧舜"④，圣学"只在传人"⑤ 而不是著述，圣学"只在心上做不在迹上做"⑥。弘山说"士农工商皆可以入圣"⑦，"人心皆良"⑧，无疑凸显人的主体性和自由性，体现的就是对阳明心学那样倾心。弘山的良心说特别凸显本心消解外物干扰所产生的清明状态，与赤子之心和童子之心汇通，其真心说与李贽的童心说相契。他的良心说抬升本心在心灵意识中的作用，指出每一个人都有的天然本善之心，功夫的过程就是减少世俗外物对人心的干扰，已到达无思之思自然无欲的高明境界。另外，弘山以"道之天然处"⑨ 为天道也

---

① 张后觉：《张弘山集》卷一《教言》（张一本抄录），第 154 页。
② 张后觉：《张弘山集》卷一《教言》（张一本抄录），第 155 页。
③ 黄宗羲：《明儒学案》卷二十九《尚宝孟我疆先生秋》。
④ 张后觉：《张弘山集》卷二《语录》（宋维周录），第 165 页。
⑤ 张后觉：《张弘山集》卷一《教言》（孟秋抄录），第 147 页。
⑥ 张后觉：《张弘山集》卷一《教言》（齐鸣凤抄录），第 159 页。
⑦ 张后觉：《张弘山集》卷二《语录》（宋维周录），第 165 页。
⑧ 张后觉：《张弘山集》卷二《语录》（宋维周录），第 166 页。
⑨ 张后觉：《张弘山集》卷一《教言》（齐鸣凤抄录），第 160 页。

是为其主体性心学开路。与程朱一系对客观之理强调不同,弘山体悟到理之天然性、自然性、活泼性和流动性,消解理之客观性,打破客观之理的教条化,使外在之理回到主体功夫的内心,有助于人类意识的觉醒。因此,他特别强调"真心"、"真知"、"真行"、"真思"的真功夫,对知行合一功夫的操持,提出"真我""真意""真种"等新的心学概念。他说"学不在讲说",而在慎独功夫,"保有我这个独得于天者"的真体,真正做到"全是天真运用"的良知学①。在他看来。圣学之要就是"体良","顺着良上应事",而且他甚至自信"只体一良字"的易简功夫比阳明功夫还要更直接②。在凸显真心说、真性说的良学影响下,其高徒赵维新的心学思想比其老师更加虚寂空灵,将心学彻底空灵化、自由化。

山东聊城茌平醇儒赵维新(号素衷,1525~1616)年二十从同乡北方王门心学巨子张弘山学,66岁又亲自整理老师的教学语录。素衷常年隐居于聊城乡野,透过对真心、真性等概念,凸显觉悟和念头的作用,体现虚空、高明的特色。素衷认为"一点虚灵,宇宙同一"③,故"人已原是一个虚灵"④,心体是"明""圆融"⑤、"无声无臭、不睹不闻""纯白易简""虚灵精一"⑥。透性功夫通过种种真与善的操行去除污染,让心体回复它的本然澄明与洁白状态,实现"虚灵自照""体寂神澄"⑦。素衷说,"本体,无念也。随感而应,应而不留,念而无念也。如鉴之未照,初无妍媸之分。及其既照,亦不留妍媸之

---

① 张后觉:《张弘山集》卷一《教言》(齐鸣凤抄录),第159页。
② 张后觉:《张弘山集》卷二《语录》(宋饭栗录),第163~164页。
③ 赵维新:《感述续录》,第224页。
④ 赵维新:《感述续录》,第225页。
⑤ 赵维新:《感述续录》,第228页。
⑥ 赵维新:《感述续录》,第227页。
⑦ 赵维新:《感述续录》,第237页。

迹。与物俱化，鉴未尝有，本体如鉴之无迹焉，则廓状"①。又说，"本体纯白，无纤毫之翳。反观，亦纯白无翳，便是不疚。即此不疚，内境坦然，顺适便是无恶。一点清明，惺惺常在，便是天体充融，便自人不可及"②，让心体回复"澄源""精白"的本原状态。素衷说"本心便是义理"③，发展以"真性"为"性体"功夫论，提出"天体""真体""本体"等哲学概念，其生活、教学和学术都以"为善""行善""勇于为善"为日常锻炼。素衷说，"所谓性善者，非有物可指也。无渣滓而已！胸中能无渣滓，何事不可做"④，性体是心体的功夫，目的是回复人的天性，也就是至善的性体上，性体之学是"真知""真学"，是"真性"，是"真实""真切"，故要求把握玄妙的"真机"和"真结果"，回到真实和真诚的生活。他说，"四境朗朗清清，一尘不挂，便是真体常在。以此真体应事，亦一尘不挂，便是真体酬酢。从此，不计事之有无，常是一尘不挂，则真体常在我矣"⑤。又说，"学问只在本体做，不必在事端上模拟，不必在物理上揣量。本体精明，则事，皆性之事。性明而事自理。物皆性之物。性定而物自正。人已原是一个，成已成物工夫，只是一件。才分人已，学问便不合一，真而非真矣"⑥。"日日本体用工"，本心自然回复清明纯白的状态。素衷说，"矩也者，则也，吾心之天则也……日循吾心之天则"⑦，便可日入圣贤。他赞同阳明"心即理"，更欣赏用一心管束万理，如说"扩一心于大地万物""含天地万物于一心"，试图展现"天

---

① 赵维新：《感述续录》，第225页。
② 赵维新：《感述续录》，第230～231页。
③ 赵维新：《感述续录》，第239页。
④ 赵维新：《感述续录》，第242页。
⑤ 赵维新：《感述续录》，第223页。
⑥ 赵维新：《感述续录》，第228页。
⑦ 赵维新：《感述续录》，第224页。

地万物之屈伸翕辟，皆一心之真宰妙用"，大化流行、万物"同春"的生生不息意境①。他说，"天体纯全澄然""天体湛然无疵，便是天然自有之体，亦便是天然自有之功"，故"天体用事，时时妙契"，这样就把先验道德化心学推进到圆融教理的地步②。素衷突出以"心纯是天理"③来尽性，"约人心为己心，扩己心于人心"④，"随时涵养，随养默识，随识心体"⑤，合于动静，性命、体用、形神、言行、理气、生死、隐显等辩证哲学范畴都能得到有机的和谐与统一。赵素衷自觉地继承和发展阳明心学，素衷的捐馆标志着北方王门心学的终结。他说，"天地位于一心，万物育于一心"⑥，又说，"圣人者，虚灵之至也。人能全此虚灵，便是全吾天命之性"⑦，这样抬升人心中知性在认识外部世界的作用，与阳明心学相契。素衷对心体、性体和天体都以真心、真性和真体等来解释，以内在超越的顿悟为功夫论，直指性体。他说"为学须是透性"，而"理本平易""道本真实"，因此功夫着力点在本体上做，直接顿悟，以无心、无思、无为、无我、无意、无必、无形、无象诸视野，超越二元对待的方法证得道体。他说，"学也者，觉也。人生如梦，必有惺惺斯觉，不惺无觉矣。觉斯闻，不觉无闻矣。善学者，识其晚而常觉焉"⑧，以觉悟为心法心学之奥。他的"即念即行""即言即事"，体现高、顿悟的特点。心、仁、功、事、物、道、理、人等概念具有合一性，功夫心境上追求的从"有功

---

① 赵维新：《感述续录》，第247页。
② 赵维新：《感述续录》，第245页。
③ 赵维新：《感述续录》，第238页。
④ 赵维新：《感述续录》，第247页。
⑤ 赵维新：《感述续录》，第230页。
⑥ 赵维新：《感述续录》，第246页。
⑦ 赵维新：《感述续录》，第245页。
⑧ 赵维新：《感述续录》，第238页。

夫"到"无功夫","费力"到"不费力"的天机活泼心态，毋宁说是老子哲学的旨趣。为表示简易性，他说儒家之道具有虚、空与无物的特性，以至于被四库馆臣认为"无非禅机"①。

可见，山东北方王门宗师张后觉透过对天命之性的理解，将阳明良知学转手为良学，其致良学的功夫聚焦于随吾良处做，"养真"心，顺吾良上应事，自家良上用功夫。他吸收王艮、徐樾一系天然本然之善思想，关注良知的本然性、先验性和自然性，多年的默识体认，以"体良"说转手阳明"致良知"学，使其良知学带有求真求善的顿悟色彩，有力地促进阳明学在山东聊城地区的传播，绵延至明朝末年。其嫡传弟子聊城茌平醇儒赵维新（号素衷）的心学思想以本心即义理，抬升心的虚灵明觉对天理的把握能力，发展阳明良知学的感悟层面，凸显觉悟和念头对外物的直觉把握能力，提出顿悟明心，学问只在本体上做，扩万物一体之怀，标志着北方王门心学的终结。

---

① 赵维新：《感述续录》，第262页。

第五章
批评中风行的白沙与阳明心学

当前学界盛传王阳明无一语评价陈白沙的学问，而近来我国学术界新出版的四库存目丛书的影印本已经破解了这一难题。检阅明代官至南京刑部尚书的南昌籍官员魏时亮的《大儒学粹》，该书赫然记载王阳明确实曾经知晓陈白沙的学问。王阳明先生说："白沙先生学有本原，恝地真实，使其见用，作为当自迥别。今考其行事亲信友辞取予进退语默之间，无一不概于道，而一时名公硕彦如罗一峰、章枫山、彭惠安、庄定山、张东所、贺医闾辈，皆倾心推服之，其流风足征也。"① 而正是魏时亮曾荐举薛瑄、陈白沙、王阳明三人从祀孔庙。应该说，王阳明对陈白沙的学问、人品和道德践履是比较推崇的。王阳明说陈白沙"学有本原"，这与胡敬斋评价陈白沙"窥见些道理本原"② 一致，都是从宇宙本体论角度做出评价的，盖指白沙学本体论上以自然为宗。所不同的是，阳明赞白沙学问"恝地真实""无一不

---

① （明）魏时亮：《大儒学粹》，四库全书存目丛书，子部第 11 册，万历十六年刻本，第 467 页。

② （清）黄宗羲：《明儒学案》，沈芝盈点校，中华书局，2008，卷 2《崇仁学案二》，第 35 页。

概于道"，显然是从其自己的心学层面来体认的，对白沙可谓"倾心推服"；而胡敬斋则从传统程朱理学价值观上贬低白沙学"因下面无循序功夫，故遂成空间"①，并率先以庐山白鹿洞书院为阵地在学术界和政界掀起一股批判白沙心学、消除白沙心学影响的护道运动。

第一节　白沙与阳明心学遭遇的批评

白沙心学遭遇最深刻也是最主要的批评者是其同时代的同窗胡敬斋②。由吴康斋所推动的良心学发展到 15 世纪后半期的时候，出现"胡陈之辩"。按胡敬斋的思维视野来看，分歧主要集中在主静功夫过程中有无"心"与有无"理"的问题。在境界论上，娄一斋、陈白沙（石斋）和胡敬斋都未脱离老师康斋所追求的理心合一、天人合一的无声无臭、物我两忘心境。但在具体心性操持功夫过程中，围绕"敬—静"关系，三个人分道扬镳。娄一斋以"求放心"③为功夫进路，陈白沙以高妙自得为心境目标，而胡敬斋以开物成务的实学主义为归宿。其中，陈白沙和娄一斋二人同属心学阵营，彼此多"惺惺相惜"，互相敬慕。但在胡敬斋看来，二人都滑入佛老异端之流，与"正学有害"，尤其是陈白沙心学尤甚，故其批评白沙最为猛烈。胡敬斋在其《居业录》第 1 卷第 1 条就明确地认为白沙心学背离"天命之

---

① （清）黄宗羲：《明儒学案》，沈芝盈点校，中华书局，2008，卷 2《崇仁学案二》，第 35 页。

② 其实，白沙在世时，其心学思想就已经受到不少攻击。在他与赵提学的信中，提到两种攻击，一种攻击是说其"自立门户""流于禅学"，另外一种是说其"妄人""率人以伪"，白沙仔细地做出回应，试图撇清。详细的辩解，参阅（明）陈献章《陈献章集》，理学丛书，孙通海点校，中华书局，2012，卷 2《复赵提学金宪》（三），第 146 ~ 148 页。

③ （明）胡居仁：《胡敬斋集》，丛书集成初编，中华书局，1985，卷 1《又复张廷详》，第 28 页。

性"（天德）①，"静时无心"②，"静时无理"③，因此他批评白沙学问最后根本实现不了心理合一的心境。胡敬斋以程朱"静中有物"为功夫操持的核心价值，理在心内而未发，心在身内而寂然未动，故需要戒惧功夫。心"无迹"既虚又实，故他反对白沙察识心体方法易导致心乱如麻、无主的混乱困境，而专注于外在事理、博约格物、下学上达的程朱一系的主敬唤醒功夫可以实现"心不方动"④ 的心境。胡敬斋遵循心泰到气清、理明道德修养路径实现心正、气正和理正的目标，归于天下"一理""一气"⑤ 的终极价值。他多次批评陈白沙不懂存心功夫，割裂心与理的有机对待关系⑥。敬斋更是对白沙的静坐功夫论不满。以胡敬斋为代表的"狷"者正统派，绝难容忍以娄一斋、陈白沙和罗一峰为代表的"狂"者派"存心"与"穷理"的双重缺失⑦。作为程朱理学的正统代表，胡敬斋严于律己的性格很难认同同门白沙潇洒飘逸与夸夸其谈的气质⑧，更不愿意睁一只眼、闭一只眼，唯一的办法就是学术上的批评。自从第一次庐山白鹿洞书院辞讲（1468，时年35岁）之后，胡敬斋深感心学的兴起、流传导致学生不好读书，虚夸好谈，诸生缺乏脚踏实地的理学功夫。在赴上饶娄一斋深度访谈（1472，时年39岁）之后，更加坚定地认为一斋学"过于高妙"，不

---

① （明）胡居仁：《居业录》，丛书集成初编，中华书局，1985，卷1，第1页。
② （明）胡居仁：《居业录》，丛书集成初编，卷1，第1页。
③ （明）胡居仁：《居业录》，丛书集成初编，卷1，第1页。
④ （明）胡居仁：《居业录》，丛书集成初编，卷1，第4页。
⑤ （明）胡居仁：《居业录》，丛书集成初编，卷1，第8页。
⑥ 事实上，这正是白沙心学的深奥处。白沙就是要打破心理二分的宋学功夫论，代之以自己的理心相合、理气合一、物我相容的一体功夫，甘泉最后将这个"一段工夫"、一体之学体系化，形成其独特的体用一体的中正、大合之学。
⑦ （明）胡居仁：《胡敬斋集》，丛书集成初编，卷1《又复张廷详》，第28页。
⑧ 二人都有半年左右的同在康斋馆下就学，或许，同窗时，二人气质就很不一样，也未可知。

屑"卑下"，不在"实地上做"，并在书信里直接批评一斋学有"好高"之病①。他又把矛头对准陈白沙，认为其学"以圣贤礼法为太严，先儒传义为烦赘""至无而动"，容易导致"以手捉风，无所持获"，"不屑为下学，故不觉流于黄老"②，并希望通过张东白（廷祥）传达要求陈白沙"自省"的意见。当胡敬斋（1475，时年 42 岁）得知陈白沙挚友罗一峰在丰城金牛洞讲学，他便修书一封提醒其讲学不要背离正统理学，随即在信中批评陈白沙《与何时矩书》中的"天自信天、地自信地、吾自信吾"，"尘微六合，瞬息千古，只是一个优侗"等语均为"自大之言，非真见此道之精微者，乃老庄佛氏之余绪""入于虚妙"，与正道"平正切实"学问背驰③。除在学术界批评陈白沙之外，他还与一位地方政府官员宪副张希仁通信，指出白沙学"太高虚超脱，于正学有害"。④ 在罗一峰捐馆后，他反思理学不昌，把原因归结为自然主义心学的"诱惑"，并认定一峰晚年之学也属白沙心学一系。在胡敬斋第二次主掌（1480 年上半年，时年 47 岁）白鹿洞书院后，他似乎获得更多的话语权，与更多的学界与政界朋友通信，批评陈白沙的黄老心学，试图达到昌兴程朱理学的目的。而这时的陈白沙不得不写了一篇为自己辩解的信即广为人知的《复赵提学金宪》（三则）⑤。在胡敬斋晚年反思自己实在心学与白沙心学为何有歧见时指出，白沙学错就错在"不去敬上做工夫，只去心上捉摸照看，及捉摸不住，索性要求虚静，所以入于空虚。殊不知敬则心自存，不必照

---

① （明）胡居仁：《胡敬斋集》，丛书集成初编，卷1《与娄克贞》，第 16～17 页。
② （明）胡居仁：《胡敬斋集》，丛书集成初编，卷1《复张廷祥》，第 17 页。
③ （明）胡居仁：《胡敬斋集》，丛书集成初编，卷1《与罗一峰》，第 19～21 页。
④ （明）胡居仁：《胡敬斋集》，丛书集成初编，卷1《奉宪副张希仁》，第 21 页。
⑤ （明）陈献章：《陈献章集》，理学丛书，孙通海点校，中华书局，2012，卷 2，第 144～148 页。

看捉摸。敬则自虚静，不必去求虚静"①，一针见血地道出二人道德修养论分野的关键所在。正是基于未能主敬，在敬斋看来，故白沙"喜虚静好高妙，忽吾儒下学之卑近，厌应事察理之烦，而欲径趋高大无滞碍之境"②，故未能透见天命之性、理事双融，所以娄谅、一峰、白沙、蔡登、夏东岩等心学巨子滑入禅学阵营。透过 15 世纪后半期的胡陈之辩，我们可以看到明代初期心学的实在主义与自然主义二派的分野。

康斋晚年弟子谢西山（谢复，1441～1505，安徽祁门人）也曾评价白沙主静之学，他说，"景泰甲戌尝先师康斋吴先生之门，甚见推许，遂以所学倡东南。后十年，复始至小陂，闻其名，渴欲见之而未能也。弘治辛酉与方进士纯吉评诗，及接先生石翁近稿，心窃疑之。适小儿归自岭南复得先生所为诗，读之晚年所得，专主于静，似有戾乎先师之说。盖其所与者定山、太虚诸人，日积月累，与之俱化，故其形于篇什者，多空寂长生之术，而君子有不屑焉。世之高明，递相祖述，以为吾道之宗。仆惑滋甚。噫！安得起先生于九原而解此惑耶？讽诵之余，窃附鄙说于后，以俟知者"③，盖西山从学康斋门下 3 年，颇得康斋晚年心学思想，却不敢苟同白沙的心学，认为其"似有戾乎先师之说"，并看出白沙学将风行天下，脱离崇仁学脉，开出新的学术局面。

白沙捐馆后，学术界仍然有不少人不喜欢他的心学。私淑胡敬斋理学的魏庄渠就特别不喜欢白沙心学，当然它更不喜欢阳明心学。魏庄渠出任广东提学时期，就以白沙"为西方之学"④，有"黜聪毁明"

---

① （明）胡居仁：《胡敬斋集》，丛书集成初编，卷1《与陈大中》，第32页。

② （明）胡居仁：《胡敬斋集》，丛书集成初编，卷1《与蔡登》，第37页。

③ （明）黄宗羲：《明文海》（全5册），中华书局，1997，卷259；（明）谢复：《书白沙先生诗稿后》。

④ （明）湛若水：《湛甘泉先生文集》，四库存目集部56册，卷7《无题答或问》，第591页。

之弊①，欲将白沙牌位逐出乡贤祠于希郭。幸亏阳明后学薛子修与甘
泉门人林勿欺等数十人及时挽救，白沙牌位被移之事不了了之。庄渠
闭门潜学隐居苏州莳门时期，白沙、阳明心学思潮渐涨，故庄渠主张
收敛摄密、讷言敏行学说来反对心学的发展。庄渠说，"此心出入往
来，若有机窍。放去甚速，收回亦速，而持久甚难"②，"才轻易发泄，
便觉浮泛无力矣"③，"大抵人心通窍于耳目口体……惟此心放出走作，
则四者皆其透漏之路"④，学术之要不越乎"此心收聚放散之间"。⑤
对阳明门人南野、东廓、龙溪等人的讲学活动，褒扬其复兴儒学、转
变学风功效，但讲学方式上多有批评，对南野尤甚，论其"太觉易
易，似与圣门讷言敏行相反"⑥，"今方为人师匠，一言一行，后进楷
模，愿以圣门讷言敏行为主。人心多动，则不能自还。明道有言：
'只外面有些罅隙便走'。又曰'人心缘境，出入亦不自知'，敬为吾
兄诵之"⑦。阳明后学的讷行敏言容易陷入空虚无用的困境⑧。而康斋
三传后学杨月湖（1452～1526，江西丰城人）以程朱之学为宗，家学
杨崇，而杨崇则学于康斋嫡传崇仁萝溪胡九韶，其对白沙门人尊师太
过颇有批评，谓其门人"言之太过"⑨，不尊敬濂洛以下诸儒，并指出
白沙之学在"儒、禅之间"⑩。月湖对阳明讲学立道之功颇有赞扬，对

---

① （明）湛若水：《湛甘泉先生文集》，四库存目集部56册，卷11《问疑录》，第645页。
② （明）魏校：《庄渠遗书》，四库全书第1267册（集部），明嘉靖王道行刻本，第736页。
③ （明）魏校：《庄渠遗书》，四库全书第1267册（集部），明嘉靖王道行刻本，第749页。
④ （明）魏校：《庄渠遗书》，四库全书第1267册（集部），明嘉靖王道行刻本，第885页。
⑤ （明）魏校：《庄渠遗书》，四库全书第1267册（集部），明嘉靖王道行刻本，第902页。
⑥ （明）魏校：《庄渠遗书》，四库全书第1267册（集部），明嘉靖王道行刻本，第752页。
⑦ （明）魏校：《庄渠遗书》，四库全书第1267册（集部），明嘉靖王道行刻本，第787页。
⑧ 近来学界颇有学者对庄渠的学术感兴趣，参阅王格《论魏庄渠"天根之学"的静与动》，
《华东师范大学学报》（哲学社会科学版）2012年第3期，第116～121页。
⑨ （明）杨廉：《杨文恪公文集》，续修四库全书，第1333册，卷46《与王伯安》，第94
页。
⑩ （明）杨廉：《杨文恪公文集》，续修四库全书，第1333册，卷46《与王伯安》，第94
页。

阳明期望甚大，但感觉阳明讲学未能"平心易气"①，可能将来有"矫枉过正"②，"恐又堕于一偏，将来只成一家之学"③。

与甘泉同年出生的夏东岩与魏庄渠一样，都批评象山、慈湖、白沙和阳明诸人心学思想败坏学风，指出"近世论学，直欲取足吾心之良知，而谓诵习讲说为支离，率意径行，指凡发于粗心浮气者，皆为良知之本然。其说蔓延，已为天下害。揆厥所由，盖由白沙之说倡之耳"④。说明他看到阳明良知学脱离儒家名教的篱笆源于白沙心学的推动。东岩在接到甘泉赠送的《新泉语录》后写的感谢信中说："所惜程朱之书诵习既久，不无厌常喜新之意，遂有取于象山之简径，遂使学者茫然措其心于文字言语之外，不肯就人伦日用处痛下功夫，将来恐为患不细。"⑤间接地指出白沙、阳明心学将来对学风、社会风气有危害，并对甘泉有厌常喜新戒语⑥。事实上，夏东岩联合魏壮渠、余仞斋（与罗整庵同年出生）、杨月湖等崇仁二传后学组成反对白沙、阳明心学的"统一联盟"，阻挡心学的大规模传播。盖东岩心性功夫论上坚持朱子的主敬、"静中有物"⑦，主张"敬则心自静"⑧，要求以主敬之学规范白沙后学、阳明心学。东岩认为"白沙之学近禅"⑨，象

① （明）杨廉：《杨文恪公文集》，续修四库全书，第 1333 册，卷 46《答王伯安》，第 94 页。
② （明）杨廉：《杨文恪公文集》，续修四库全书，第 1333 册，卷 46《答王伯安》，第 94 页。
③ （明）杨廉：《杨文恪公文集》，续修四库全书，第 1333 册，卷 46《答王伯安》，第 94 页。
④ （明）夏尚朴：《东岩集》，四库全书第 1271 册（集部），卷 1《语录》，第 7 页。
⑤ （明）夏尚朴：《东岩集》，四库全书第 1271 册（集部），卷 3《寄湛甘泉先生书》，第 38 页。
⑥ （明）夏尚朴：《东岩集》，四库全书第 1271 册（集部），《提要》，第 2 页。
⑦ （明）夏尚朴：《东岩集》，四库全书第 1271 册（集部），卷 1《语录》，第 3 页。
⑧ （明）夏尚朴：《东岩集》，四库全书第 1271 册（集部），卷 1《语录》，第 3 页。
⑨ （明）夏尚朴：《东岩集》，四库全书第 1271 册（集部），卷 1《语录》，第 3 页。

山学"以收拾精神为主"①，象山甚至多"驱率圣贤之言以就己意"②，杨慈湖以"心之精神为之性"③，"看道理不尽"④，"不专一"⑤，"议论太高"⑥，"多不满人意"⑦，阳明心学"以良知为话头，接引后学"⑧，将来的发展、传播会像象山、慈湖的心学一样，走入"异端"的困境。为了从义理上系统地评判白沙心学的缺陷，夏东岩认真地做出自己的诠释。他认为白沙心学的问题主要存在不懂得从义理的操练上存心，没有"洞见心体之妙"⑨，没有感悟到"无欲故静"⑩宗旨，因此，根本做不了去人欲、虚本体的心性功夫。东岩逐条批判白沙"古人弃糟粕，糟粕非真传""至无有至动，至近至神焉。发用兹不穷，缄藏极渊泉""我能握其机，何必窥陈编。学患不用心，用心滋牵缠。本虚形乃实，立本贵自然。戒慎与恐惧，斯语未云偏。后儒不省事，差失毫厘间""寄语了心人，素琴本无弦"诸句诗歌⑪，指出白沙心学缺乏"积累"⑫，"说玄说妙，反滋学者之疑"⑬，会让年轻好学学子无处获得圣贤道德修养的"下手"功夫。东岩较早地看到白沙心学缺乏扎实的"下学之功"，"遽及上达之妙，宜其流入异学而不自知也"，"有悖于道"，所以其"不得以不辨"。⑭针对阳明的《朱子晚年

---

① （明）夏尚朴：《东岩集》，四库全书第 1271 册（集部），卷 1《语录》，第 5 页。
② （明）夏尚朴：《东岩集》，四库全书第 1271 册（集部），卷 1《语录》，第 10 页。
③ （明）夏尚朴：《东岩集》，四库全书第 1271 册（集部），卷 1《语录》，第 5 页。
④ （明）夏尚朴：《东岩集》，四库全书第 1271 册（集部），卷 1《语录》，第 5 页。
⑤ （明）夏尚朴：《东岩集》，四库全书第 1271 册（集部），卷 1《语录》，第 5 页。
⑥ （明）夏尚朴：《东岩集》，四库全书第 1271 册（集部），卷 1《语录》，第 8 页。
⑦ （明）夏尚朴：《东岩集》，四库全书第 1271 册（集部），卷 1《语录》，第 8 页。
⑧ （明）夏尚朴：《东岩集》，四库全书第 1271 册（集部），卷 1《语录》，第 6 页。
⑨ （明）夏尚朴：《东岩集》，四库全书第 1271 册（集部），卷 1《语录》，第 14 页。
⑩ （明）夏尚朴：《东岩集》，四库全书第 1271 册（集部），卷 1《语录》，第 13 页。
⑪ （明）夏尚朴：《东岩集》，四库全书第 1271 册（集部），卷 1《语录》，第 14~15 页。
⑫ （明）夏尚朴：《东岩集》，四库全书第 1271 册（集部），卷 1《语录》，第 14 页。
⑬ （明）夏尚朴：《东岩集》，四库全书第 1271 册（集部），卷 1《语录》，第 14 页。
⑭ （明）夏尚朴：《东岩集》，四库全书第 1271 册（集部），卷 1《语录》，第 15 页。

定论》，"王阳明专择其不好处来说""诋朱子之学支离""力扶象山
之学"，所以，东岩评判阳明"未能平心易气"，有失偏颇①。东岩意
识到王阳明良知学入头处就错了，他说："近时诸公论学，乃欲取足
吾心之良知，而议程朱格物博文之论为支离，谓可以开发人之知见，
扩吾心良知良能之本然。此乃入门窾，於此既差，是犹欲其入而闭之
门也。"所以，他认为良知学忽略程朱一系开放的"格物博学"与穷
理，由于缺乏对外在事物的深入义理探究，空玩心性，将陷入狭窄的
学术窠臼内。应该说，夏东岩预见了阳明后学会走向虚谈的困境。尽
管东岩和白沙有不错的私交，但也阻挡不了东岩为保卫程朱理学而对
阳明进行理论上的全面评判②。

　　曾经出任南京国子监司业的罗整庵与同时出任国子监祭酒的章枫
山喜欢白沙学相反，对白沙学近禅表示"批评"。罗整庵与当时理学
名臣张古城、何椒丘、李文正、谢方石一样，认为白沙心学以"致虚
所以立本"，并波及甘泉以"不测之神为天理"为近禅，甘泉详细地
给以辩说，认为张东所近禅而不是老师近禅，并认为自己的体认天理

---

① （明）夏尚朴：《东岩集》，四库全书第1271册（集部），卷1《语录》，第17页。
② 王阳明虽然访学一斋门下半日，但是一斋告诉其"圣人可学而至"的现实可行性，对其
日后坚定圣学的脚步应该会有鼓舞。而夏东岩多年受学同乡一斋门下，可谓一斋嫡传。
阳明书信有"不相见者几时，每念吾兄（东岩）忠信笃厚之资，学得其要，断能一日千
里。惜无因亟会……昔夫子谓子贡曰：'赐也，汝以予为多学而识之者与？'对学，乃不
有要乎！彼释氏之外人伦，遗物理，而堕于空寂者，固不得谓之明其心矣；若世儒之外
务讲求考索，而不知本诸其心者，其亦可以谓穷理乎？此区区之心，深欲就正于有道者。
因便辄及之，幸有以教我也。区区两年来血气亦渐衰，无复用世之志。近始奉敕北上，
将遂便道归省老亲，为终养之图矣。冗次不尽所怀"。（明）王守仁：《王阳明全集》书
二《与夏敦夫》（辛巳），浙江古籍出版社，2012，第200页。二人并有和诗歌往来。另
外，阳明书信有讲夏东岩不甚讲学，见"甘泉……不久且还增城……此间往来极多，友
道则实寥落。敦夫虽住近，不甚讲学纯甫近改北验封，且行；曰仁又公差未定；宗贤之
思，靡日不切！"（明）王守仁：《王阳明全集》书一《与黄宗贤》（四）癸酉，浙江古
籍出版社，2012，第170页。

教法是符合宋儒教脉的①。甚至早年从学于阳明、一度倾心于阳明心学的顾应祥（1483～1565，号箬溪，浙江湖州长兴人，后官至南京刑部尚书）认为，王阳明放弃了性善论导致诚敬功夫的缺乏，使天理丧失德性的浇灌，容易使读书人走向功利主义歧途。王阳明的"天地万物一体观"②也与爱有差等的传统礼法秩序相悖。由于剿匪事宜，箬溪成为王阳明的下属，可常受学于阳明门下。因阳明有公暇之余讲学的习惯，故箬溪于"致良知"颇有心得，他自己也说"初以致良知为真的千古不传之秘"③。箬溪认为，阳明学"认欲作理"④，"立言太玄"⑤，把读书人的心灵牵引到对"虚寂"高明心体的追求，会把社会风气和人伦理法搞坏。进而箬溪连带批评甘泉的心学，认为甘泉的"在心之理"与阳明的"外理言心"都是"见理未真"，仅仅格物于身心，而不是格物于事物，都与程朱的理在事物中相悖⑥。箬溪思想对传统程朱理学的回归反映了一部分传统学者对 16 世纪中期白沙、甘泉、阳明心学对社会风气的引领表示了不满。而作为阳明学内部对阳明学的批评者，箬溪的思想也反映了阳明后学遭遇强大的传播阻力。在良知难以有效与真实践行的氛围中，难免会有一些学者对良知学起而攻之，而王道（1487～1547，山东武城人，号顺渠）、黄绾（1477～1551，号久庵，台州人）和顾箬溪等学者是较早发现老师王

---

① 详见黎业明《湛若水年谱》，上海古籍出版社，2009，转载《寄罗整庵太宰书》《寄湛甘泉大司马》，第 257～261 页。

② （明）顾应祥：《静虚斋惜阴录》，四库存目丛书子部第 81 册，卷 2，台南庄严文化出版公司，1997，第 66 页。

③ （明）顾应祥：《静虚斋惜阴录》，四库存目丛书子部第 81 册，卷 2，第 70 页。对顾应祥为官旅程和学术著作的考察见钱明《浙中王学研究》（中国人民大学出版社，2009，第 107～109 页）。钱明研究员是国内首个对顾应祥学术思想进行专门研究的学者，深入分析了箬溪学对良知学的质疑、评判和修正及其向程朱学的回归。

④ （明）顾应祥：《静虚斋惜阴录》，四库存目丛书子部第 81 册，卷 2，第 70 页。

⑤ （明）顾应祥：《静虚斋惜阴录》，四库存目丛书子部第 81 册，卷 2，第 60 页。

⑥ （明）顾应祥：《静虚斋惜阴录》，四库存目丛书子部第 81 册，卷 2，第 65 页。

阳明良知学衍流的弊端并从学理上反思良知学的学生①。黄久庵改变早年服膺良知学的初衷，其晚年对阳明与甘泉心学的批评不遗余力，认为甘泉心学是"下乘禅学""其学支离""不足以治世"②。久庵认为阳明心学"学与思"皆废，故而"空虚""教外别传""误人非细"③，故在此基础上提出他自己的艮止、执中之学④，功夫论上向程朱的反省身心、"收敛精神"⑤和克己复礼回归，这与李见罗的止修之学暗合。嘉靖十四年（1535）任国子监祭酒的吕柟（1479～1542，号泾野，陕西高陵人）则以"禅学"视白沙⑥，安贫克己功夫"不及康斋"⑦，以"混沦"之学⑧、偏颇之学视阳明，认为二人心学规模狭窄，偏离儒门规矩，缺乏儒学规范性、普适性的教法，偏于"一方"。

第二节　甘泉对白沙与阳明心学的护卫与传播

针对以上对白沙心学、阳明心学的所有批评，甘泉多从自身与白沙恩师的接触与耳提面命——破解当时的"攻击"⑨，有效地捍卫白沙心学"近禅"的不足；从自己与阳明多年充满深情的交往指出阳明心

---

① 明代中期朱子学巨匠陈建对阳明心学批评尤甚，目前国内学术界评论较多，多资参考，故本书不述。

② （明）黄绾：《明道编》，刘厚祜、张岂之标点，中华书局，1983，卷1，第12页。

③ （明）黄绾：《明道编》，刘厚祜、张岂之标点，卷1，第10～11页。

④ （明）黄绾：《明道编》，刘厚祜、张岂之标点，卷1，第1页。

⑤ （明）黄绾：《明道编》，刘厚祜、张岂之标点，卷3，第43页。

⑥ （明）吕柟：《泾野子内篇》，赵瑞民点校，中华书局，1992，卷22《太常南所语第28》，第234页。

⑦ （明）吕柟：《泾野子内篇》，赵瑞民点校，卷26《春官外所语第34》，第234页。

⑧ （明）吕柟：《泾野子内篇》，赵瑞民点校，卷13《鹭峰东所语第18》，第121～122页。

⑨ 学者刘兴邦对白沙和甘泉的师生间多重学术交往、师生情深做了清晰的描述，参阅刘兴邦、江敏丹《岭南心学传人：湛若水》，广东人民出版社，2006，第8～27页。

学非"一般俗学"所能比，是有历史意义的学术突破①。甘泉对其学生说，"世人皆说石翁禅学，不然。初年想亦从这里过来。观教人只以周子《圣学章》'无欲'为言，及其梦一老人说要山中坐一百日以告翁，翁不欲。云：'只恐生病'"②，明确指出白沙在教学中还是注意禅学与儒学的分野与区别的。甘泉说："昔者阳明公云：'吾只与学者凿粗坯，待甘泉来与出细。'"③ 阳明自述与甘泉对阳明心学经历过"存理去欲"功夫论、"正念头"④ 格物说到"致良知"的由粗到细学术转换是一致的。故，晚期的王阳明自认为其良知学较为成熟。但在甘泉看来，其良知学还是缺乏一段"思辨笃行"⑤ 的体认功夫，将来终究会陷入"空虚"之学的境地，这正是其天理学特别注重实用的优势，故而主张天理与良知的互动、密契，避免良知学"空虚"与天理学"求外"的缺陷，实现良知"无空"、天理学"无外求"⑥。在教学过程中，甘泉心胸比较大气，谆谆告诫后学要吸收阳明心学注重内心灵觉感悟的优势来弥补天理学过分外向穷理的不足，要"察见天理真为良知，默而成之"⑦；告诫后学天理与良知不可单用，要结合起来做融合功夫，把启发内心的知觉感悟能力与体认天理的穷理能力结合起来，内外合修，所谓"知觉而察知天理仍为心之全体"⑧。甘泉特别推

① 学者刘兴邦对甘泉和阳明的"卜邻而居""道义情深"的朋友深情做了深入的研究，参阅刘兴邦、江敏丹《岭南心学传人：湛若水》，广东人民出版社，2006，第58～79页。
② （明）湛若水：《湛甘泉先生文集》，四库存目集部56册，卷4《知新后语》，第542页。
③ （明）湛若水：《湛甘泉先生文集》，四库存目集部56册，卷11《问疑续录》，第640页。
④ （明）湛若水：《湛甘泉先生文集》，四库存目集部56册，卷7《答阳明》，第568页。
⑤ （明）湛若水：《湛甘泉先生文集》，四库存目集部56册，卷7《答王宜学》，第570页。
⑥ （明）湛若水：《湛甘泉先生文集》，四库存目集部56册，卷17《赠掌教钱君之姑苏序》，第570页。
⑦ （明）湛若水：《湛甘泉先生文集》，四库存目集部56册，卷7《再答戚黄门秀夫》，第580页。
⑧ （明）湛若水：《湛甘泉先生文集》，四库存目集部56册，卷7《与吉安二守潘黄门》，第584页。

崇王阳明对圣学的护卫，有千古担当的勇气和智慧，其赞阳明说道，"盖此学如线几绝，得一人如阳明公焉，出而担当之"①，这说明甘泉对阳明的历史影响评价较高，丝毫没有矫揉造作之处。当他得知有人诽谤王阳明，他要求此人将文书"焚于阳明公设位之前"②，以免后人生出不该有的想法。甘泉甚至批评邹东廓以"王门首科"，却以"常知常觉灵灵明明为良知"③、"大坏阳明公之教"④，并认为其有杨慈湖坏象山学之趋势，其保卫阳明良知学有功于当世也。

　　甘泉比阳明学在慎独诚意、博文约礼、五经学的整理方面所花的时间更多，其九十四岁自号"默翁"⑤，教法上提倡默识自成自得的感悟，要求学生默观天地万物同体，以勿忘勿助求自然心静，事实上陷入一种缺乏宋学居敬穷理开放性系统知识训练的神秘主义教育⑥。默识教法固然有养元气的功效，但是教育年轻学子不免陷入空虚无用之地。而甘泉晚年似乎难见有名弟子即是其教法不彰的表现。甘泉从政多年，居官讲学期间，多以随处体认天理为教，学术旨趣上主张中和、中正的中庸之道，所以宦途有惊无险。虽然甘泉为了维护心中的礼教，在大礼议、郊议和与藩国的出兵征战诸事不肯与

①　（明）湛若水：《湛甘泉先生文集》，四库存目集部 56 册，卷 7《与桂阳欧平江太守》，第 591 页。

②　（明）湛若水：《湛甘泉先生文集》，四库存目集部 56 册，卷 7《与桂阳欧平江太守》，第 591 页。

③　（明）湛若水：《湛甘泉先生文集》，四库存目集部 56 册，卷 7《答邹东廓》，第 593 页。甘泉此说与黄梨洲评价江右王门颇不和，甘泉以江右王门类似杨慈湖破坏良知教，而黄梨洲以江右王门恪守师说，甘泉作为阳明好友，熟悉阳明心学，其评价有待深入研究。

④　（明）湛若水：《湛甘泉先生文集》，四库存目集部 56 册，卷 7《答邹东廓》，第 593 页。

⑤　（明）湛若水：《湛甘泉先生文集》，四库存目集部 57 册，卷 18《默识堂记》，第 10 页。

⑥　对甘泉晚年默识教法的分析，参阅黎业明《湛甘泉晚年思想述略：以〈甘泉先生重游南岳纪行录〉为中心》，《华南师范大学学报》（社会科学版）2009 年第 1 期，第 61～62 页。

嘉靖皇帝合作①，自然得不到嘉靖皇帝的重用，但由于他是嘉靖皇帝刚登基时的侍讲老师，嘉靖皇帝对甘泉还算是存有一丝尊重之心的。甘泉一生政治抱负未得大行，壮志未酬，固然与嘉靖皇帝的独裁个性和不信任儒家学者有关。在独裁的专制帝王面前，任何充满微笑的仁学影响力可能都是苍白的。充满自由与浪漫的阳明心学被攻击为伪学，而甘泉曾经建造的馆谷诸生的私人学堂一度被官方毁弃②。在这样的背景下，甘泉势必会不断维护恩师白沙的心学思想，为白沙辩诬，为白沙广建祠堂，也维护阳明的良知学③，挺立圣学，同时不断向宋学汲取思想资源，调适自己的中正大和之学，让自己的天理学更具有扎实的宋学基础。而经过时代的约束，重新调试的甘泉心学可能就丧失了白沙心学所具有的自由活泼精神，也就难以吸引充满活力的年轻学子，这一点，甘泉的鼓舞力、感染力不如阳明。

　　白沙的主静功夫论，在甘泉看来，显然是不合时宜的。当门人葛涧向甘泉求教白沙静中端倪说时，甘泉回答说"孔门无静坐之教"④。而黎业明研究员指出，甘泉晚年修订版著作将《白沙子古诗教解》中论述白沙主静思想、静坐学说的这几个最重要的篇章段落全部删除，

---

① 关于甘泉出山从政的详细研究可参阅张晓剑《湛若水的"体用浑一"之学与践履》，浙江大学 2008 年博士论文，第五章《湛若水的外王思想与事业》（上）、第六章《湛若水的外王思想与事业》（下），博士生导师为束景南教授；黎业明《思想和政治：湛若水与"大礼议"之关系述略》，《深圳大学学报》（人文社会科学版）2009 年第 5 期，第 23～27 页。

② 1537 年四月，谕旨改毁湛若水"不奉明旨"的私创书院，参阅黎业明《湛若水年谱》，上海古籍出版社，2009，第 226～227 页。

③ 关于甘泉与阳明二人之间深刻、非比常人的友谊，参阅〔日〕志贺一郎《王阳明与湛甘泉的友情》，陈辉译，《浙江学刊》1989 年第 4 期，第 14～19 页；张晓剑《湛若水的"体用浑一"之学与践履》，浙江大学 2008 年博士论文，第四章第 72～77 页，博士生导师为束景南教授。

④ （明）湛若水：《泉翁大全集》，明嘉靖十九年洪垣编刻本、万历二十一年修补本（钟彩钧主持整理点校本），第 6 卷，第 30 页。

也说明他不满白沙的主静心性功夫论①。在批评白沙主静学的背景下，甘泉重提宋儒主敬说，以主敬代主静，事实上这与他凸显心事合一的"一贯之教"②、"一贯"之学③、"一段道体"④、"一段功夫"⑤论是有出入的⑥。理论上，甘泉的一体之学专从境界论上来讲，就是要消解动静、物我、内外、体用、心事差别⑦，实现主客消解的无差别意境。需要注意的是，虽然甘泉的主敬学瞄准的是礼仪规范、"执事敬"⑧，但是，他的主敬意思更多的是汲取明道"主一无适"的聚德之学，主敬功夫论追求的是仁者万物一体的生意情怀，与伊川、朱子、胡敬斋一系偏于严肃倾向的主敬是不同的。甘泉说，"敬者，一也。一者，无欲也。无欲则洒然而乐也"⑨，又说，"勿忘勿助，其敬之规矩矣"⑩，"敬也者，思之规矩也"⑪，通过勿忘勿助式的主敬来规制知觉思考的空间、限度，最终达到心无黏滞、心无一物的潇洒心境⑫。而甘泉又反对宋儒、康斋和白沙主张的勿忘勿助二分的心法，主张勿忘

① 黎业明：《湛若水对陈白沙静坐学说的阐释：以〈白沙子古诗教解〉为中心》，《哲学动态》2009 年第 8 期，第 31 页。
② （明）湛若水：《湛甘泉先生文集》，四库存目集部 57 册，卷 21《四勿总箴》（有序），第72 页。
③ （明）湛若水：《湛甘泉先生文集》，四库存目集部 57 册，卷 19《进圣学疏》，第 43 页。
④ （明）湛若水：《湛甘泉先生文集》，四库存目集部 57 册，卷 21《四勿总箴》（有序），第73 页。
⑤ （明）湛若水：《湛甘泉先生文集》，四库存目集部 56 册，卷 6《叙遵道录》，第 691 页。
⑥ 甘泉学不如阳明学那样纯粹化、清晰和易简，毋宁说，甘泉学糅合了太多的宋学传统，而阳明学则开出太多的新鲜元素。熟读《湛甘泉先生文集》，甘泉也和朱子一样，思想上都有不统一之处，容日后再论述。
⑦ 甘泉在自己的动静一体之学中，也强调修静的必要性，认为他自己的"静"学"不是动静之静"，而是"对动而言"的。参阅（明）湛若水《湛甘泉先生文集》，四库存目集部57 册，卷 18《静观堂记》，第 24 页。
⑧ （明）湛若水：《湛甘泉先生文集》，四库存目集部 56 册，卷 1《樵语》，第 522 页。
⑨ （明）湛若水：《湛甘泉先生文集》，四库存目集部 56 册，卷 3《雍语》，第 533 页。
⑩ （明）湛若水：《湛甘泉先生文集》，四库存目集部 56 册，卷 3《雍语》，第 534 页。
⑪ （明）湛若水：《湛甘泉先生文集》，四库存目集部 56 册，卷 1《樵语》，第 524 页。
⑫ （明）湛若水：《湛甘泉先生文集》，四库存目集部 56 册，卷 7《答黄孟善》，第 577 页。

勿助不可拆分的"随处"教法，强调勿忘勿助的"中正处"①、"不容一毫人力"②，以至于让没有深厚道德修养的年轻学子难以下手，无从着力。甚至其高徒吕怀都对甘泉的勿忘勿助的理解产生困惑，说勿忘勿助"固是中规"，"不是有个硬格尺可量定的"③。可见，甘泉对勿忘勿助偏于境界论的阐释很难让其聪明的学生信服。而王阳明就是因为不喜欢"勿忘勿助"的"悬虚"④ 教法，以至于甘泉对良知学更加不信服了。可见，甘泉表面上用主敬代替主静以防止世人对其学术近禅的批评，但事实上综观其文集，其主敬话语下蕴藏着深深的主静内蕴与情结，从这个层面而言，甘泉并没有背离老师白沙的主静之教⑤。甘泉所主张的"观与不观，无在而无不在，动静之际，有无之机"⑥的勿忘勿助心法其实都契合于白沙的主静学，而其晚年的默识教法其实是白沙主静教法的推进和发展。

甘泉的体认天理教法来源于明道的自家体认天理的思想，都突出修养者对仁者万物一体意境的向往和追索。明道的仁学常令人有如沐春风的气息，故甘泉在正德己卯春天（1519，时年 54 岁）编成《遵道录》，专门辑录明道的中正一体思想，以明道为孔孟学术正脉，试图折中调停朱陆之辩⑦。但是甘泉对天理的定义又让人难以捉摸，其

---

① （明）湛若水：《湛甘泉先生文集》，四库存目集部 56 册，卷 7《答聂文蔚侍御》，第 574 页。
② （明）湛若水：《湛甘泉先生文集》，四库存目集部 56 册，卷 7《答聂文蔚侍御》，第 574 页。
③ （明）湛若水：《湛甘泉先生文集》，四库存目集部 56 册，卷 8《新泉问辩录》，第 612 页。
④ （明）湛若水：《湛甘泉先生文集》，四库存目集部 56 册，卷 8《新泉问辩录》，第 607 页。
⑤ 乔清举说，甘泉的敬与白沙的静养内涵是一致的，见乔清举《湛若水哲学思想研究》，台北文津出版社，1993，第 124 页。
⑥ （明）湛若水：《湛甘泉先生文集》，四库存目集部 57 册，卷 18《静观堂记》，第 25 页。
⑦ （明）湛若水：《湛甘泉先生文集》，四库存目集部 56 册，卷 6《大科书堂训》，第 554 页。

天理者，或天德①，或天然的自然②，或"着不得一毫人力"③，或天
之本然之理④，或一⑤，或人心中之中正本体⑥。可见，在甘泉看来，
理本意为"至公至正"之道⑦，"心之本体"⑧，而天理则大意为自然
之理，就是"德性之知"⑨，与王阳明的良知⑩并无二致。甘泉自认为
他的体认天理有助于厘清当前学术发展的脉络，故他把自己的这一套
学术比作医治社会问题的"中和剂"⑪。后来，甘泉的体认天理之学又
糅合濂溪的主一无欲功夫论、横渠的太虚心学本体论、伊川的"体用
一原、显微无间"境界论和延平的"默坐澄心"察识天理功夫论等宋
学颇大的心性论而变得更加成熟，消解了形上与形下的区分，以至于
冯达文教授称之为"圆融"的境界证成论⑫。

　　另外，甘泉的"随处"教法并不是他的独创，其实来源于白沙的
"随时处宜"思想。白沙在与当时深深欣赏其学问和人品的两广总督
的信中就指出要以随处的心来体认中正的天理，白沙说："夫天之理，

---

① （明）湛若水：《湛甘泉先生文集》，四库存目集部 57 册，卷 20《扬州府县学讲章》，第
　　59 页。
② （明）湛若水：《湛甘泉先生文集》，四库存目集部 56 册，卷 17《重刻白沙先生诗集序》，
　　第 696 页。
③ （明）湛若水：《湛甘泉先生文集》，四库存目集部 56 册，卷 13《金台答问》，第 650 页。
④ （明）湛若水：《湛甘泉先生文集》，四库存目集部 56 册，卷 2《新论》，第 531 页。
⑤ （明）湛若水：《湛甘泉先生文集》，四库存目集部 57 册，卷 19《进圣学疏》，第 44 页。
⑥ （明）湛若水：《湛甘泉先生文集》，四库存目集部 56 册，卷 7《答洪峻之侍御》，第 588
　　页。
⑦ （明）湛若水：《湛甘泉先生文集》，四库存目集部 56 册，卷 2《新论》，第 531 页。
⑧ （明）湛若水：《湛甘泉先生文集》，四库存目集部 56 册，卷 3《樵语》，第 535 页。
⑨ （明）湛若水：《湛甘泉先生文集》，四库存目集部 56 册，卷 8《新泉问辩录》，第 598
　　页。
⑩ （明）湛若水：《湛甘泉先生文集》，四库存目集部 56 册，卷 8《新泉问辩录》，第 598
　　页。
⑪ （明）湛若水：《湛甘泉先生文集》，四库存目集部 56 册，卷 7《答林吏部子仁春》，第
　　586 页。
⑫ 黎业明：《湛若水年谱》，上海古籍出版社，2009，序第 4 页。

至于中而止矣。中无定体，随时处宜，极吾心之安焉尔。"① 可见白沙
多年的静坐功夫，就是要在心体安静之时随处把握变动不居的中体而
获得安心的心境，这与后来甘泉时常阐释的中正之学、随处功夫、自
然之学完全一致。白沙在给多年挚友罗一峰的告诫信中，也指出要以
"随而应之"的心态去把握中正的天理，白沙说，"圣贤处事无所偏
任，惟亲义何如，随而应之，无往不中"②，并告诉一峰待人处事也要
针对不同的人采取不同的接触态度，"随其气质，刚者偏于刚，柔者
偏于柔"③。在白沙看来，以"随而应之"的态度来处理各类事情，以
"随其气质"的气象来接待各种人物，以"随时处宜"来把握抽象、
变动不居的天理，是圣贤的特质，这与孔子"随心所欲"的晚年心境
是相符合的，白沙随处体认天理的思想并没有背离孔门的"随心"教
法。应该说，甘泉、白沙的随处思想与其师徒共同倡导的自然为宗是
一脉相承的④。而白沙的随处思想在其老师康斋的诗歌里面也可以找
到。康斋晚年在往湖北、福建、浙江等地申"愿学之志"，旅途中难
免遭遇各种各样的磨难，康斋多通过一种洒脱的心态给予调解，而这
种心态其实与白沙的自然、随处思想一脉相承。康斋的诗如"时止时
行一由天"⑤、"随缘北住人"⑥、"养心随处抱遗经"⑦，都体现了他随
缘、随处的自然思想。

---

① （明）陈献章：《陈献章集》，孙通海点校，中华书局，2012，《与朱都宪》（二），第125页。
② （明）陈献章：《陈献章集》，孙通海点校，中华书局，2012，《与罗一峰》（三），第157页。
③ （明）陈献章：《陈献章集》，孙通海点校，中华书局，2012，《与罗一峰》（三），第157页。
④ 也正是从这个意义上讲，乔清举在其书稿中指出，甘泉的体认天理学与白沙的养端倪说
"内涵上其实是一致的"，见乔清举《湛若水哲学思想研究》，台北文津出版社，1993，第
一章《随处体认天理》，第119~121页。
⑤ （明）吴与弼：《康斋集》，四库全书第1251册（集部），卷7《寝息偶成》，第489页。
⑥ （明）吴与弼：《康斋集》，四库全书第1251册（集部），卷7《对月》，第494页。
⑦ （明）吴与弼：《康斋集》，四库全书第1251册（集部），卷7《即事》，第498页。

第六章
唐一庵的"讨真心"

唐枢（1497～1574，号一庵，浙江湖州人）终身投入乡野私塾教育，博学群览，凡历史、经济、地理、政治、制度、典籍、法律、军事、海防、天文、音律与易数，无所不究，亦无所不讲，堪称 16 世纪中期最博学的教育家与思想家。但由于他久居乡野，未能在真实的公共事务管理领域打开局面，故后世学者知之者少，而深入阅读他的著作的人，就更少了①。据传，他受学名儒湛若水门下，接受老师融气入心的理本论，在此基础上吸收阳明心学，提出"一念机灵"心法来"追见心之真元"②，发展出以心学方法把握客观之理的新型理学形态。

自伊川、朱子以"性即理"说昭明宋学以来，元明诸儒未敢轻易离畔。王阳明提出良知说后，心学得以大放光彩，大明于天下。至 16 世纪中后期，心学已然为读书人熟知。一庵虽拜湛若水门下，但其阳明心学思想浓厚。一庵以性学为宗，针对阳明学流传、演变的困境和

---

① 唐枢：《木钟台集》，《景行馆论》，四库存目丛书子部第 162～163 册，齐鲁书社，1997。本书所引著作，如未做特殊说明，均来自唐枢《木钟台集》，下文出处不复。
② 唐枢：《木钟台集》，子部第 162 册，《真谈》，第 486 页。

乱象，以"讨真心"是实现其究竟性学功夫，别开生面。与我们普通所认识的"性"不同，一庵心中的性"不言有无""实非空灭"，故"天下之至诚"方能"尽其性"，俨然相当于程朱之"理"①。他吸收白沙一系太虚之学，认同"性即理"②、"道亦即是气"③、"性根不变"，提出"性就是气"的新观点，批判宋儒理气二分的观点。他说，"理气无彼此，无异同……汉、宋诸儒，分理气作二种，不知性即理，性亦即是气……只有元气流行，随在变化"④，继而提出人随着时间的变化有壳气、习气、母气、世气与元气五说，主张五气归"真生"的元气⑤。他多次与阳明高徒钱德洪、王畿论学，一方面学习二人心学长处，另一方面也面陈其过⑥。其性学以生机、生理、仁、至善等传统伦理价值为依归，以天地一体之德为其生发流行之体。性体"清纯至然""纯粹至善"⑦。性根为"天地万物之主"，承受"空真妙一"之太虚而来⑧。"性无有无空实…得於天地之生理，有无空实之境，物而不神，含生而就死"，把性学抬高到形上层次，丰富性学的意蕴⑨。在其《病榻答言》中，一庵指出，性学是学者功夫的根本。学者应以"尽性合命""穷理正是尽性处"⑩。从个体而言，尽性功夫落于实处则要"调停之机""惜形气"，而以"凝神""灭虑"为下手功夫，"明法象""当境转头"，获得内外双悦之境。他要求学

---

①　唐枢：《木钟台集》，子部第 162 册，《辖圜窝杂著》，第 501～502 页。
②　唐枢：《木钟台集》，子部第 162 册，《礼元剩语》，第 405 页。
③　唐枢：《木钟台集》，子部第 162 册，《礼元剩语》，第 407 页。
④　唐枢：《木钟台集》，子部第 162 册，《辖圜窝杂著》，第 503 页。
⑤　唐枢：《木钟台集》，子部第 162 册，《三一测》，第 417 页。
⑥　唐枢：《木钟台集》，子部第 162 册，《礼元剩语》，第 405 页。
⑦　唐枢：《木钟台集》，子部第 162 册，《景行馆论》《论性》第 464 页。
⑧　唐枢：《木钟台集》，子部第 162 册，《礼元剩语》，第 407 页。
⑨　唐枢：《木钟台集》，子部第 162 册，《礼元剩语》，第 406～407 页。
⑩　唐枢：《木钟台集》，子部第 163 册，《病榻答言》，第 50 页。

者要"挺挺做真汉子"，要有大同情心，不冷落世界①。"性是人心生机"，须真心为主②。而心意智识在他看来混是一物。智、识由虚灵高明之真心所控，其中"真心妙明之用为智""众体起欲为缘物而动为识"③。其性学体系兼顾物、事，以"精专"和"尽性"为"达性"之两面，在内外之间保持一种创造性张力，即他所说的"不可离内外也不可合内外"，博通新性学④。在他看来，心性一也。性是"天理之明通"，与"灵机发动"之心不同⑤。尽性是指人心要使天理流行于世界，实现人心与万物一体的仁者境界，这里与湛甘泉的合一之学有一致性。

真心与"妄心"相对应，由于私欲对人的本心遮蔽，"原生的知能"成为"既坏的知能""妄心"，容易干扰虚灵不测心体的决策力⑥。真心含有天地实理、真宰、本心、良知、生理、至善等含义，是内在于人身的本来面目，"虚而能灵，灵能通天气"，贯通心—身—元气之间⑦，"人即天、天即心"，故心"宰制万物，放诸四海，而准与天地参"，而真心即为"天地大中之本心"，为"事物之主"⑧，这与湛甘泉的中和之心说一致。湛甘泉以勿忘勿助的心法所涵养的中和之心，是在宇宙流行的心体，与王阳明的"事中"之心略有不同，有外、内之别。一庵说，"阴阳立而心之真见"⑨，真心得阴阳之中，真心立基于宇宙阴阳的气机流行，这是他吸收陈白沙、湛甘泉气学的地方。一庵的真心还

---

① 唐枢：《木钟台集》，子部第 163 册，《病榻答言》，第 50 页。
② 唐枢：《木钟台集》，子部第 163 册，《病榻答言》，第 53 页。
③ 唐枢：《木钟台集》，子部第 163 册，《病榻答言》，第 52 页。
④ 唐枢：《木钟台集》，子部第 162 册，《因领录》，第 589 页。
⑤ 唐枢：《木钟台集》，子部第 162 册，《因领录》，第 599 页。
⑥ 唐枢：《木钟台集》，子部第 162 册，《真谈》，第 480 页。
⑦ 唐枢：《木钟台集》，子部第 162 册，《真谈》，第 478 页。
⑧ 唐枢：《木钟台集》，子部第 162 册，《真谈》，第 479 页。
⑨ 唐枢：《木钟台集》，子部第 162 册，《真谈》，第 483 页。

具有力、灵、志、学四个维度①，实现"性尽则心真"②的境界。对心体在宇宙流通性的强调，足见一庵对白沙一系心学的重视。真心说在一庵的心性论中占有核心地位，他说，"真心乃人实有之心，是人自知的……只被人自埋没，不肯露出头面……功夫只要寻讨明白，自然受用不尽"③，而讨真心成为体认天理、尽性的根本方法。其真心学吸收天命本心说，他说真心"乃天地生人之根柢，亘古今不变，不著一物，是谓中者，天下大本。人孰无心？只因随情逐物生心，非天地大中之本心，不得为事物之主。得为事物之主，必寻讨精详，辨其真而用之……此讨之之功，所以不可废也"，"进出原生本体"④。除此之外，他敬仰阳明良知学，说起良知学为"千古血脉"，高度赞扬王阳明对明代学术的"大明"之功⑤。他自述道，"问阳明先生致良知之说，欣然欲往……而先生云逝"⑥，故"以良知为真心，即真心即是良知。良知是活机……古之豪杰都以此作根基……着实力将真心进出……只在真实一念上辨别"⑦。他的"道具于心，必追见心之元真"⑧ 与"性尽则心真，道之本也"⑨，与宋代禅宗、吴康斋等明初诸儒真心说遥相呼应⑩。吴

① 唐枢：《木钟台集》，子部第 162 册，《真谈》，第 481 页。
② 唐枢：《木钟台集》，子部第 162 册，《真谈》，第 485 页。
③ 唐枢：《木钟台集》，子部第 162 册，《景行馆论》《论真心》第 463 页。
④ 唐枢：《木钟台集》，子部第 162 册，《真谈》第 479 页。
⑤ 唐枢：《木钟台集》，子部第 162 册，《国琛集》，第 699~700 页。
⑥ 唐枢：《木钟台集》，子部第 162 册，《真谈》第 486 页。
⑦ 唐枢：《木钟台集》，子部第 162 册，《真谈》第 482 页。
⑧ 唐枢：《木钟台集》，子部第 162 册，《真谈》第 486 页。
⑨ 唐枢：《木钟台集》，子部第 162 册，《真谈》第 485 页。
⑩ 佛家讲真心讲得比较早。宗密（780~841）还作有真心图，其真心即精白之心，与妄想之心对峙。真心是与妄心对峙的概念，隋唐天台学说中已有清楚表述，宋初天台学者内部又反复予以争论；道教学者的真心说通过禅学而接受天台思想。全真道认为，人心有"真心""真性"，即"元神"，是个人生命的内在元素。个体的身心修养需要修炼"真性""真心"。全真道教名"全真"，即保全"真性"，内修"真功"，实践"真行"，是为全真。可参考潘桂明《智顗评传》（南京大学出版社，1996）。

康斋主"毋以妄想戕真心",强调功夫的纯粹性①。一庵认识到真心本自"天命",人人均有"真心",与王阳明的"良知"概念相当②。但是良知即功夫即本体,而其"真心"以"真性"为功夫归宿,在某些方面还是有所不同的③。黄宗羲虽然注意到一庵讨真心功夫论体系的博大,并给予重视,但是,他似乎没有注意到一庵学术归宿是以博学约礼为路子的"新性学",这是他没有通读完《木钟台集》的原因,他只注意到《礼元剩语》等少数几部著作,这是挺可惜的。

一庵看到真心的本然性,但他也注意到后天私意、气习、安逸与交与之心会遮蔽、污染善良本心,故而他强调实力详讨功夫,恢复至善性体。他说心体着不得一物,功夫即是复得心之本体(即讨"真"心的过程④),使心保持"太虚之妙""敬虚之极""完具天道",故其"讨真心"是复其新性学本体的功夫论⑤。而黄宗羲说"真心即良知也,讨即致也,与王学尤近",他认为"讨真心"与阳明"致良知"相近,容易让人误解⑥。须知一庵的讨真心就是要防止阳明后学"致良知"之弊,可算是"致良知"的再下一层功夫,而不能与阳明"致良知"相提并论。"讨真心"是以"克除私欲、情欲"为标的,而阳明"致良知"显然要超越有无对峙更上一层功夫,以开发人心性情的

---

① 吴康斋:《康斋集》卷11《日录》条242,见网易崇仁书院博客儒家典籍电子化专栏。
② 唐枢:《木钟台集》,子部第162册,《六咨言集》,第603页。他在《真谈》中还说"学问功夫说到良知处便无些子躲闪,良知是心体",这说明他很赞同阳明心学。某些地方,他甚至说"真心即是良知"(《真谈》,第482页),寻讨真心即是寻讨"心之灵妙""元真"的过程。详见《真谈》,第486页。
③ 唐枢:《木钟台集》,子部第162册,《景行馆论·论功夫》,第466页。在《景行馆论》中,一庵也注意到"功夫就是本体","寻得本体不走做,才是真功夫"。故在存天理、去人欲方面,他强调二者的合一与同时无间下手。这样融本体与功夫一体的过程,他认为即是得阴阳之"中",他说"阴阳得其中是本体功夫"。此"中"即是人刻苦上进,"精求""纯一",辨真于精一之中,是为古今心学之奥。详见《真谈》,第483页。
④ 唐枢:《木钟台集》,子部第162册,《真谈》,第482页。
⑤ 唐枢:《木钟台集》,子部第162册,《景行馆论》,第463页。
⑥ 《明儒学案》甘泉学案四。

自由流放与解放为目的①。阳明显然以为克制私欲此类低劣的功夫论难于与"致良知"相提并论。他的良知是"彻天彻底的精灵",是超越善恶的。传统宋儒的功夫论在他眼里显然是拙劣的。在受邀天心书院时,唐枢公开批评良知学流传至今的问题,既缺乏"力致""精一"之功,流为"恣情无忌惮""昏昧""师心自用""浮情而空讲""机械作弄""积染""憧憧往来"等问题,导致"忽而不章""行不著""力不察"和"神不显"后果②。所以他要恢复良知之流行无滞、天则昭然,坚决反对阳明后学不肯下苦功,告诫其"不以太易持说""不以太易持功",重振阳明学真切有味之特点③。阳明后学流传中,出现一批以"意见""杂糅"为代表的学者,"以识神自认为吾知之良",学问不扎实,道德种子不纯,"恣荡情理,逐溺世情,文饰门面",最后"违心自昧""弄假成真",对于这样的学术风气,一庵是深感痛心的④。他要讨真心,以真心良知"灵知之妙",实下苦工,破"无明之蔽",挽救阳明的良知学。为此他提出"慎"字诀,试图通过"慎思明辨"的问学过程,让王阳明的良知学落到实处⑤。一庵的"慎"字诀,涵盖"真""心",他说"慎字从真从心,惟慎而真心现,失其本心只因不慎"⑥,事实上说明其功夫论归宿要回到慎独学,这样开启许敬庵、刘宗周慎独诚意学的大门。在洗心之法中,他特别强调"神以知来""智以藏往"的《易经》路子,这也是他在江西青原会讲中与阳明弟子邹守益、刘狮泉等反复争辩处⑦。他提出"凝神合体"功夫

① 唐枢:《木钟台集》,子部第 162 册,《六咨言集》,第 602 页。
② 唐枢:《木钟台集》,子部第 162 册,《天心书院咨言》,第 606 页。
③ 唐枢:《木钟台集》,子部第 162 册,《天心书院咨言》,第 606~607 页。
④ 唐枢:《木钟台集》,子部第 162 册,《真谈》,第 486 页。
⑤ 唐枢:《木钟台集》,子部第 162 册,《真谈》,第 487 页。
⑥ 唐枢:《木钟台集》,子部第 162 册,《积承录》,第 575 页。
⑦ 唐枢:《木钟台集》,子部第 162 册,《辖圜窝杂著》,第 502 页。

论，严"辩理欲关"，走刻苦践履的路子，开启了许敬庵的"凝神"功夫论①。

唐枢学术甚为庞大，诸家学说都能融会贯通。其真心说即是融合湛王学术的代表。黄宗羲说唐一庵的真心即虞廷之道心、阳明之良知②。而讨真心则合功夫与本体一体，反身寻讨，去除物欲见闻对本心的遮蔽，恢复自然澄明心体，可纠阳明学直任灵明之弊。自甘泉承白沙认气为理，其门人唐一庵认为天地万物是个"真生"的世界，太极元气，万物大同，宇宙生生贯通个体身心。唐一庵也承"心之精神为圣"，类杨慈湖的心学思想③。其真心学体系提倡真思实学，以真宰做真实事，实现真人，恢复真我④。可见，唐一庵针对学子不务实业、崇尚虚谈的学风，以"讨真心"的功夫论教法，是有实际意义的。另外，真心寻讨功夫论以转念为法，借用佛家认识论，具有佛学色彩。唐一庵还把道家生生哲学体系组建其"真生"宇宙本体论，学术融合色彩浓厚⑤。

当时理学界普遍具有一种浓厚的心学色彩。即便是那些唯理主义者，在心具万理、理契于心上，不敢持异见。16世纪明儒哲学史对真心说的发展，体现了援道入儒、纳气入理的学术创新，既是对唐一庵

---

① 唐枢：《木钟台集》，子部第162册，《天心书院咨言》，第606页。
② 参阅黄宗羲《明儒学案》卷40《甘泉学案》，中华书局，2008。
③ 《木钟台集》，《景行馆论》《论养》，第473页。
④ 《木钟台集》，《真谈序》，第475页。
⑤ 详细参阅《木钟台集》的《礼元剩语》："天地从空中生，故生而不有其生。其为物不贰，则其生物不测……天地包裹，其中空，为万灵聚所。人气质包裹，空藏於心，亦为万灵聚所……乾元坤元，太虚之真生。有其生，亦生於真生，初无相别，要之万灵一真……古谓无思无为，不识不知，即真生之无生。又谓心之官则思。思者，圣功之本，即真生之自然。生无生者，无逐物之生；自然生者，生虚空之生。世人之思，患在离虚而逐物，迷中起悟，则有转向入身来。"（第404页）

心学思想的回应，也是对其"讨真心"思想的发展和创新①。张后觉
（1503～1578，号弘山，山东茌平人）创立"良学"体系。其中良是
本体，"人能体此良字，自然本体灵明，日觉有益"②。他将"良知"
二字拆开来讲，别具生面。其真心主要是指求儒家之道行伦理之心，
宗教性气氛浓厚。他说，"为学只是要真心。心有不真，终日讲说，
还是假的，不谓之问道"③，从真心问道的高度看，而"人与它事或伪
为，独孝弟乃是真心……古之圣人做的事业光明俊伟，亦是此孝弟之
真心发见"④，这样容易使真心学在日用生活中展开，让儒学世俗化得
以可能。孟化鲤（1545～1597，号云浦，河南新安人）为北方王学后
起之秀，师从王学巨子尤时熙（1503～1580），得阳明良知学⑤。其以
生理为真心，与唐一庵真心说相契，他说，"人之心即浩然之气，浩
然者感而遂通，不学不虑，真心之所溢而流也……其易简……不求诸
心……不本之集义，心非真心，气非浩然，欲希天地我塞难矣"⑥。晚
明王学巨子张信民（1562～1633，号抱初）的真心说与张后觉真心说

---

① 明末后世学者多讲真心。胡居仁认为陈献章"认气为理"，说明陈献章的理带有道家的气
　息，其弟子和再传大多持真心说。而阳明后学也不例外，说明儒学内部三教合流的趋势。
② 张后觉：《张弘山集》，四库存目丛书子部第 91 册，第 165 页。
③ 张后觉：《张弘山集》，第 148 页。张后觉以教法著称，弟子众多，善于启发人。其高徒
　孟秋、赵维新均为儒家，留有著作。
④ 张后觉：《张弘山集》，第 165 页。
⑤ 孟化鲤之师尤时熙，字季美，洛阳人。时王守仁之《传习录》始出，士大夫多力排之，
　时熙一见叹曰："道不在是乎？向吾役志词章，末矣。"已而以疾稍从事养生家。授元氏
　教谕，父丧除，改官章丘，以致良知为教，两邑士亦知新建学……居常以不获师事守仁
　为恨，闻郎中刘魁得守仁之传，遂师事之。魁以直言锢诏狱，则书所疑，时时从狱中质
　问……念母老，乞终养归，遂不出，日以修己淑人为事，足未尝涉公府。斋中设守仁位，
　晨夕必焚香肃拜，来学者亦令民谒。晚年，病学者凭虚见而忽躬行，甚且越绳墨自恣，
　故其论议切于日用，不为空虚隐怪之谈。学者称西川先生。
⑥ 孟化鲤：《孟云浦先生集》，四库存目丛书集部第 167 册。也可参阅《孟云浦集》，孟昭德
　主编，中国文联出版社，2007。孟云浦以教育著称，与顾宪成、邹元标、冯少墟、孟我
　疆、杨晋庵等人讲学，在新安建川上书院，门人弟子以新安吕维祺（1587～1641）、渑池
　张信民（1562～1633）为著，四库存目丛书收有其著作。

一致，他说，"孝弟忠信，虽有四者，然总不过一真实之心。真心不失，遇亲便能孝，遇长便能弟，自尽便为忠，与人便为信"①。真心即真实之心，指本心内在的德性，具有真实性，为回归真实的世界提供理论上的可能，与唐一庵心学相契。明中后期儒家三家合流，真性说多有流衍，与唐一庵的讨真心不能没有关系。阳明后学王塘南、赵维新就这一方向发挥性学，形成性本体论，尤其是钱德洪（1496～1574，号绪山）、王时槐（1522～1605，号塘南）的透性功夫论、赵维新的真性说，体现阳明后学儒佛合流的特点。

　　总之，唐一庵的学术思想兼容并包，体系庞大，强调内心与外理的契合，以便对治万事万物，具有浓厚的实学色彩。"讨真心"则是实现其心性学的功夫论，其学术立场是传统程朱理学而非阳明心学的。由于唐一庵"讨真心"思想令人耳目一新，在"讨真心"功夫论影响下，不少阳明后学坚持、发展和深化"真心""真性"说，一直到明朝灭亡。唐一庵"讨真心"有力地促进了 16 世纪明代心学思想的发展，体现新的性理之学的学术感召力。其"讨真心"说有助于良知学在新的环境下的传播。

---

　　① 张信民：《张抱初先生印正稿》，四库存目丛书子部第 15 册，第 736 页。

第七章
许敬庵的"念不落意"

美学大师朱光潜针对当时青年不务真学问、浮躁的学风说："一般学子有两种通弊。一种是聪明人所尝犯着的，他们过于相信自己的思考力而忽略前人的成就。其实每种学问都有长久的历史，其中每一个问题都曾经许多人思虑过，讨论过，提出过种种不同的解答，你必须明白这些经过，才可以利用前人的收获，免得绕弯子甚至于走错路。"[1] 中国哲学史家朱义禄教授也指出："一般地说，任何一个时代里，有着重大影响的哲学家体系或大思想家的产生，均须经过若干年代的孕育、酝酿，由零星到系统，是综合了前人的心思才力，之后方能告成的。如同滔滔的大江长河，必有为数众多的小溪小川作为它的源头一样。长江、黄河、澜沧江这三条大川，它们发源于青海，源头竟是几股潺潺的细流。自然界的生态是如此，哲学史发展的原生态也不例外。哲学史是一个有必然性的发展中的系统，前人提出的见解是扮演了先行者的角色。每一个在历史上发生过影响的哲学，它的核心

---

① 朱光潜：《谈学问》，《谈修养》，北京大学出版社，2011，第 161 页。

概念是不会被消灭的，而是作为一个环节保存在后起的、最丰富的哲学体系之中。"① 此语对于分析 16 世纪后期中国的儒家巨擘许敬庵（1535～1604，字孟中，号敬庵，浙江湖州德清县乌牛山麓人）与其弟子刘蕺山的慎独学思想倍显重要。许敬庵拜同里博学醇儒唐一庵为师，往来师门多年，颇得一庵"讨真心"功夫论精华。中国内地学术界不少学者注意到刘蕺山的慎独之学不是空穴来风、平地起屋，或许与许敬庵的思想有学术上的直接联系，但是苦于没有证据。随着台湾地区、日本保存的许敬庵文献经浙江省社会科学院哲学研究所钱明研究员传到内地，尤其是陈永革研究员点校的《许孚远集》的即将出版，关于许敬庵与刘蕺山的学承研究应该会比较清晰了。16 世纪末期中国官场风气、学术风气和社会风气已经不再是 15 世纪初那样的淳朴、单一化了，政治发展陷入困境，有志学者多有"转移士习、挽回运气"②、"挽回国势、转移人心"③ 的志向和心态。敬庵说，"近世文章日趋于巧便，议论日入于高玄，而行履多见其疏阔，事功鲜见其巍焕，其为关系不小。有世道之责者，能无虑乎?"④ "当世通患在于风俗颓敝而不可为"⑤，并说"即使大圣贤复出，未必能有济于事"⑥，指明谋功利者多，禅学横行，假道学、伪君子大行其道，表达了对当时社会风气的担忧和无可奈何的心情。

---

① 朱义禄:《序》，载邹建锋《明代理学向心学的转型：吴康斋和崇仁学派研究》，社会科学文献出版社，2011，第 1 页。

② （明）许孚远:《敬和堂集》（十三卷本），日本内阁浅草文库版，台北中央图书馆藏，卷5《简焦猗园丈》，第 85 页。

③ （明）许孚远:《敬和堂集》（十三卷本），卷5《简李见罗年兄》，第 59 页。

④ （明）许孚远:《敬和堂集》（十三卷本），卷5《简焦猗园丈》，第 85 页。

⑤ （明）许孚远:《敬和堂集》（十三卷本），卷3《简李及泉兵宪》，第 21 页。

⑥ （明）许孚远:《敬和堂集》（十三卷本），卷5《简管东溟文》，第 80 页。

第一节 一念纯明

许敬庵是 16 世纪后期中国的儒家巨擘。敬庵说，"欺者，物之蔽；独者，知之体…… 即格即致即诚，完复在于一念，而廓清在于物欲"①，此语指出了敬庵学的归宿，就是通过一念诚意、摄念归真的道德修养论来实现慎独知体的至善天德境界。敬庵的老师是唐一庵，而一庵的同门洪觉山（即洪垣，1507～1593，字峻之，江西婺源人，湛若水嫡传弟子）的学术以觉悟为宗，通过不以躯体上起念实现神明心体的明觉状态，使心保持常寂常感的功用，而试图通过念头上的功夫来去除外物、外欲之累，这些与阳明心学的流行相关。

敬庵对自己从静坐沉思中涵养出来的学问颇为自信，他说，"与胡子论辩不以为然。及谪居山庐……兀坐沉思，恍然觉悟，知此心不可着于一物，澄然无物，性体始露，乃知圣门格物之训，真为深切而著明"②，道出了他的功夫路子其实和静坐呈现至善性体密切相关，这是他的自得为己之学的可贵之处。儒学以经世宰物为归宿，通过学习过程来凸显心的明觉（复本心），使心不为物欲所蔽，从而心具备对外物神奇的感知能力，这样的过程就是透性的过程，性体至善在外在事物得到展现、展开，表现为人类利用自身的智慧开物成务的创造过程。由于心体对性体的无限把握需要一个终极归宿即知止或者说规矩、极限，在敬庵看来，就是不断格物的过程，这个过程其实就是不断"一念几微"的功夫③，上契洪觉山的觉悟心法。敬庵在 1577 年

---

① （明）许孚远：《大学述一卷答问一卷附大学古本一卷》，台北中央图书馆藏善本（万历二十一年刊本），序第 1 页。此本为钱明研究员赠。

② （明）许孚远：《大学述一卷答问一卷附大学古本一卷》，序言第 3 页。

③ （明）许孚远：《大学述一卷答问一卷附大学古本一卷》，《大学述》，第 2 页。

（万历丁丑）夏和里士友人在慈相寺听松堂所作《觉觉堂说》时指出，"夫觉者，人之性也……人之灵觉之性，盖无所不贯……无所不能通，而无所不能顺……觉性之所以为妙也……故学者，贵于觉之而已矣"①，指出觉悟力对儒者功夫操守的重要性，凸显人的道德主体性，以达"清明""湛然"和"圆融洞达"的境界②，以区别"掩非匿垢以欺己"的道家之学和"肆为幽冥恍惚之谈"的佛学③，并视之为"觉之贼"。洪觉山说，"从人欲上起念，便踏危机、凶机；从天理上起念，便踏安机、吉机"④，"理欲只是一念"⑤，可见在湛甘泉嫡传弟子的眼里，通过正念头明辨理欲之分来做体认天理的功夫，尤显迫切。湛甘泉与洪觉山功夫论的区别在于一个强调体认天理功夫的空间性，一个凸显功夫的时间性，即"随处体认"与"随时体认"的不同。因此，洪觉山的思想体系似乎融合阳明与甘泉二人思想优势开创出一套强调在合适的时间审"几"的思想体系。而其同门的唐一庵在功夫的整合上，与洪觉山一致，他的"讨真心"思想体系也是吸收阳明与甘泉二人思想各自不同部分来挽救当时空疏的学风。敬庵的销铄尽"种种血气之私"⑥，与甘泉的"消除习心"功夫相通，有暗合王阳明去除人心深处的不善因子。在对天理的体认上，许敬庵提出"随处熏蒸透彻"天理的观点⑦，其颇有自觉接洽甘泉、觉山"体认天理"一系功夫论的意图。

---

① （明）许孚远：《敬和堂集》（十三卷本），日本内阁藏浅草文库版，卷10《觉觉堂说》，第9~10页。
② （明）许孚远：《敬和堂集》（十三卷本），卷10《觉觉堂说》，第10页。
③ （明）许孚远：《敬和堂集》（十三卷本），卷10《觉觉堂说》，第11页。
④ （明）洪垣：《洪觉山绪言》卷1，第48页。
⑤ （明）洪垣：《洪觉山绪言》卷2，第76页。
⑥ （明）许孚远：《敬和堂集》（十三卷本），卷5《简李见罗年兄》，第63页。
⑦ （明）许孚远：《敬和堂集》（十三卷本），卷4《答苏紫溪参政》，第30页。

当时的大学风，用敬庵自己的话说就是，异端、曲学与儒学名教并存，而异端崇尚"虚无寂灭"①，主要是指以"绝仁弃礼、剖斗折衡"的道教和"离弃人伦、幻化天地"的佛教②；曲学强调"权谋术数"③，直接导致社会核心精英阶层浮躁、不踏实的风气，都是对当时读书人的行为起着误导作用的。即便是"虚而实、寂而感""湛然虚明"的儒学体系自身之内④，也存在着各种不同的声音。以格物说为例，按敬庵的理解，到1593年（万历癸巳）就已存在"凝支"派（"即物而穷理"）、"涉径"派（"于事事物物格其不正"）、"虚见"派（"格知物之本末"与"格无物之物"两个分支）、"格外物"派（以司马光为代表）、"格物欲"派（以胡庐山、耿天台、顾泾阳等为代表）。他自己试图以温陵、苏子等人格物说为宗来统率当时的格物说⑤。在敬庵看来，所谓的"格物"是指"格其物之累吾心而不安者"⑥，使心体获得自由活跃的轻松之境以便实现心主宰万物的明觉能力；"格物"功夫，与先儒的"洗心""克己""闲邪"一致，呈现至善真性的道德涵养过程⑦。敬庵正是因为看到当时学风浮躁、混乱和无序，当时的学术界需要一种强有力的学术思想来规范当时学脉的流传，提出"一念诚意"的"格物"功夫论，"格去物累"，恢复真性的"湛然"状态⑧。他还说"古人为学只在一念上用功，一念诚与不诚，得失存亡至切，故《大学》特提诚意为全经枢纽"⑨，并说"一念

---

① （明）许孚远：《大学述一卷答问一卷附大学古本一卷》，序言第2页。
② （明）许孚远：《大学述一卷答问一卷附大学古本一卷》，《大学答问》，第8页。
③ （明）许孚远：《大学述一卷答问一卷附大学古本一卷》，序言第2页。
④ （明）许孚远：《大学述一卷答问一卷附大学古本一卷》，《大学答问》，第8~9页。
⑤ （明）许孚远：《大学述一卷答问一卷附大学古本一卷》，序言第2~3页。
⑥ （明）许孚远：《大学述一卷答问一卷附大学古本一卷》，《大学答问》，第6页。
⑦ （明）许孚远：《大学述一卷答问一卷附大学古本一卷》，《大学述》，第5页。
⑧ （明）许孚远：《大学述一卷答问一卷附大学古本一卷》，《大学述》，第5页。
⑨ （明）许孚远：《大学述一卷答问一卷附大学古本一卷》，《大学述》，第7页。

之微，迥然不昧"①，功夫容易上升到"知善知恶"的虚明之境。他说"意有真妄""知无不明"，因此提出"摄念归真"的心性口诀，消除妄意，保持内心的纯洁，实现心体时时刻刻的"神明"功能②。敬庵提出念"不落意"的诚意功夫，他说"念安得无，只反诸一诚，念念归真，便不落意"③，通过忠信笃敬的诚意功夫，"斩钉截铁"④，"念念归真"⑤，实现"诚体"的流行，这样诚意功夫便到家了。敬庵的"念念归真"就是要去除人心深处恶意的萌芽，消除意的不善成分，达到善念、真念头的目的，回应王阳明"有善有恶意之动"的难题，与甘泉、觉山的随处、随时"体认天理"的功夫实质上有暗合之处，都强调功夫过程中时时刻刻观照时间的连续性，以便实现功夫的连绵不绝，这与弗格森、梁漱溟的生命流行连绵说一致。所以，敬庵的"一念""摄念归真"诚明功夫就是要解决王阳明过于"依傍灵明知觉"的流弊⑥，使"致良知"落到实处、迈入真知真学的地步需要"诚意"功夫论护航，"格去物累以致此良知，而一归之诚意"⑦，使良知学回到"至善"之学的正途。

敬庵说"诚意功夫透的是一格物"⑧，"格物真际"完全没有"血气心知"和"声色种种"困惑，其实就是"不挂一尘"的潇洒自由心态⑨，诚意过程实际上相当于格物，而格物可以实现王阳明致良知学

①　（明）许孚远：《大学述一卷答问一卷附大学古本一卷》，《大学述》，第8页。
②　（明）许孚远：《大学述一卷答问一卷附大学古本一卷》，《大学述》，第4页。
③　（明）许孚远：《大学述一卷答问一卷附大学古本一卷》，《大学答问》，第11页。
④　（明）许孚远：《大学述一卷答问一卷附大学古本一卷》，《大学答问》，第11页。
⑤　（明）许孚远：《大学述一卷答问一卷附大学古本一卷》，《大学答问》，第11页。
⑥　（明）许孚远：《大学述一卷答问一卷附大学古本一卷》，《大学答问》，第7页。
⑦　（明）许孚远：《大学述一卷答问一卷附大学古本一卷》，《大学答问》，第7页。
⑧　（明）许孚远：《敬和堂集》（十三卷本），卷4《简蔡见鹿少宰》，第17页。
⑨　（明）许孚远：《敬和堂集》（十三卷本），卷4《简蔡见鹿少宰》，第17页。

目的，归于诚意的致良知过程可以避免"空虚、疏略之病"①，扭转阳明后学流传中的禅学化等不足，如敬庵曾说："近时学者多被禅学汩没，因援儒入墨，乱人趋向，其惑已久。"② 王阳明本人由于通过生死历练、佛道参悟和多年的读书涵养开创良知学的新局面，打开 16 世纪早中期中国思想的新气象。但其后学鲜有王阳明本人的事功磨炼、知识格局和恢弘气度，因此在传播阳明学的过程中，多加进各自的生活历练、理解方法和知识积累，传播中的阳明后学已经不是那个随机而教、善于教人的良知学。阳明后学流传到 16 世纪末期已经算是"余毒无穷"了。敬庵总结当时流传中的阳明后学的两种主要缺陷，一是势力比较大的"接着讲"这一派，"以知解议论，其说渐长，其味渐薄，至使'良知'二字若为赘疣，容易向人开口，不得矣"③，使良知学成为多余而无用的东西；二是人数较少的"维持"派，"自作主张，仍以意见为话柄相夺"④。此二派均使良知学流传背离王阳明本人的旨趣。应该说，湛甘泉、洪觉山、唐一庵和许敬庵都看到了阳明后学禅学化、实用性不足的困境，并试图通过以慎独诚意为中心的学术思想来遏制阳明后学流传之弊，通过回归理学传统资源，重视道德践履，"收敛向里为学"⑤，"凝神养德"⑥，回归"真意""善意"。正是在与阳明后学交战中客观上哺育新的学问种子。最后，敬庵弟子刘蕺山通过慎独学体系，尤其是诚意功夫论，对流毒无穷、过度禅学化的阳明末学进行总清算，终结了阳明后学在浙江地区的流传⑦。

---

① （明）许孚远：《大学述一卷答问一卷附大学古本一卷》，《大学答问》，第 7 页。
② （明）许孚远：《敬和堂集》（十三卷本），卷 5《简耿楚侗先生》，第 48 页。
③ （明）许孚远：《敬和堂集》（十三卷本），卷 5《简王敬所先生》，第 46 页。
④ （明）许孚远：《敬和堂集》（十三卷本），卷 5《简王敬所先生》，第 46 页。
⑤ （明）许孚远：《敬和堂集》（十三卷本），卷 5《简钱淡庵先生》，第 46 页。
⑥ （明）许孚远：《敬和堂集》（十三卷本），卷 5《启徐存斋老先生》，第 45 页。
⑦ 朱义禄：《论刘宗周的唯意志论：兼论阳明心学的终结》，《东方论坛》2000 年第 3 期。

第二节　念念归真

许敬庵对自己的诚意之学甚为自信，从儒家学脉的高度来立论，他说，"慎独一语是学者命脉上功夫，这独处打叠得净尽，与鬼神相通，更有何事"①，提出他要以慎独学开辟新的学术流派的声音。在阳明后学禅学派大行其道的 16 世纪末期，许孚远在学术坚守上客观地抬升了慎独学的地位和层次。他说，"独处未尝不知，知不足以尽独。《大学》《中庸》但言慎独，'独'之一字最可玩味，此神明独存而为万事之主宰者也。于此不慎，一差千差，故程子曰'有天德，便可语王道'，其要只在慎独"②。可见，以"慎独"学为核心的学脉由于保养神明的觉悟能力和宰制万事万物的事功能力，可以抵御当时空虚浮夸的学风，可以培养第一流的真才实学的优秀人才。慎独功夫可以实现天德境界，敬庵说，"独之可畏也，能慎独而诚意才是有德，何者？念虑真纯，不愧屋漏，此天德也……只慎独诚意则心正身修，一起都了，而齐家治国平天下，将举而措之……自古圣贤，莫非此学"③。慎独到诚意地步才是真正的慎独，是真功夫，凸显"真纯"念头在功夫中的地位，人德在精白念头中实现与天德相通的可能。敬庵在自己的道德修养中，追求"小心翼翼、昭事上帝"与"终日乾乾、夕惕若"的"慎独样子"④。所谓独，其实就是一念至善、"一念明觉"⑤、"一念纯明"⑥、一念诚

---

① （明）许孚远：《大学述一卷答问一卷附大学古本一卷》，《大学答问》，第 11 页。
② （明）许孚远：《大学述一卷答问一卷附大学古本一卷》，《大学答问》，第 10 页。
③ （明）许孚远：《大学述一卷答问一卷附大学古本一卷》，《大学述》，第 9 ~ 10 页。
④ （明）许孚远：《大学述一卷答问一卷附大学古本一卷》，《大学述》，第 8 页。
⑤ （明）许孚远：《大学述一卷答问一卷附大学古本一卷》，《大学答问》，第 3 页。
⑥ （明）许孚远：《大学述一卷答问一卷附大学古本一卷》，《大学述》，第 22 页。

意的含义，即"与物无对之称"①，让念头保持"真笃"的状态②；慎独意味着"调理性情"的道德修养过程③，功夫主体以此来完善自己的德性，涵养自己的学问，"遏欲存理"④，变化气质。在内圣转向外王的过程中，"慎独即所以慎德""纯心要"，获得"冲虚淡泊、明镜止水"的心性境界，通过"理而使均"的治理方法，"治天下之道"便自然而然⑤。

在圣学治理天下公共事务的实践过程中，政府官员周旋于事事物物之间，"与物欲交病，而性为之蔽"⑥，"复性"之学就是"祛蔽"，消融气质，廓清物欲，而《大学》《中庸》的慎独学正好是复性学的关键，故敬庵说，"圣贤教人，千言万语，总是这个脉络"⑦，"但看慎独一言……舍此，则无所致其力也"⑧。为了对抗庸俗的社会风气，敬庵彰显慎独学的精神，要求门人实下功夫，来挽救世风，故他对钱青甫说，"但要识得独是何等面目？慎是何等功夫？切切实实向自己身中讨究下落，操存涵养，时刻不肯放过，方与此理有相干涉"⑨。通过慎独诚意的真实功夫，许敬庵的思想体系与朱元璋的"精白一心、对越上天"和吴康斋的"精白一心，对越神明"相契合与一致，使得整个明朝思想史似乎转了个圆圈，终于又回到明初思想界的精一功夫阶段，只是功夫论上更加精密、复杂、圆熟。而这样的一个时期，似乎

---

① （明）许孚远：《大学述一卷答问一卷附大学古本一卷》，《大学述》，第8页。
② （明）许孚远：《大学述一卷答问一卷附大学古本一卷》，《大学答问》，第3页。
③ （明）许孚远：《大学述一卷答问一卷附大学古本一卷》，《大学述》，第14页。
④ （明）许孚远：《大学述一卷答问一卷附大学古本一卷》，《大学述》，第14页。
⑤ （明）许孚远：《大学述一卷答问一卷附大学古本一卷》，《大学述》，第21~22页。
⑥ （明）许孚远：《大学述一卷答问一卷附大学古本一卷》，《大学答问》，第4页。
⑦ （明）许孚远：《大学述一卷答问一卷附大学古本一卷》，《大学答问》，第5页。
⑧ （明）许孚远：《大学述一卷答问一卷附大学古本一卷》，《大学答问》，第4页。
⑨ （明）许孚远：《敬和堂集》（十三卷本），卷3《答钱青甫》，第36~37页。如未作特别说明，本文所引《敬和堂集》均为日本内阁藏十三卷本的《敬和堂集》。

标志着明朝走向了人治政治的末期，暗示着明朝政局不可挽回地要覆没了。

第三节　凝神养德

敬庵说，"天然自有之谓性，效性而动之谓学。性者万物之一原，学者在人之能事。故曰天地之性人为贵，为其能学也。学然后可以尽性……高之沦于空虚，卑之局于器数，浸淫于声利，靡滥于词章……故学以尽性为极，以孔子为宗"[1]。明确指出他的学问归宿是孔子的复性之学（仁学），也就是所谓的程朱理学，回归道理无穷的外王之学，以区别于禅学化的阳明后学。他说"孔门学脉"以仁学为宗，仁就是本心所具"生理"，凸显克己复礼的修养功夫以达天德王道层面，天下归仁[2]。在心性学上，他既不同意学友胡庐山的以灵觉为性的观点，认为此说"犹是未莹"[3]；也不同意挚友李见罗以灵觉为心的观点，认为此说"主张太过"[4]。暗示其心性学要回归孔孟学脉，以"灵觉"为提升心的明觉能力的方法，是功夫主体把握世界、开物成务的认识工具而已，既不是心也不是性。在敬庵看来，性体"是一个天命之体"[5]，本善，无形气之杂，而心体"合灵与气"，有形气之杂，故有道心真心公心与人心妄心私心之别[6]，"心者至虚而灵，天性存焉"[7]，性在心内，故需要功夫主体不断地做存心复性的磨炼，这些看法与程

---

① （明）许孚远：《敬和堂集》卷10《杂著》《原学篇》（一），第1～2页。
② （明）许孚远：《敬和堂集》卷10《杂著》《原学篇》（二），第2～3页。
③ （明）许孚远：《敬和堂集》卷5《与胡庐山先生论心性书》，第3页。
④ （明）许孚远：《敬和堂集》卷5《与胡庐山先生论心性书》，第3页。
⑤ （明）许孚远：《敬和堂集》卷5《与胡庐山先生论心性书》，第1页。
⑥ （明）许孚远：《敬和堂集》卷5《与胡庐山先生论心性书》，第2页。
⑦ （明）许孚远：《敬和堂集》卷5《与胡庐山先生论心性书》，第2页。

朱、康斋等人的心性观暗合。养性主要就是明德、止至善的为仁功夫。

在功夫论上，敬庵强调躬行、体念的定性功夫，要求修养者在理欲、志气、动静、感应等关节点上修养天德，所谓"安以舒养……容静以肃"的实修实学①，以"勿忘勿助"为教法②，强调凝道养神、主敬存心与事亲事君③，显然是以实用仁学试图挽救当时的虚夸之风。因此，他任陕西提学副使时（1585～1587）训诫关中诸生，要求学生务必"专务自治，时时反观内省，闲邪存诚"④，务必以"悠游厌沃、日就月将"的态度"读书""蓄德"⑤，做自己"性分内事"⑥，培养了以冯从吾（1556～1627，字仲好，号少墟，西安人）为代表的关学后辈，在明末有效地捍卫程朱理学的传播。敬庵在对复性之学的价值取向上与其老师唐一庵一致，甚至在凝神、裕政层面上也一致。敬庵的凝神口诀"凝神于一物之微而得其至者"⑦，"深造自得"⑧，凸显全养精神实现灵台清明无物的明觉状态，在处理公共事务之时通过定志、慎思的方法实现气充才达的效果⑨。许敬庵常利用归山闲居时机保养精神，"时刻不忘检点……觉精神凝聚"⑩，"凝养此心……令冲虚缜密，无有一毫英气发露"⑪，这与康斋的"养元气"、白沙的"养端倪"并无二致，由凝神进而调养身心的心法是康斋、白沙、甘泉、一

① （明）许孚远：《敬和堂集》卷10《杂著》《原学篇》（三），第3～4页。
② （明）许孚远：《敬和堂集》卷10《杂著》《关中示诸生》，第4页。
③ （明）许孚远：《敬和堂集》卷10《杂著》《关中示诸生》，第5页。
④ （明）许孚远：《敬和堂集》卷10《杂著》《关中示诸生》，第7页。
⑤ （明）许孚远：《敬和堂集》卷10《杂著》《关中示诸生》，第7～8页。
⑥ （明）许孚远：《敬和堂集》（十三卷本），卷10《杂著》《关中示诸生》，第7页。
⑦ （明）许孚远：《敬和堂集》卷10《杂著》《养神说赠章元礼》，第15页。
⑧ （明）许孚远：《敬和堂集》卷10《杂著》《养神说赠章元礼》，第15页。
⑨ （明）许孚远：《敬和堂集》卷10《杂著》《积学说赠卓樨成》，第18页。
⑩ （明）许孚远：《敬和堂集》（十三卷本），卷4《简吴行之书》，第38页。
⑪ （明）许孚远：《敬和堂集》（十三卷本），卷4《答万从训》，第34页。

庵一系学脉传承的标志。敬庵颇赞誉吴康斋的出处可鉴①，对陈白沙“元神灏气”说倾心，认为白沙心学得“禅之精者”“近玄而不近禅”②，并以自己的慎独学、“凝神”口诀对接陈白沙“静中养出端倪”深造自得功夫③，令我们感觉其醉心于白沙心学“参前倚衡”倾向。

　　许敬庵的“凝神”功夫论要求修养者专事“静修”，消除情识，呈现“独体”和“止体”，使内心完全安静下来。“凝神”是慎独通往致良知的口诀④。在给其弟许仲毅调养身体的信中，敬庵详细地道出了静心凝神、保养身体的方法，他说，“人只为情想扰动，精神汗漫而不收，一点火动郁积于中，便有疾病发作。今须著实看破，将种种情想，全身放下……惟是念头放得下，则欲火渐消，精神渐敛，读书作文，随其分量，只以平淡心为之，莫强思索，过于劳耗。平时坐作，要静定，莫涉浮杨，言语要简省，莫生枝蔓”⑤。俨然是儒家慎独养身的规矩。通过放下念头，去除物欲、情想的意，实现善念在心，保持内心的清凉，以“念不落意”为遏欲存理的功夫正是敬庵学的秘密所在。敬庵对克治身心毛病颇有心得，他说，“调治要诀只一静字。凡事放得下是静，愤怒不作是静，撇得家累是静，谢得世俗应酬、置是非毁誉于度外是静，起居惟时、不自拘碍是静，不如意处不生烦恼是静，病痛作苦时且自甘受、不求医药速效是静，心下常令空空荡荡、不著一毫思虑是静，有思虑动时视为邪祟、一觉而消之是静，持此一

---

①　（明）许孚远：《敬和堂集》（十三卷本），卷 4《简邓潜谷丈》，第 33 页。
②　（明）许孚远：《敬和堂集》（十三卷本），卷 5《答沈实卿》，第 37 页。
③　（明）许孚远：《敬和堂集》卷 5《答陆以建》，第 28 页。值得褒扬的是，许敬庵对“胡陈之辨”也有调和的倾向，认为胡敬斋学术中正，不可以有见无见评价前贤。
④　（明）许孚远：《敬和堂集》（十三卷本），卷 3《答钱青甫》，第 36～37 页。
⑤　（明）许孚远：《敬和堂集》（十三卷本），卷 3《寄仲弟毅》，第 41 页。

诀，怯病不难"①，通过内心的宁静来对抗浮躁的社会风气，以静凝神，保养心灵的纯洁。

可见，以阳明心学直接参悟心体不同的是，敬庵之学强调"厚积负道""周旋进反"②，其"学之准则"其实就是日积月累的传统理学家存养路子，其"勿忘勿助见真精"说有回到康斋学读书路子倾向③，但又扬弃了程朱的繁琐路数，吸收了一些心学甚至是禅宗的觉悟方法而已，如他有诗歌"静夜观心转法华"④、"顿觉万虑空"⑤等。

第四节　独知之妙与敬庵对慎独学的回归

敬庵曾总结自己的学问归宿时说，"古今圣贤学问，总只在一念上功夫，不论动静闲忙难易繁简，学无往而不在，愈笃实愈精明，愈体验愈亲切，真有人不及知而已。独知之妙，此吾夫子所以学而不厌者"⑥，明确指出其学问枢纽是以"一念"诚意为核心的慎独学，以体验"独知"为下手处。当时内圣外王都通达的真才实学型学者并不多见，敬庵经常时有感叹，他说"今之学者，只觉浅陋空疏，视诸大儒气象迥不相及"⑦，正是担忧学脉不传，于是他竭力接洽传统慎独学来做收敛向里的学问，遏欲存理，恢复真性，试图复兴实用儒学。他说，"鄙人论学大端……具在《原学》诸篇，真性在人，无不具足，祇为血气所乘，物欲所蔽。千古圣贤，总在去欲存理，更无别

① （明）许孚远：《敬和堂集》（十三卷本），卷3《简钱惟凝》，第33页。
② （明）许孚远：《敬和堂集》卷10《杂著》《积学说赠卓槲成》，第17～18页。
③ （明）许孚远：《敬和堂集》卷13《诗》，《壬午冬瞻谒孟庙，携侣俊夫沈虚中》，第5页。
④ （明）许孚远：《敬和堂集》卷13《诗》，《壬午仲冬宿杨庄纪事》，第19页。
⑤ （明）许孚远：《敬和堂集》（十三卷本），卷13《诗》，《甲午春秋玩月》，第37页。
⑥ （明）许孚远：《敬和堂集》（十三卷本），卷3《简钱惟凝》，第31页。
⑦ （明）许孚远：《敬和堂集》（十三卷本），卷3《简钱惟凝》，第31页。

法。但工夫无穷，不可容易放过"①。可见，他要回到先秦儒家那里
寻找对抗俗学的武器，他的学问基石就是性善之学，其功夫论就是
养性修养方法。

敬庵针对当时的学风提出真笃、纯明念头的慎独功夫，无疑是一
剂清新剂。正是由于敬庵自身对纯明念头的坚持，使得他自己在官场
一路磕磕碰碰，四起四落，绝不同流合污，甚至连委屈自己的身份都
不愿意，而在16世纪后期地域性党争与官方厌恶讲学的官风下，势必
决定其自身的仕途坎坷。如果不是两次中日战役，国危思将，精通海
防的他才得以重用，敬庵的官场命运势必更加坎坷。另外，由于他对
真笃念头的特别自信，也在一定程度上妨碍他对知识学习"无所不
读"的态度，使得他的圣学思想"内卷"，也直接导致其门人刘蕺山
慎独学的"迂阔"。在崇祯皇帝看来，"迂阔"直接导致明朝在军事火
器技术革新上难以突破，自然难以挽救大明王朝的覆灭。敬庵说，
"古人之学以养心而检身，读其所当读之书，考其所当考之物……具
从根本上探究，未以诵读考索为急也"②。这是他的教法，依此教法，
则刘蕺山的慎独学势必会走上更加精密的地步，或许就与"无所不
读"、博学等程朱教法不一致。事实上，在阅读敬庵文集的过程中，
他对明道、伊川、朱子、湛甘泉、王阳明的格物致知之学都有意见，
比如说二程致知学"不免骑墙之见"③，说朱子、甘泉格物说"词旨汗
漫"④，说阳明之教"多沦于空虚疏略"⑤，甚至说朱子、阳明二人格
物穷理说都"未尝照应理会经传义理"，有"字面牵和"的缺陷⑥。我

① （明）许孚远：《敬和堂集》（十三卷本），卷3《简寸宁宇别驾》，第26页。
② （明）许孚远：《大学述一卷答问一卷附大学古本一卷》，《大学答问》，第5页。
③ （明）许孚远：《大学述一卷答问一卷附大学古本一卷》，《大学答问》，第7页。
④ （明）许孚远：《大学述一卷答问一卷附大学古本一卷》，《大学答问》，第7页。
⑤ （明）许孚远：《大学述一卷答问一卷附大学古本一卷》，《大学答问》，第7页。
⑥ （明）许孚远：《大学述一卷答问一卷附大学古本一卷》，《大学答问》，第10页。

们明显感觉到敬庵试图开宗立派、独树一帜，在学问"精一上"与道德操守、念头功夫上的笃定坚守，以及他对意念"灵明透彻"、"精神归一"的执著①，也仿佛与传统程朱理学，甚至他的那个时代越走越远。许敬庵就是 16 世纪末期中国大儒的肖像典范、混乱学术界的翘楚。

---

① （明）许孚远：《大学述一卷答问一卷附大学古本一卷》，《大学答问》，第 10 页。

第八章
刘念台的"讨意根"

　　刘宗周（1578~1645，号念台、克念子，绍兴越城区人，创办证人书院、蕺山书院）的"慎独"功夫论是接着他老师许敬庵的"慎独""独体"思想讲的，都是为了提升传统儒家道德哲学的社会和政治影响力而做出的理论创新，以此来对抗晚明末期佛学、禅学、庸俗儒学对社会风气的变坏。念台为遗腹子，自少便尝尽人世生活的艰难与别离之苦，于是刻苦自学，与祖父相依为命，发奋出人头地，年仅24岁（1601）便中得进士，自后其人生便展开宏大的画卷①。作为17世纪上半叶道德修养最为卓越的儒学"殿军"，念台以其艰苦的修行和挺拔的气节积极参与公共事务，冒政治前途危险不惜多次疏劾沈一贯、魏忠贤、温体仁等，罢官之后，却能安心乡里公共事务，倡仓募捐，刻苦讲学，培养出了一大批独立好学的读书种子，如恽日初、陈确、黄宗羲等。明朝灭亡，念台为报勤政不息、亡国之君崇祯的知遇

---

① 对念台少年时期清贫孤独生活的描述，参阅陈永革《儒学名臣：刘宗周传》，浙江人民出版社，2005，第1~16页。对念台政治生涯、道德修养践履过程的描述，参阅加拿大多伦多大学博士黄敏浩《刘宗周及其慎独哲学》，台湾学生书局，2001，第1~27页。

之恩，绝食多日而亡，体现了中国儒家表里如一、知行合一的高贵气节，对后世儒家的人格发展树立了不朽的丰碑，影响深远。念台一生内圣外王的个体行为，归根结底与他一生的学术宗旨"慎独""诚意"道德修养论密切相关。其子刘汋1651年（顺治八年）曾总结其父学术旨趣，说："学圣人之诚者也。始致力于主敬，中操功于慎独，而晚归本于诚意……以诚意为宗而摄格致于中……即内而即外，即动而即静。"① 作为多年跟随父亲生活的人，刘汋对念台融合动静、内外一体的诚意之学的总结值得注意和重视。

第一节　挽救王阳明的"良知学"

念台与老师敬庵一样，他的学术体系俨然是为了对抗当时走入歧途的社会风气和学术风气的，提升阳明良知学在当时社会、学术界的公共影响力。这股风气主要是指佛学对儒学尤其是良知学的渗透，也就是有些人"辄欲范围三教以谈良知之学"②，损害阳明良知学对读书人、士人官员道德修养的指导作用。他说，"吾儒与二氏终异途径"③，可见他要严格区分儒家与道家、佛家之学，挺立儒家名教对读书人道德发展的指导性作用。念台不仅反对佛教学者对良知学的浸染来扩大佛教的影响力，也反对儒家学者对佛教禅学的浸染，后者主要以杨慈湖、王龙溪、周海门、高景逸、陶石梁（1571～1640，绍兴人）、袁了凡（1533～1606，嘉善人）、颜壮其为代表。他说，"今之言佛氏之学者，大都盛言阳明子，止因良知之说于性觉为近，故不得不服膺其

---

① （清）刘汋：《蕺山刘子年谱》，（明）刘宗周：《刘宗周全集》第6册，吴光点校，附录二，浙江古籍出版社，2007，第173～174页。引用出处下同。
② （明）刘宗周：《与以建五》，《刘宗周全集》第3册，丁晓强点校，第303页。
③ （明）刘宗周：《与以建五》，《刘宗周全集》第3册，丁晓强点校，第303页。

说，以广其教门，而衲子之徒亦浸假而良知。呜呼！"① 这里说的是佛教对儒学的吸收。另外，儒学内部对禅学也有吸收，可是这些学者在佛道二教风行的风气下，念台说其"当圣远言淹之日，又无老师大儒以为之依归，遂不觉惑于二氏，而禅尤其甚者耳"②，指出当时的虚玄学风对有志于圣人之道的学者是误导。对于多年讲学老友陶石梁入禅，以至于其门人弟子多入禅教，念台不无感慨地说："吾乡陶石梁子，雅为吾党推重，特其入门不免借途于释氏，一时从游之士多以禅起家，卒难骤返於正，亦其弊也。"③ 念台对于阳明弟子王龙溪入禅这件事深有想法，他说："阳明不幸而有龙溪，犹之象山不幸而有慈湖，皆斯文之厄也……'禅'之一字，中人日久，以故逃之者既明以佛氏之说纳之吾儒之中；而功之者转又明以吾圣人之精微处推而让之，亦安见其有以相盛？古之有慈湖，今之有忠宪先生，皆半杂禅门，故其说往往支离或深奥，又向何处开攻禅之口乎？"④ 念台还指出阳明良知学不是禅学，"未可病其为禅学"⑤，"阳明而禅，何以处豫章、延平乎？"⑥ 其维护阳明良知学的衷曲可见。念台对王阳明良知学的态度与其老师许敬庵一致，都认为阳明后学在无善无恶上过度发挥背离阳明本人的良知学，也都评判当时的阳明后学已禅学化。

对于袁了凡、颜壮其两位融通佛儒的学者，认为其二人的儒学思想"浸入因果边去"，他批评秦履思的杂禅思想说："大抵君子之意，

---

① （明）刘宗周：《答胡巘高、朱绵之、张奠夫诸生》（戊寅十一月），《刘宗周全集》第 3 册，第 349 页。
② （明）刘宗周：《答胡巘高、朱绵之、张奠夫诸生》（戊寅十一月），《刘宗周全集》第 3 册，第 348 页。
③ （明）刘宗周：《答王生士美》（戊寅十二月），《刘宗周全集》第 3 册，第 351 页。
④ （明）刘宗周：《答韩参夫》（庚辰四月十六日），《刘宗周全集》第 3 册，第 359～360 页。
⑤ （明）刘宗周：《答韩参夫》（庚辰四月十六日），《刘宗周全集》第 3 册，第 359 页。
⑥ （明）刘宗周：《答韩参夫》（庚辰四月十六日），《刘宗周全集》第 3 册，第 359 页。

皆从袁了凡、颜壮其来。了凡之意，本是积功累行，要求功名得功名，求子女得子女，其题目大皆显然揭出，虽是害道，然亦成一家言。"①在现实生活中，念台更多的是作为一位儒家传统道德的"斗士"形象出现的，其一生力作《人谱》也主要是为了对抗当时背离儒家道德修养的道家与佛教界人士，尤其是以袁了凡为代表的因果报应思想，他说："今之言道者，高之或沦于虚无，以为悟性，而非性也。卑之或出于功利，以为语命，而非命也。非性非命，非人也，则皆远人以为道者也。然二者同出异名，而功利之惑人为甚。老氏以虚言道，佛氏以无言道，其说最高妙，虽吾儒亦视以为不及。乃其意主于了生死，其要归之自私。故太上有《感应篇》，佛氏亦多言因果。大抵从生死起见，而动援虚无以设教，猥云功行，实恣邪妄，与吾儒惠迪从逆之旨霄壤。是虚无之说，正功利之尤者也。"② 指出道家与佛教界人士以"虚无""功利"害人，特别是袁了凡"功过格""病于道者"③，导致社会风气德性修养不足，故他耗精力于 57 岁（1634，崇祯甲戌秋）作了以"慎独""心法"④ 为中心的《人谱》来对抗当时流行的因果思潮。与《了凡四训》一样，《人谱》也是面向社会一般大众。念台结合深刻的理论与传统儒家的历史实践，透过宋明儒家大量的道德修养案例来证明他的成人之学，去除了功利化的报应之说，列举当时读书人和政府官员大量的"大过""丛过"行为⑤，为当时的士人构建了严密的"纪过"体系，提供了详细、有效地"廓清""动念"的修养方法⑥，不啻为末世、衰世的疗世之方。

---

① （明）刘宗周：《与履思十》（甲戌八月），《刘宗周全集》第 3 册，第 320 页。
② （明）刘宗周：《人谱》（自序），《刘宗周全集》，第 2 册，何俊点校，第 1 页。
③ （明）刘宗周：《人谱》（自序），《刘宗周全集》，第 2 册，何俊点校，第 1 页。
④ （明）刘宗周：《证人要旨》，《人谱续编一》，《刘宗周全集》第 2 册，第 5 页。
⑤ （明）刘宗周：《纪过格》，《人谱续编二》，《刘宗周全集》，第 2 册，第 11～15 页。
⑥ （明）刘宗周：《证人要旨》，《人谱续编一》，《刘宗周全集》，第 2 册，第 6 页。

应该说，处于晚明的末世，念台对当时的社会现实和明朝将没的历史命运是有清醒认识的，而这样的历史境遇与早期陈白沙、中期王阳明的心情大相迥异。对当时社会环境的焦虑和清醒，使得念台的慎独、诚意之学在历史的逆流中显得格外引人注目。而被崇祯皇帝视为迂阔的慎独、诚意之学在没落王朝中急需军事革新的特殊背景下又显得那样的不合时宜。勤勉自律的崇祯皇帝非常爱惜、欣赏念台的德行修养，却得不到身为工部尚书念台的有力支持和辅助，而性格传统而又忠厚的念台唯有内心的赤诚可以报答 "不是'亡国之君'的亡国之君" 了。大厦将倾，谁都不能幸免于难。300 多年过去了，念台文献尚存，清理其德性修养论，总结其心法和德性论，古为今用，对于流俗滔滔的当代中国读书人和政府官员的安身立命、人格发展和事业发展必有裨益。

第二节　致独知

在当代儒家牟宗三的心里，独体是寂寞的①；在念台的心里，独体好比无边荒原中昂然屹立的大树，也就像他自己说的 "太极"②，是饱满的，是人之所以成为高贵德性充溢饱满之人的本体，故他自己以 "独体" 代表慎独功夫的真实修养而获得自为自立的光明之体。独体为独善其身的最后堡垒，实是念台万不得已的一个概念，他要用这个概念整合历代理学家的道德修养论，来创立他自己的慎独学。他的独体概念不仅是儒家唯一的功夫，也是融合大学《戒惧》、阳明良知和内心意念的无所不包的体系，张立文先生认为这是念台试图 "综罗百

---

① 牟宗三：《寂寞中的独体》，新星出版社，2005，第 98 页。
② （明）刘宗周：《学言》（补遗），《刘宗周全集》，第 2 册，何俊点校，第 481 页。

代、另辟路径、会通圆融、智能创新”之处①。独体不仅可以是独善其身，也可以是“独知”，还可以是“独意”，因此实践上他可以修正阳明的良知学，不自觉地最后完成他的独体学体系。

他在 55 岁（1632，崇祯壬申）时给秦弘祐的信中曾对自己的“独知”学有过全面的论述，他说：“迩来深信得阳明先生‘良知只是独知时’一语亲切，从此用功，保无走作。‘独’只是‘未发之中’……学者只为离‘独’一步说良知，所以面目不见透露，转费寻求，凡所说‘良知’都不是良知也。‘致良知’三字便是孔门易简直截之旨，今日直须分明讨下落耳。若不讨下落分明，则‘知善知恶’四字亦无用处，终归之不知而以……良知即太极，无圣无凡……良知吃紧处，便只用在改过上，正是慎独工夫……念已发矣，机已赴矣，觉亦无及矣，正繇失之於未发者，先不可救也。若是从慎独后所发，又何需更加辨别、更加决断乎？……都只向事物上求善恶，而不从一念未起时求个有善无恶之体，是以生出种种葛藤，终日求此良知，而尚未见有人手工夫之可言也。（须知良知）若不用向‘独’上讨下落，便是凡夫的良知……孔门说个慎独，于学人下手处已是千了百当，只为头面未见分明，故阳明又指个良知，见得仁义不假外求……故曰‘良知只是独知时’，吾党今日所宜服膺而弗失也。”② 念台的“独知”学就是要推进良知学的成长，讨得“致良知”下落，使得读书人“知善知恶”，真知真行，不自觉地接洽许敬庵老师唐一庵的“讨真心”功夫论。众所周知，唐一庵的“讨真心”功夫论其实就是以湛甘泉的性体思想糅合阳明的良知心法而生成的新的道德修养论。在念台那

---

① 张立文：《刘宗周慎独诚意的修己之学》，《江南大学学报》（人文社会科学版）2012 年第2 期，第6 页。
② （明）刘宗周：《答履思六》（壬申），《刘宗周全集》第 3 册，第 313～315 页。

里，讨得 "致良知" 下落的方法就是 "独知" 时 "克念"，也就是 "从一念未起时求个有善无恶之体"，不再像王阳明所说的 "事物上求善恶"。可见，念台确实在这里 "转手" 阳明的良知学，一方面念台向内心无所捉摸而又深微的 "意" 上而不是向广阔的公共事务领域求性体，固然可以让善良的性体确保善念善行，免生功利俗念，确保修养主体至善行为，但是这样可能使功夫者独自拘束到一块狭小的领地，失却程朱理学所推崇的格物致知之学具有的外向性、开放性、宽阔性和实用性，使得其慎独之学具有道德理性的超验性①，在晚年困局的政治环境里，被视为 "迂阔" 也是难免的。其实，王阳明的 "为善去恶是格物" 的良知学已经使程朱的格物之学道德化、狭小了，失却朱子所具有的磅礴气势和无穷的穷理探索精神。念台重 "意" 的独知学最后变成独善其身的独知学②，这是对他那个将灭亡的明朝不得已的自保之学。因此，舍身报君王成为卓越儒家对明朝最后的敬意。

第三节 "讨意根"

独知学的推进就是 "独意" "无朕之意"，慎独之体需要诚意之根的养料。所以在念台看来，慎独之功落在实处需要诚意功夫再进一层。修养主体，只有做到诚意的境界，才可以算作真正的慎独。念台在 65 岁（崇祯壬午，1642）时与叶廷秀（1625 年进士，河南濮阳人，号润山）的信中说："意为心之所存……心安得不本于意？……意字看得清，几字才分晓；几字看得清，则独字才分晓……此可以得诚意正心先后本末之辨。阳明先生惟于此解错，所以只得提出 '良知' 二字为

---

① 张学智：《论刘宗周的 "意"》，《哲学研究》1993 年第 9 期，第 67 页。
② 对念台的意学，深入分析的学者有张立文、钱明、杨国荣、张学智等。

主柄，以压倒前人……知本则知至而知止，故授之以意诚，意诚则心之主宰处止于至善而不迁矣。故意以所存言，非以所发言也。止善之量，虽通乎心身家国天下，而根柢处只主在意上……知此，则动而省察之说可废矣……不省不察，安得所为常惺惺者？……今专以存养属之静一边，安得不流而为禅？又以省察属之动一边，安得不流而为伪？又于二者之间，方动未动之际，求其所为几者而谨之，安得不流而为杂？……心只是一个心，常惺而常觉，不可以动静言……此心极之妙，所以无方无体，而慎独之功，必于斯而为至也。"① 晚年的念台思想较为成熟，对自己的思想更为自信，故敢于放开批评阳明的良知学，敢于批评当时的"禅"学、"伪"学和"杂"学。念台之所以反反复复、啰啰嗦嗦与唠唠叨叨地不断提出自己的诚意之学，就是要让当时的儒学回归至善德性之学的大路上。他一开始是抱着尊敬阳明良知学的目的，试图通过自己的慎独学来修正良知学，使良知学有至善的归宿。结果，在多年的诚意涵养之后，慎独学发展到深密的诚意学阶段，通过对意根之学的体认，他意识到阳明的良知学走到了尽头，以自己的诚意之学终结阳明的良知学。念台甚至说阳明对《大学》《中庸》的解释均存在错误，"两相迁就，以晦经旨，而圣学不明于天下矣"②，指出阳明良知学对传统儒学经典传播的歪曲，这样的评论不啻对阳明良知学的否定。念台自觉不自觉地以他自己开创的诚意之学扫荡一切虚无功利之学，让德性之学大行天下，气魄与勇气之大尽藏于文字之间。

作为"意根"的意，是至善的，在念台那里是"心之主宰"，心

① （明）刘宗周：《答叶润山四》（附来书，壬午六月朔日），《刘宗周全集》，第 3 册，第 373～375 页。
② （明）刘宗周：《答叶润山四》（附来书，壬午六月朔日），《刘宗周全集》，第 3 册，第 374 页。

的"定盘针""至善之所止"，张立文、张学智二教授对此有专门系统研究，杨国荣教授从西方心理学、逻辑学层面分析念台的意、念之分与诚意行为，试图将人的"意向活动重新纳入理性规范的轨道"[1]。钱明研究员则从抓住念台重意、主意层面进行分析，区分王畿、王时槐、王栋的意念之学[2]。朱义禄先生较早地提出念台具有道德意志的意是"攘括客观物质、主观意识的形而上学实体"[3]。崔大华研究员将念台之学放置在心学的大背景下，从"意本论"的高度将之与明代的心本论、理本论、气本论并举，抬升念台诚意之学的历史地位[4]。

第四节　"克念"与意念学的形成

念是人心之意展现为外的表现，它与人的行为直接相联系。在念台看来，念其实是行为领域。刘宗周以念台、克念子为号，虽与"一庵""敬庵"的"庵"字号不同，也与"康斋""敬斋"的"斋"字号不同，但"台""庵"与"斋"三个字的内在联系，我们也似乎可以嗅到明儒学脉暗中的流淌和绵延。王阳明、许敬庵都在已发之念上做道德修养的功夫，而念台却要在未发之意上寻个克念的根本心法，而其终生功夫归宿都是在克念上，让念在至善之意的规范下发出来，形成较为体系化的克念学，大大推进明代的心学成长。

---

① 杨国荣：《晚明王学演变的一个环节：论刘宗周对"意"的考察》，《浙江学刊》1988 年第 4 期，第 73 页。

② 钱明：《阳明学的形成与发展》，江苏古籍出版社，2002，《刘念台的创论与主意学说的构成》，第 244～250 页；辛锡：《刘宗周学术讨论会述要》《浙江学刊》1989 年第 2 期，第 109 页。

③ 朱义禄：《刘宗周思想比较初探》，《浙江学刊》1987 年第 2 期，第 96 页。

④ 崔大华：《刘蕺山与明代理学的基本走向》，《中州学刊》1997 年第 3 期，第 67 页。

（1）转念。转念是指通过内心自觉地省察和知觉意识，使恶念在意的领域内转为善念。念台说："任情而流，便是大恶；能知非自反，便是自善。可见善恶只在一念转移间。然出此入彼，真是可危。每日自勘做人能自勉于禽兽，其庶几乎！"① 人心感情的过分流出便是恶念，因此要防止这样的恶念头，需要每日的日新功夫，以防止恶念的随时出现。敬庵说，"念安得无，只反诸一诚，念念归真，便不落意"②，强调念与意的二分，并没有如念台的念需要意的宰制。念台转化善恶之念的心法与敬庵的"念念归真"善念目标并无二致。但是，敬庵是通过"一念明觉"③、"一念纯明"④ 的方法，采取的心法与王阳明的顿悟一致，这与念台主张的合动静于一体的知觉省察还是有很大区别的。念台的转念心法用他自己的话说就是在动念处用"勘"字诀，如他说"学者只就动念处早勘人、禽关头"⑤，指出转念其实就是省察、勘定的意思，这和阳明、敬庵的"一念明觉"确实不一样。勘定念头带有谨慎的味道，是一种比较稳妥的心性修养方法。

（2）率念。念台说，"吾人只率初念去便是，此孟子所以言本心也。学问深者，率此念去；学问未醇，必有转念。然而是非之心仍在，当其转念时，复转一念，仍与初念合。若转转不已，必至遂其私而已"⑥。率念是转念心法涵养已久的必然结果。转念适合学问未醇的儒

① （明）刘宗周：《语类十四：证人会约、会讲申言、会录》，《刘宗周全集》第 2 册，何俊点校，第 508～509 页。
② （明）许孚远：《大学述一卷答问一卷附大学古本一卷》，台北中央图书馆藏善本（万历二十一年刊本），《大学答问》，第 11 页。（此本为浙江省社会科学院钱明研究员私人惠赠）
③ （明）许孚远：《大学述一卷答问一卷附大学古本一卷》，《大学答问》，第 3 页。
④ （明）许孚远：《大学述一卷答问一卷附大学古本一卷》，《大学述》，第 22 页。
⑤ （明）刘宗周：《语类十四：证人会约、会讲申言、会录》，《刘宗周全集》第 2 册，第 508～509 页。
⑥ （明）刘宗周：《语类十四：证人会约、会讲申言、会录》，《刘宗周全集》第 2 册，第 498 页。

者，而率念则是学问深厚儒家的心法，二者属于入手功夫时间上的递进关系。可见，在意念领域的功夫里，念台比较重视根本的方法，他希望功夫入手者可以直接对初念的引导、控制，以便直接实现善行，这就是念台的"率初念"。可是，在现实社会中，很多不明白功夫入手心法的人，不得不采取较为粗糙而又容易把捉的"转念"心法。他告诫年轻人，"复转一念"即可，没必要"转转不已"，要有"与初念合"的主意目标。他认为阳明的良知心法也具有转念的缺陷，正如他说："起一善念，吾从而知之；知之之后，如何顿放？此念若顿放不妥，吾虑其剜肉成疮。起一恶念，吾从而知之；知之之后，如何消化？此念若消化不去，吾恐其养虎遗患，总为多此一起。才有起处，虽善亦恶，转为多此一念，才属念缘，无灭非起。今人言致良知者如是。"① 这说明他对转念功夫论不放心，念头在内心难以安放、消化，带有"剜肉成疮""养虎遗患"的遗留问题，所以，他要探究根本的方法，结果就落实在不起念、无意的功夫论上。

（3）化念。念台在自己 63 岁（崇祯庚辰，1640）的时候提出"化念还虚"②。虚虚灵明觉本体为意，在心灵之中，故念台也有"化念归心"③ 的说法。牟宗三先生说"化念归心"就是将实然、感性之意诚化为纯善、超越与理性之意④，相当于王阳明的转化意念⑤。而念台在自己 65 岁（崇祯壬午，1642）的时候提出"化念归思"⑥。通过"慎思"⑦

---

① （明）刘宗周：《学言》（下），《刘宗周全集》第 2 册，何俊点校，第 458 页。
② （明）刘宗周：《学言》（中），《刘宗周全集》第 2 册，第 424 页。
③ （明）刘宗周：《学言》（中），《刘宗周全集》第 2 册，第 417 页。
④ 牟宗三：《从陆象山到刘蕺山》，上海古籍出版社，2007，第 324～325 页。
⑤ 牟宗三：《从陆象山到刘蕺山》，上海古籍出版社，2007，第 327 页。
⑥ （明）刘宗周：《治念说》（崇祯壬午六月），《语类十：说》，《刘宗周全集》第 2 册，第 317 页。
⑦ （明）刘宗周：《治念说》（崇祯壬午六月），《语类十：说》，《刘宗周全集》第 2 册，第 316 页。

觉悟，"化念归思"，进而"化思归虚"①，消除"念念""转转"等"转念"心法拖泥带水的缺陷，由"治念"达到"无念"，至善之学的目的得以实现。

（4）不起念。"所谓不起念，就是不起妄念"②，而不起念，内心在"正当"意的时候落实③。"正当"意就是"中"的意思，喜怒哀乐之未发，有时他把"不起念"的过程叫"无意功夫"④。念台在晚年66 岁（崇祯癸未冬十月，1643）时的著作《存疑杂著》中，说"起一念，故是恶；除一念，亦是恶。然后念胜前念，知道者，觉之而已"⑤，念头不可以起，也不可以消除，需要通过觉悟的方法做到不起念。念台还说："万起万灭，总是一念起灭。圣人无念，才有念，便是妄也。念亦有善乎？"又曰："'克念作圣'是也。"⑥ 可见，圣人通过一生的"克念"之学，实现"无念"的心境，也就是心如止水状态，这与明初醇儒吴康斋晚年心性修养达到的无声无臭道德修养境界一致⑦。在此，我们也可以把念台一生的道德修养论归结为"克念作圣"，故他自己也叫"克念子"。

念台 65 岁时撰写的《原心》说："因感而动，念也；动之微而有主者，意也，心官之真宅也。主而不迁，志也……自心学不明，学者

---

① （明）刘宗周：《治念说》（崇祯壬午六月），《语类十：说》，《刘宗周全集》第 2 册，何俊点校，第 317 页。

② （明）刘宗周：《语类十四：证人会约、会讲申言、会录》，《刘宗周全集》第 2 册，第512 页。

③ （明）刘宗周：《语类十一：问答》，《刘宗周全集》第 2 册，第 339 页。

④ （明）刘宗周：《语类十一：问答》，《刘宗周全集》第 2 册，第 340 页。

⑤ （明）刘宗周：《学言》（下），《刘宗周全集》第 2 册，第 434 页。

⑥ （明）刘宗周：《学言》（下），《刘宗周全集》第 2 册，第 433 页。

⑦ 正是在这个道德修养境界相似性上，尹晓宁认为，念台学的思想来源，可以上溯到"吴康斋那里"，参阅何俊、尹晓宁《刘宗周与蕺山学派》，中国人民大学出版社，2009，第29 页。

往往以想为思，因以念为意。"① 这指出他一生学问的目的就是要自己理解的心学大明于天下，让学者行为有所归宿，即慎独主意之学。故他 66 岁冬十二月在《证学杂解》时说，"古人慎独之学，故向意根上讨分晓"②，于"一念未起之先"③，"克念作圣"④，通过"讨意根"的克念之学实现无意的圣人心境，了生死关，体现"醇之又醇"晚明儒家的高大丰满形象，不愧为明代儒家的殿军，明代学脉的守护神。

---

① （明）刘宗周：《原心》，《语类九：原旨》，《刘宗周全集》第 2 册，何俊点校，第 279～280 页。

② （明）刘宗周：《语类八：证学杂解》，《刘宗周全集》第 2 册，第 264 页。

③ （明）刘宗周：《语类八：证学杂解》，《刘宗周全集》第 2 册，第 262 页。

④ （明）刘宗周：《语类八：证学杂解》，《刘宗周全集》第 2 册，第 265 页。

第九章
明儒学脉的内在逻辑

　　明朝的建立与一大批文臣的谋划是分不开的。朱元璋以一个农民的身份经过多年的征战统御群雄，其间不仅与元末明初的心学思想有联系，还与他和将相的意志力及信任相关。朱棣与姚广孝等部将以弱胜强的奇迹更是与心学思想的智力支持分不开。凝聚人心、克服困难靠的是内心的坚强信仰和同志般的集体智慧。在资源紧张的条件下，文臣的学术支持是很重要的。可以说，明初皇权的确立与加强和明代的心学密切相关。不难理解，明成祖要自己撰写《圣学心法》的心学著作，其目的就是要用心学思想保护其皇朝的长久统治。在以心学重建国家政权的背景下，明初文臣刘基、宋濂、方孝孺等著作里有浓郁的心学思想。如宋濂就主张"圣人之道唯在乎治心"，强调"立心""正心"等来治理国家、家庭事务①。《圣学心法》是一部充满心学思想的明代学术著作，较早地整理了宋元理学家的心学思想②。作为国

---

① 王春南、赵映林：《宋濂、方孝孺评传》，南京大学出版社，2006，第201~202页。
② （明）朱棣：《圣学心法》（4卷），明永乐七年内府刻本，四库全书存目丛书，子部第6册，详见朱棣《圣学心法序》，第123~137页。

子监司业的公子和太子洗马的爱徒双重身份的吴康斋，多年生活在京城，很早就耳濡目染明初的心学氛围。

第一节　师徒砥砺与明初心学的开启

陈白沙与吴康斋的学术思想异同历来有两种说法：以黄梨洲为代表的一批学者认为白沙是康斋别派，白沙多得益于康斋"人格感召"，学术思想联系不大，这一派的观点影响较大；另外一批朱子学的思想家认为白沙是康斋的重要派别，甚至在撰写学案体著作的时候，倾向于将白沙放入康斋门下，以清儒沈佳、当代思想家侯外庐为代表。历史真相如何呢？

陈白沙景泰二年（辛未，1451，时年24岁）会试下第，景泰五年（甲戌，1454，时年27岁）中戊辰乙榜进士（即"举人"）[1]，未得甲榜，对科举失望，有圣学之念，闻康斋之名，遂与同乡何潜、谢胖二人往小陂求圣贤之学。吴康斋对远道而来的陈白沙诸人来学甚为高兴，"馆资二生以辅仁"[2]，各传其学，并在其三人陆续归家时，分别赠诗歌、记。其中，白沙因思念千里之遥的单身母亲，仅在小陂学习半年，第二年春天便归广东。学习期间，康斋赠其《孝思堂记》，并大书"孝思"于其堂[3]，康斋说："人之生乐，莫乐于父母之具存。番禺陈生献章方娠而严亲弃世，则不幸之大者也。赖三迁之教，中戊辰乙榜进士，笃漆雕之信，复淹吾馆。每痛鲤庭之永隔，感孟机之多违，闻者动心焉。家童之返，予为大书'孝思'题其白沙之堂，而文以广

---

① （明）吴与弼：《康斋集》，四库全书第1251册，卷10《孝思堂记》，第559页。
② （明）吴与弼：《康斋集》，四库全书第1251册，卷10《丽泽堂记》，第559页。
③ 至今，"孝思"二字仍然存在于白沙旧屋。

其意。曰：'君子之于亲，跬步不忘于孝，矧幽明之异，侍养之旷哉。然全其大必当略其小，慈颜无恙，伯氏综家，正自求多福之时也。及是时，悉其心以立乎已。俾人知陈氏之有子，先君为不亡矣，陈生勉乎哉！'伯氏朝夕为我申其说于定省之余，亦足少慰倚门之况云。"①康斋在丙子年（1456，时年白沙29岁）赠何潜归番禺诗后即有怀念白沙的诗《诗罢忆陈生寓意》②，"汝归荣觐乐无涯，听唱良朋契涧诗。中道若逢烦寄语，雪窗高榻待多时"③。"中道若逢烦寄语"表达了康斋希望将来白沙中途往京城公干的时候保持联系，"雪窗高榻待多时"

---

① （明）吴与弼：《康斋集》，四库全书第1251册，卷10《孝思堂记》，第559页。

② 何潜来学满两年，丙子春还番禺，康斋赠《一乐堂记》，"予读《孟子》书至《三乐章》，未尝不废书以叹曰：'嗟乎！一乐之事，君子所深愿欲，而不可必得。众人得之，而不知其乐者多矣。'世衰道微，甚至于父子不用其情，兄弟相为仇者，一何心哉！善夫！张子敬夫子之言曰：'三乐中，不愧不怍其本，必有不愧不怍之乐，而后有以全其二焉。'番禺何生潜其知言哉，既以一乐，名其戏彩之堂。复承父兄命，远求不愧不怍之说于予。予于愧怍之，惟甚，奚暇及于人邪！无已，则为申孟氏之旨，与凡圣贤开示之方，及践履之实。俾黄卷中，自为师友以进也。他日归觐满门，和气蔼如春风，一乐之胜，天下孰加焉？复为恕予之无似，而细道圣贤之心迹，以为家庆，寿未必不骎然，抚掌于斯堂之上云"（《康斋集》卷10《一乐堂记》，第559页）；诗《赠何生潜还番禺》："家庆新欢动里闾，黄花绿酒厦渠渠。客窗日月何多也，羲画麟经伴起居"（《康斋集》卷4，第431页）。为谢胖作《丽泽堂记》，"番禺谢生胖，随其舅氏何生潜、乡执陈生献章来游，吾馆资二生以辅仁。予嘉其气相得而志相合也，为讲大易重兑之象，而绅绎夫子体象之辞，以被其进焉。兑之为卦，阳实在下，阴虚在上，为泽之象，重兑为二，泽附丽之象，二泽附丽，互相滋益。圣人谓天下互相滋益之大者，惟朋友讲习云。然则讲习云者，辞章口耳乎？管、商、老、佛乎？是益非徒无益而反害焉者，岂圣人赞之之心哉！乃若美在其中，而畅于四支，知周万物，而道济天下。斯所谓益者"（《康斋集》卷10《丽泽堂记》，第559~560页）。白沙与何潜、谢胖一直保持着联系。其中，白沙成化庚寅十二月有《东晓序》，就是写给隐居南海何潜的，见《陈献章集》卷1，第7~8页。后据湛甘泉口述，何潜过度求乐，"放浪纵酒而废"，不为礼教束缚，颇与康斋教育初心违背，见（明）湛若水《湛甘泉先生文集》，四库存目集部56册，卷7《问闻人谤师当如何谤师嘲师者如何》，第590页。白沙有先后2首同名诗歌："柳市南头望客舟，青山无语水东流。江花自对黄鹂晚，风雨偏催白发先。宇宙万年开老眼，肝肠一缕入春愁。明朝日出波涛暖，依旧忘机对海鸥"（见《陈献章集》卷5《与谢胖》，第411页）；"风波来往十年身，旧事凄凉不可陈。当道岂非钓钜手，青山不问打眠人。酒醒旅馆城南月，梦破茅茨海角春。何日定携妻子去，水田稼好最娱亲"（见《陈献章集》卷5《与谢胖》，第423页）。

③ （明）吴与弼：《康斋集》，四库全书第1251册，卷4《诗罢忆陈生寓意》，第431页。

则表示康斋很渴望再次得到与白沙研讨学术的期望。

康斋天顺二年戊寅有北京"左春坊左谕德"之行（1458，时年康斋 68 岁），途中诗歌应官道驿站之便全部寄给白沙①。白沙满怀深情地说："先师康斋遗稿，某藏之十二年矣，出入必携。天顺初，先师应聘入京，途中纪行诸作，皆当日手书寄白沙，凡七纸②。成化己丑（1469）春三月，行李出北京。是日次于析木之店，以示东吴张声远。锁一见惊绝，阅之竟日，不目瞬，以手抚弄，以口吟哦。某怜之，割一纸。是岁六月，过清江，以手书问，尚无恙也。明年秋，锁书来求跋。又二年，壬辰二月丰城友人始以讣来，先师之在亡己丑十月，至是三易岁。当锁求跋语时，属纩来一年矣。乌呼，悲乎！先生道德名誉倾一世，妇人小子知之，华夏蛮人咸知之。平生爱一字一词，不以假人。某之所得，徒以一日在门下。然诵其言，想见其风采，而得其为人，则宜其有惕然而感，勃然而兴者矣。某犹望此于百世之下，况其迩者乎。后生可畏，锁其念诸。"③康斋曾将自己往北京之行的诗歌当场寄给白沙这件事情并没有出现在《康斋集》卷七中，确实令读者很感意外。另一个侧面也说明，康斋确实很重视白沙这位广东籍弟子，担心这位资质、学识优秀的学生在偏僻的南方懒散废学，所以想通过自己以布衣之身荣召的事情激励、鼓舞并感染白沙进学。康斋就是一位在教育上不计报答的大师，只要不是特别远，他都会往自己学生的

---

① 这很可能是康斋感觉自己学术宗师地位已得到官方承认，出于将自己的学术精华、人生精神和涵养成就南传广东一带的考虑，勉励白沙刻苦进学，希望将来白沙可以扩大崇仁学派的学术影响力。

② 康斋途中纪行之作，参阅《康斋集》卷 5《金台往复稿》，第 447～453 页。

③ 1470 年（成化六年庚寅），白沙 43 岁，是年秋，白沙门人张锁来书求跋康斋先生真迹。1472 年（明成化八年壬辰）二月收到丰城友人告知康斋捐馆消息，五月写了此稿，见（明）陈献章《陈献章集》卷 1《跋张声远藏康斋真迹后》，第 67～68 页。

家乡拜访、督学，他对胡敬斋、娄一斋的关爱①，自己很少提及，如果他学生不说，可能后世阅读文集的人永远不会知道。

远在千里之远的广东陈白沙 1472 年二月（明成化八年壬辰，康斋捐馆三年后，白沙 45 岁）通过丰城友人的信获知老师康斋捐馆的消息后②，立刻写了一首诗来表达当时悲痛的心情③："忽看华表鹤来还，白首书生尚掩关。四海未应无汝水，千秋只合对巴山。声名老去乾坤大，衣钵相传父子间。今夜越南思巅北，灯前空有泪阑斑。"④ "汝水"指康斋家乡临川河的河水（即"抚河"），"巴山"指康斋家乡崇仁县（崇仁县以前叫巴山县，现县区仍然有巴山镇），而"衣钵相传父子间"则暗示老师康斋将毕生学问精华传给其儿子旋庆⑤。

白沙真心感恩崇仁师门，则必有维护同门之谊，所谓爱屋及乌。同门娄一斋（1422～1491）于成化十一年有写给白沙的信，白沙"既未接其人，不可遽有往复。内翰傥以愚言为有益，择其中一二可者示之，否则置之"⑥，应该说后来一斋读到了白沙的一些语录。成化十九

---

① 据余干学生胡敬斋介绍，1462 年三月，高龄 71 岁的康斋曾经亲往余干视察胡敬斋的礼吾书院，并题写了书院的门匾，这令胡敬斋很感动。胡敬斋自述，"壬午三月师吴与弼经历至所，赐之扁曰礼吾书舍。盖因其地而寓号焉"，见（明）胡居仁《胡敬斋集》卷2《上邑宰》，丛书集成初编，中华书局，1985。

② （明）陈献章：《陈献章集》，孙通海点校，中华书局，2012；（清）阮榕龄：《编次陈白沙先生年谱》，第 815 页。

③ 白沙此年对老师捐馆应该有一些伤感，他在《杂诗序》提到"师友代凋……不可为怀"字样，见孙通海点校《陈献章集》，第 815 页。

④ （明）章衮：《章介庵文集》卷 11，《陈白沙挽康斋诗》，清乾隆十八年章文先刻本，四库全书存目丛书集部第 81 册，齐鲁书社，1995。这首诗没有被收入孙通海先生点校的《陈献章》集中。

⑤ "衣钵相传父子间"是否表明白沙对老师未将全部学问传给自己的"遗憾"？有待深入考察。

⑥ （明）陈献章：《陈献章集》，孙通海点校，中华书局，2012；（清）阮榕龄：《编次陈白沙先生年谱》，第 817 页；《陈献章集》卷 2《复张东白内翰》，第 132 页。白沙"不可遽有往复"于一斋，或为推辞，有其不可说之难处。张东白与一斋、敬斋和白沙（石斋）均友善，充当三人的学术交往中间人。

年春，白沙与一斋之弟娄谦（字克让）、子娄性、弟子蒋世钦交游，白沙有与娄谦《书莲塘书屋册后》①："成化十九年春正月，予访予友庄定山于江浦，提学南畿侍御上饶娄克让来会于白马庵，三人相与论学赋诗，浃辰而别。侍御之兄克贞先生与予同事吴聘君，予来京师，见克贞之子进士性及其高第门人中书蒋世钦，因与还往。居无何，侍御官满来朝，予卧病庆寿寺，之数人者无日不在坐。师友蝉联，臭味相似，亦一时之胜会也……濂溪以茂叔胜，龙门以叔子胜，考亭以晦翁胜，莲塘以娄氏胜，古人今人无不同也。抑不知娄氏之所修而执之者，同于古人否欤？恶乎同乎？同其心不同其迹可也，同其归不同其入可也。入者，门也；归者，其本也。周诚而程敬，考亭先致知，先儒恒言也。三者之学，于圣人之道孰为迩，孰知之无远迩欤？周子太极图说：'圣人定之以中正仁义而主静。'问者曰：'圣可学欤？'曰：'可。''孰为要？'曰：'一为要。一者，无欲也。'遗书云：'不专一则不能直遂，不翕聚则不能发散。见静坐而叹其善学。'曰：'性静者，可以为学。'二程之得于周子也，朱子不言有象山也，此予之狂言也。娄氏何居焉？予以景泰甲戌游小陂，与克贞先后至，凡克贞之所修而执之者，予不能悉也。书予说于莲塘图，侍御质诸克贞先生以为何如？"点出白沙以主静养善端，并暗示自己的主静之学有宋学诸儒的渊源，殷殷与一斋商讨心学之意。而白沙与蒋世钦《书自题大塘书屋诗后》②："予既书娄克让莲塘书屋图后，蒋世钦继之以大塘书屋之请，予赋五言近体一章，既以答世钦，世钦少之，予乃究言诗中之旨。首言大塘书屋乃中书蒋世钦所建，颔联言为学当求诸心必得。所谓虚明静一者为之主，徐取古人紧要文字读之，庶能有所契合，不为

---

① （明）陈献章：《陈献章集》卷1《书莲塘书屋册后》，第64~65页。
② （明）陈献章：《陈献章集》卷1《书自题大塘书屋诗后》，第68~69页。

影响依附，以陷于徇外自欺之弊，此心学法门也。颈联言大塘之景，以学之所得，所谓复其见天地之心乎？理洞如然非涵养至极，胸次澄彻，则必不能有见于一动一静之间。纵百揣度，秪益口耳。所谓何思何虑，同归殊涂，百虑一致，亦必不能深信而自得也。末联借方士之丹，以喻吾道之丹，卒归之龙门者，明其传出于程子而人未之知也。"

"徐取古人紧要文字读之，庶能有所契合"本为康斋早年教人之法，白沙重申其"心学法门"则表明其未违背老师教法，"虚明静一"的心学思想应是对老师思想的推进①。

白沙在1482年（康斋没后13年，成化十八年，白沙55岁）九月应诏赴京，途径福建南安横浦驿站，夜读张东海的《玉枕山诗话》，于九月二十八日写了《书玉枕山诗话后》："东海平日自谓具只眼，能辨千古是非人物，而近遗夫康斋，又何也？康斋易知耳。予年二十七，游小陂，闻其论学，多举古人成法，由濂、洛、关、闽以上达洙泗。尊师道，勇担荷，不屈不挠，如立千仞之壁，盖一代之人豪也。其出处大致不暇论，然而世之知康斋者甚少，如某辈往往讥呵太甚，群味交竞，是非混淆，亦宜东海之未察也。微吾与苏君今日之论，则东海之康斋，其为晏婴之孔子乎，了翁之伯淳也。噫！成化壬寅九月二十八日，新会陈献章在南安横浦驿读东海先生玉枕山诗话，秉烛书此于苏君卷中。"② 对东海所著书未收入康斋诗歌表示遗憾，并高度赞扬康斋的学品、人品和教法。是年十一月，途径江西，过抚州崇仁，作《祭先师康斋墓文》和《过康斋吴与弼先生墓》诗，对先师康斋一生的学问、道德修养功夫和教育影响力作了总结性的评价。白沙赞：

---

① 笔者遍翻白沙文集，其《题大塘书屋诗》可能散佚。白沙文集有奉答蒋世钦、挽诗。蒋世钦于弘治十一年任韶州知府，凡一年，卒于署中。

② （明）陈献章：《陈献章集》卷1《书玉枕山诗话后》，第70~71页。

"于乎！元气之在天地，犹其在人之身，盛则耳目聪明，四体常春。其在天地，则庶物咸亨，太和氤氲。先生之生，孕三光之精，钟河岳之英，其当皇明一代元气之淳乎！始焉知圣人之可学而至也，则因纯公之言而发轫；既而信师道之必尊而立也，则守伊川之法以迪人。此先生所以奋起之勇，担当之力，而自况于豪杰之伦也。先生之教不躐等，由涵养以及致知，先据德而后依仁，下学上达，日新又新。启勿助勿忘之训，则有见于鸢鱼之飞跃；悟无声无臭之妙，则自得乎太极之浑沦。弟子在门墙者几人，尚未足以窥其阃域。彼丹青人物者，或未暇深考其，故而徒摘其一二近似之迹描画之，又焉足以尽先生之神。某也生长东南，抠趋日少，三十而后立志，五十而未闻道。今也欲就而正诸，而悲不及先生之存。先生有知，尚鉴斯文。尚享。"① 以皇明一代元淳之气作比喻，高度赞扬老师康斋对明代学术思想的开启之功。作为明代理学的开山祖师，康斋以"守伊川之法"严格育人，"奋起之勇"，严师出高徒。"启勿助勿忘之训""见于鸢鱼之飞跃""悟无声无臭之妙""自得乎太极之浑沦"，不仅在说康斋的学术宗旨，其实也是在暗指白沙一生的为学旨趣。事实上，白沙以自然为宗，倡导自得之学，以天然不着一力的"勿忘勿助"开启明代心学的殿堂，掀起一股新的心学思潮，为阳明心学的大明做了思想史的铺垫和预热。而祭拜诗，"桐园三尺聘君坟，犹有门人为扫云。此日英灵应识我，斯文风气莫如君。吟残老杜诗千首，看破伊川易几分。未了平生端的事，九原风露倍酸辛"②，诗歌除了赞扬老师涵养诗歌，易学深奥，还表达了白沙与老师康斋一样，为了心中的王道梦朝拜京师，奔走于江湖之中，倍感酸辛。白沙深感此次北京之行可能无果而返，可

---

① （明）陈献章：《陈献章集》卷1《祭先师康斋墓文》，第 107 页。
② （明）陈献章：《陈献章集》卷5《过康斋吴与弼先生墓》，第 496～497 页。

见，其内心颇为煎熬。

1489 年（康斋已没 20 年，其"墓木拱矣"）江西抚州知府吴泰会见康斋独子吴睿（旋庆），搜罗得康斋文集若干卷，有意出版刻印（四卷）。陈白沙得知此事后，立刻写信给吴泰，"意复眷眷"，督促出版①。正是通过白沙等读书人的参与，《康斋集》（四卷，弘治版）在1494 年才公开出版。白沙也颇照顾康斋后人，其与康斋女婿胡全和外孙胡宁寿也有联系，"居邻厚郭一鸡飞，桂树于今大几围？老忆旧时灯火伴，青山何处望霏微？"② "年华当转鸟，诗思更涂鸦。父子皆吾友，箕裘一舅家。人犹思岭北，书不到天涯。莫作妻孥计，浮生日易斜。"③

第二节　从养良心到致良知

康斋其讲学体系庞大，于天文、地志、律历、医卜"罔不究其说"④，读书勤奋，无所不读，教法上"无所不讲"，类朱子，其门人辈出，如娄一斋、白沙、胡敬斋、谢复、郑伉都是一时名儒，开启阳明心学端绪。康斋父吴溥为人严毅，精通《春秋》，独立清修，为人师表。吴溥不仅教康斋为学的道理，还要其访学理学名臣杨溥门下。杨溥见其"器识超卓，未尝以子弟礼相待，情义极厚"，以致晚年位

---

① 道光版《康斋集》序言，第 1 页。
② （明）陈献章：《陈献章集》卷 6《问厚郭胡父子起居于其乡人苏》（有序，胡君名全，先师康斋先生女夫也。其子曰宁寿。景泰甲戌，予游小陂，与君父子同处先生之门。时宁寿方七岁，工于笔，今二十又七年矣），第 601 页。
③ （明）陈献章：《陈献章集》，《寄胡宁寿》（康斋先师之甥），第 333～334 页。据史载，胡宁寿家贫，白沙周济之，赠画数十幅，得白金甚多。
④ （明）娄谅：《吴与弼先生与弼行状》，载焦竑《献征录》，上海书店 1987 年重印明万历刻本，卷 114，第 20～25 页。

居保傅，"屡寄声于"康斋①。正是在杨溥门下这段时间，康斋见《伊洛渊源录》道统之传，"心慨慕焉""知圣贤之必可学"②。娄一斋说康斋"明《太极》以知性之原，究《西铭》以识仁之体，易宗程朱而鄙后世新奇之说"，"程朱之言，不忍释手，心契道合，无古今之异也"③。康斋去欲之途，其间的枯寂落寞，非常人所能忍受。故其人格之高尚多得时贤之赞。康斋及其后学的主静与主敬功夫论来源于程朱等人。主静即静后见万物皆有春意，敬则主一，为回归真实的世界提供理论上的认同性（Legitimacy）。康斋继承程朱的心学思想，恢复了宋学的生命力，使得程朱学传统在明代复活。康斋思想重在讲身心修养，以心体快乐境界当作精神本体来追求，他对心的看法与朱子有很大不同。康斋所讲的仍是未脱离形体的个人之心，但他在个体之心的基础上把体与用、心与物、内与外进一步合一了。如"心一也，胜于物则灵，掩于物则昏"④，讲心体本为一；而"夫心，虚灵之府，神明之舍，妙古今而贯穹壤，主宰一身而根柢万事，本自莹彻昭融"⑤，在描述心的认识作用方面与朱子没有大的不同。但心"妙古今而贯穹壤"，本来"莹彻昭融"而圆满自足，这就赋予心以"形而上"的本体意义了。功夫论上，康斋"反求吾心固有之仁义礼知而已"，通过反求以获得心中四端的"人心固有"之说似有些接近于陆象山的"本心"说。但他与陆象山的伦理实体之心并不相同，康斋主要指通过静观、冥悟所达到的"与天地同流"的心理境界，是一种对宇宙万物实现直觉的神秘体验。康斋"静中思绎其理"主张物我同一于"理"，

---

① （明）娄谅：《吴与弼先生与弼行状》，第 20 ~ 25 页。
② （明）娄谅：《吴与弼先生与弼行状》，第 20 ~ 25 页。
③ （明）娄谅：《吴与弼先生与弼行状》，第 20 ~ 25 页。
④ （明）吴与弼：《康斋集》卷 10《耻斋记》，第 563 页。
⑤ （明）吴与弼：《康斋集》卷 10《浣斋记》，第 561 页。

"理"存在于心体"未发之前"的气象之中,从人生境界方面体验并阐发"心"的本体意味,是对朱子关于心的体用关系的改造,也代表着明初以来"心"概念的发展趋向①。康斋的良心学体系是对明初诸儒心学思想的总结、继承和发展,以康斋为代表的崇仁心学思想可以清晰地看到阳明前学的思想史背景,感觉明初理学向心学滑动的趋势②。

　　康斋与白沙的元气说来源于二程之"真元之气"③。康斋的"无心"说秉承二程之学,无心境界为功夫所致的自然之心,以无意无念为宗,所谓"道理平铺在,著些意不得",具有理心合一的愉悦之意。康斋以养性灵的良心学综合程朱元气学、无心之学,将之真切的体认与实践于其日常教学和生活实践中,所谓"行云流水"的生活态度,在事物上使无心之境成为积极与充满活力的上手功夫,证得"心如止水"之境④。白沙的端倪学是在他常年苦读无得之后通过静坐获得的一种觉悟观察能力。这样的一种决策能力是心与理完全吻合、融合而呈现的超凡魅力,是依托真实世界的公共事务的领导力、判断力和觉察力。他自己自述从27岁就开始在康斋"无所不讲"的教法下认真地从事"成圣"的心灵旅途,多年"杜门不出",天天读书,可是也没有什么大的收获。他说:"所谓未得,谓吾此心与此理未有凑泊吻合处也。于是舍彼之繁,求吾之约,惟在静坐。久之,然后见吾此心之体,隐然呈露,常若有物,日用间种种应酬,随吾所欲,如马之御衔勒也;体认物理,稽诸圣训,各有头绪来历,如水之有源委也。于

---

① 刘宗贤:《明代初期的心性道德之学》,《中国哲学史》1999年第2期。
② 本书采用（清）沈佳《明儒言行录》所采用广义上崇仁学派概念,其核心学术即崇仁学。日本学者多喜此法,如阳明学、甘泉学、东林学。
③ （宋）程颢、程颐:《二程遗书》,潘富恩导读,卷15《伊川先生语一》,上海古籍出版社,2008,第212页。
④ （宋）程颢、程颐:《二程遗书》卷18《伊川先生语四》,第261页;参阅陈来《有无之境:王阳明哲学的精神》,北京大学出版社,2006。

是涣然自信曰：'作圣之功，其在兹乎！'有学于仆者，辄教之静坐。盖以吾所经历确有实效者告之，非务为高虚以误人也。"① 可见"端倪"就是心体"隐然呈露"的那一刻，好比大山深处雨后春笋破土而出的生机勃勃的景象。白沙的"端倪"是"常若有物"的，是理充溢于内心的饱满丰实状态，这与康斋、胡敬斋所崇信的"理与心一"并无二致。正是因为白沙自己在康斋门下得到了大量的经书积累，奠定了博学的深厚知识背景，所以他的静坐是真实有效的。而静坐之后，修养者就会具备"外王"的各种能力，所以他说"日用间种种应酬，随吾所欲"，"体认物理，稽诸圣训，各有头绪来历，如水之有源委也"，这些表现恰恰是他自己多年在"无所不讲""杜门静坐"与"日靠书册"的道德涵养的背景下发生的。可是，他自己没有意识到博学与静坐的互补、互养关系，骄傲、自信地认为他所有的能力知识来源于静坐，并把单纯的静坐传授给他的学生张东所、李承箕，势必会产生一些不良反应。光是单纯的静坐，修养者平日不博学育人，以至于遗弃事务，这样的人就是禅学者，故张东所、李承箕入禅也。而林光、甘泉因有夹持之功，则功业大著。就此而言，白沙年轻时在功名无望之际有成圣之发愿，并多年涵养，艰苦攻读，实属不易。然功名之念终不能放下，遂舍弃康斋收受的无所不讲、无所不读的程朱学脉，如念台所说"独开门户，超然不凡"，但其追求自然功夫，施以静坐，在念台看来，"浅尝而捷取"，穷理不深，"受用太早"，"终是精魂作弄"，有"欲速见小之病"②。念台在白沙与文清和康斋相比时说其"犹激于声名"③，只能算是"真儒"了④。梨洲站在明代心学的

---

① （明）陈献章：《陈献章集》卷2《书一》《复赵提学金宪》（三则），第145页。
② （清）黄宗羲：《明儒学案》，沈芝盈点校，《师说》，第4~5页。
③ （清）黄宗羲：《明儒学案》，《师说》，第4页。
④ （清）黄宗羲：《明儒学案》卷5《白沙学案上》，第78页。

视野下抬高白沙端倪学，说"有明儒者，不失其矩矱者亦多有之，而作圣之功，至先生而始明，至文成而始大"①，"有明之学，至白沙始入精微……至阳明而后大"②，在白沙心学与阳明心学的比较视野下端倪说获得了很高的学术地位。由于《明儒学案》大获成功，梨洲之语"喜怒未发而非空，万感交集而不动……两先生之学，最为相近"③ 广为相传，这样端倪学与良知学在整个明代学术上获得了重要的地位。陈白沙端倪说接续康斋的良心学④，以无心说为功夫极致。其无心说重在道性，凸显功夫的自然与生活意味的潇洒，其通过静坐呈现善端，内在的学理基础就是无心无念。其学以自然为宗，以忘己为大，体现无心为道道自得的为学路径。

康斋的"养良心"修道功夫，与陈白沙的多年静坐和阳明的"致

---

① （清）黄宗羲：《明儒学案》卷5《白沙学案上》，第79页。
② （清）黄宗羲：《明儒学案》卷5《白沙学案上》，第78页。
③ （清）黄宗羲：《明儒学案》卷5《白沙学案上》，第78页。
④ 刘兴邦：《吴与弼与江门学派》，《五邑大学学报》（社会科学版）2003年第1期，第31~35页；张运华：《论吴与弼对陈献章之影响》，《五邑大学学报》（社会科学版）2011年第2期，第1~6页。刘兴邦教授认为，康斋的"见静中意思"超理性的功夫论、境界论启迪了白沙"静坐中养出端倪"的功夫论、境界论，"遂开江门之宗"。作者继而指出，白沙跟随康斋的半年为学经历这种转机促使陈白沙的学术思想从理学转向了心学。在从学康斋之前，白沙出入于程朱理学的支离繁琐的学术探讨中，沉迷于世俗功名利禄的追求中，从而迷失了学术的根本方向。"从吴聘君游，然后益叹迷途其未远，觉今是而昨非"，半年的为学生涯使陈白沙恍然大悟，觉悟到程朱理学之非，反思了经过康斋学术思想的熏陶以后自己学术思想之是。康斋的"见静中意思"与陈白沙的"静坐中养出端倪"在理论脉络上可以说是一脉相承。而且康斋"物我两忘"的境界论直接导引了白沙"自然之乐"的境界论。陈白沙的"物我两忘"与康斋的"物我两忘"决不是词句上的偶然巧合。而是他们基于"静观""冥思"修养论基础上的境界论之超越，体现了康斋境界论与江门学派境界论之间的必然联系。江门学派的学术风貌和理论特色是陈白沙奠定的，但其理论源头应该上溯到吴与弼之学。因此，从吴与弼到陈白沙再到陈白沙的门徒，他们之间的学术思想是一脉相承的。江门学派不是康斋之学的"别派"。张运华教授8年后从"接受儒家思想渊源的系统知识、学习精神激励和高尚人格引导、学习方法启发和学术思想承绪、耕读教三位一体的生活模式"四个角度说明康斋的学术成就深刻地影响着白沙创立的江门学派和王阳明的"王学"。其研究成果再次指出，康斋超理性境界修养方法的启发、影响直接……构成了整个江门学派从吴与弼到陈白沙注重超越理性境界的修养之路。

良知"功夫论异曲同工。康斋学问、学术地位与气象颇似明道，而其"心本太虚，七情不可有"、审思道理克制粗暴心性与阳明以太虚譬心体无善无恶、循理求宁静相同①。明儒夏东岩与阳明的敬畏与洒落之辨，其实既可以看作敬静功夫论的学术对话，也可以用来把握明代学术的内在线索②。康斋在心性论上提出初心、本心、天心、天性、真心、真性、素心、无心等概念与范畴③。这是其自觉继承邵雍、二程与朱子心性学的表现，以实现他自己所讲的对"名教"道统的继承。康斋的心具有虚灵明觉却能主宰一身、应付万事的特性，心无限量，只是无阳明那样大胆而已。在阳明，其本心则为自觉自在自动运行的彻头彻尾的精灵，无所不生无所不贯，具有本体意义的实在④。这种本体意义的存在也就是存在主义的学术精神⑤。从这个层面来讲，康斋与阳明的哲学旨趣与程颢所讲的万物一体的仁者心境相同⑥。阳明

① 陈来：《有无之境：王阳明哲学的精神》，北京大学出版社，2006，第9页。康斋述而不作，探求其思想要密切注意其书信、诗歌。古人著书，多隐晦曲折。黄宗羲的《明儒学案》可作明代思想史重要的入门资料，但切不可用来作为对学者思想进行深度研究的一手资料。梨洲书多以心学家为主，朱子后学多没有包括进来，如徐三重、陈建、李中、戴君恩、林兆恩、范涞、曹于汴、乔可聘等；还有一些心学家疏漏，如周思兼、赵维新（张后觉弟子）、王敬臣（1513~1595，苏州人）、张信民（1562~1633）、陆树声等。可能与梨洲藏书不全有关。
② 陈来：《有无之境：王阳明哲学的精神》，第9页；彭永捷：《朱陆之辨：朱熹陆九渊哲学比较研究》，人民出版社，2002。
③ 如张岱年所讲，阳明之理带有气学成分，理气不可分，阳明谓"理者气之条理，气者理之运用。无条理则不能运用，无运用则亦无以见其所谓条理者矣"（《王阳明全集》卷2），承认理气结合。
④ 陈来教授说，此心体相当于萨特的"反思前的我思"、海德格尔的"本真的生存状态"，也就是感情情绪的本然之体与本然状态。参阅陈来《有无之境：王阳明哲学的精神》，第9页。
⑤ 参阅〔英〕瓦尔·西蒙诺维兹、彼得·皮尔斯《人格的发展》，唐蕴玉译，上海社会科学院出版社，2006，第67页。再如，克尔郭尔（1813~1855）认为真理无法从与经验相割裂的事物中获得，只有当我们以个体对经验的知觉为起点，才能获得真理。罗洛·梅（1909~1994）指出，理想和真实生活的勇气就是有勇气选择未来，并且承受存在的焦虑（anxiety）。弗兰克（1905~1997）说，生命的真谛，必须在世界中找寻。在阅读明道、康斋、阳明论述的时候，我们经常可以感受到字里行间所踊跃出来的焦虑感与孤独感。
⑥ 关于王船山抽象思辨的详细研究参阅陈赟《回归真实的存在：王船山哲学的阐释》，复旦大学出版社，2007。

的心性概念与程朱心性说并无二致①。康斋的良心学是建立在自力更生的艰苦劳作基础上的，加上常年的涵养博学，学识醇正。白沙的端倪学则是建立在多年的静坐上，已然没有康斋的艰苦气息和独立性，但由于他的自然性，总体上具有活泼、自由和生动的气息。而阳明的良知学则是在生死之念上赢取的带有很强烈的生死关怀情怀，所以是有强大的冲击力的。阳明的良知（明觉心体）相当于自知、自觉的本心。阳明的真心相当于天理浇灌于内心的饱满状态。有了真心的功夫修养，才会有真性的性体（至善性体）呈露。王阳明说"本心之良知，亦未有不自知者"②，又说"一念改过，当时即得本心"③，"本心之明，皎如白日"④，可见阳明在良知功夫论上强调"念"上下手，重视内心对私欲、思念的纠缠和挣扎，这与康斋读书和事物上磨炼不一样，也与白沙的静坐涵养不一样，这是阳明对明代心学的开创之功。在功夫不断契合本体的过程中，真心为学，如阳明说"学者欲为圣人，必须廓清心体，使纤翳不留，真性始见，方有操持涵养之地"⑤，这说明他自己的道德修养论最终目的还是要让心体应对世间的公共事务，使明觉心体要依托真实事务，这样的修养才是真知真行。王阳明很担心一味的涵养心体容易让心体脱离性体的规范，所以他的"四句教"教法是对所有人有效的。天泉证道要让所有人都可以获得良知学的真效用。因此，在阳明看来，所谓的"无心"心境也只是一种幻

---

① 在选取阳明心说时，优先考虑书信与诗歌里的资料。论者本人论述更接近论者意思，学生门人弟子的记录（"语录"）多为论者本人启发学生而说的方便话。学生有时会曲解老师的意思。研究时，语录因为其言说的直接性可以作为补充材料以资借鉴。

② （明）王守仁：《王阳明全集》，吴光、钱明、董平、姚延福编校，中册卷27，《书》《续编二》《与陆清伯书》，上海古籍出版社，2012，第1112页。

③ （明）王守仁：《王阳明全集》，上册卷4，《文录一》《寄诸弟》（戊寅），第193页。

④ （明）王守仁：《王阳明全集》，上册卷4，《文录一》《寄诸弟》（戊寅），第193页。

⑤ （明）王守仁：《王阳明全集》，下册卷32，《补录》《传习录拾遗》条42，第1299页。

境，王阳明说的"有心俱是实，无心俱是幻；无心俱是实，有心俱是幻"①，为的就是道德修养的本体与功夫的合一。王阳明的"无心"心境其实与明道的天地万物一体、周流天下的大快活是契合的，而其成人之学就是做个大写的人，正是从这个意义上，"夫人者，天地之心，天地万物本吾一体者也"②。

阳明在其文集中除提出初心、本心、天心、天性、真心、真性、素心、无心等概念外，还丰富了天性与本性两个概念，与康斋耦合，也就是说阳明学在性学方面推进理学的发展。阳明所处时代心学学者辈出，学术间讨论日趋活跃，形成讲学活动的高潮。康斋良心学，白沙的端倪观，被阳明后学所吸收，为阳明学及其后学风行天下提供思想史背景、参照。康斋的初心、本心、天心、真心、素心、无心其实从更广阔的意义上来讲统辖于、围绕着"良心"。其中真心突出"良心"功夫的操持，而真性则是真心功夫在事、理上呈现。康斋只是讲"性之真"，尚不敢讲"真性"。阳明则直接讲真性，还提出天性与本性，主要为功夫主体而设的一些评价概念。康斋与阳明虽未谋面，但学术上颇为契合。阳明早年未倡良知学时，其心学、教法与康斋如出一辙，如"日用间何莫非天理流行，但此心常存而不放，则义理自熟"③，而阳明的洗心之法似与弼，如心"如斑垢驳杂之镜，须痛加刮磨一番，尽去其驳蚀，然后纤尘即见"④。待阳明对自己良知学自信时，方强调本心之觉悟，提出良知是宇宙的本原，是"生天生地"的

---

① （明）王守仁：《王阳明全集》，上册卷3，《语录三》，《传习录》下（黄以方录）条337，第141页。
② （明）王守仁：《王阳明全集》，上册卷2，《语录二》，《传习录》中《答聂文蔚》条179，第89页。
③ （明）王守仁：《王阳明全集》，上册卷4，《文录一》《书一》《答徐成之》（辛未），第163页。
④ （明）王守仁：《王阳明全集》，上册卷4，《文录一》《书一》《答黄宗贤应原忠》（辛未），第164页。

精灵，抬升心之明觉能力，甚至贬低湛若水"体认天理说"为"枝叶"求"根本"，不如良知学"培其根本之生意"①。而其精灵说与康斋的"更把精灵祷上天"一致。当阳明强调"知得意之是与非者，则谓之良知"时②，他就把良知学带入精深地步，康斋的"绝念"就难与其同日而语了。在某些方面，阳明就以心体为天理为良知，一定程度上背离传统程朱教法，导致部分儒林人士的攻击。在阳明，他还能自觉到究良知未能知行合一可能导致"议拟仿象……只做得一个弄精魄的汉"③。其门人后学少有其境遇、慧根、坚韧和真实功夫，故传播阳明心学难免陷入空虚地步，空谈心性，直至阳明心学的消亡。孟子首次提出良心是成人的最低标准，他说："无恻隐之心，非人也；无羞恶之心，非人也；无辞让之心，非人也；无是非之心，非人也。恻隐之心，仁之端也；羞恶之心，义之端也；辞让之心，礼之端也；是非之心，智之端也。人之有是四端也，犹其有四体也。"④ 从恻隐、羞恶、辞让与是非即仁义礼智四个层面论述良知意味。孟子以"良心"说接续中断多年的道统，将良心作为人之所以为人的最低价值标准，促进孔子成人之学在历代得到学习、继承和发展，成为中华民族的宝贵精神遗产。孟子的心学体系无疑成为宋代、明代心学主要的精神食粮。而明初儒家巨擘康斋常年默诵《孟子》章句，涵养其间，得心学大要，开明代心学先河。阳明提出的四句教和王龙溪的四无说将心变为纯粹无杂念、灵明昭觉状态，后学多有禅宗风格。存理克欲自二程

① （明）王守仁：《王阳明全集》，上册卷6，《文录三》《书三》《与毛古庵宪副》（丁亥），第243页。
② （明）王守仁：《王阳明全集》，上册卷6，《文录三》《书三》《答魏师说》（丁亥），第242页。
③ （明）王守仁：《王阳明全集》，上册卷5，《文录二》《书二》《与杨仕鸣》（辛巳），第207页。
④ 《孟子》公孙丑章句上。

而大明，成己成人，以自得自觉为宗；存理即存天理，致知养气，让先知先觉者成为具有领导能力的道德英雄（Moral Hero）即圣贤①。圣贤推己及人，将善性扩充于宇宙，以至于大同②。王阳明并不是如梨洲说的那样小气，对白沙端倪学"后来从不说起"③。相反，阳明对白沙心学多有赞誉，给予其较高评价，阳明说："白沙先生学有本原，忒地真实，使其见用，作为当自迥别。今考其行事亲信友辞取予进退语默之间，无一不概于道，而一时名公硕彦如罗一峰、章枫山、彭惠安、庄定山、张东所、贺医闾辈，皆倾心推服之，其流风足征也。"④而其学生龙溪、薛侃则深入研究白沙心学思想，薛侃利用自己的特殊地位首次倡导将白沙配享太庙，拉近阳明心学与白沙学的距离。

康斋的养良心、白沙的"养端倪"和阳明的"致良知"核心思想是一致的。明初心学的发展脉络呈现继承开拓特点，正是阳明的良知学把明代心学带入深厚精深的意念学领域，最后在念台那里形成以身献道德诚意之学。良心、端倪和良知三个概念均体现了理心合一、德性内聚于生理之心的特性，而养良心、"养端倪"与"致良知"则是实现天人合一的功夫过程。15 世纪到 16 世纪明代心学史的内在理路呈现高度一致性，明代学脉在促进学术发展的进路上长盛不衰，而作为良心的儒家道德修养的核心价值一直都得到坚守。白沙求心体"端倪"之呈现无疑为阳明心学的大明开启潘多拉之盒。尤其是他的致虚立本、主静和自然为宗，打开阳明后学真心、真性说的潘多拉魔盒。在白沙、阳明探求心体的影响下，明儒援道入儒，纳气入理，开启真

---

① 美国学者以"道德英雄"来翻译儒家的圣贤。可参阅〔美〕墨子刻《摆脱困境：新儒学与中国政治文化的演进》，颜世安等译，江苏人民出版社，1992。

② 何信全：《儒学与现代民主》，中国社会科学出版社，2001。

③ （清）黄宗羲：《明儒学案》卷 5《白沙学案上》，第 78 页。

④ （明）魏时亮：《大儒学粹九卷》，明万历十六年刻本，四库全书存目丛书，子部第 11 册，第 467 页。

心说的新路。白沙以"端居养静虚"①、"吾坐养吾真"② 为"端倪"之呈现，获得万物一体、自得、自然与自由之心境，在一定程度上与阳明相契。不同的是，白沙之端倪呈现追求心体之潇洒，自我的陶醉，步入"至虚"禅学，回归自然世界，而阳明功夫之后则以功利效用为念，回归真实世界，归路稍有不同。

总之，康斋重提"元气说"，白沙以"自然之道"为元气，继而吴康斋、陈白沙提出良心、端倪概念。康斋通过读书、沉思与自我觉悟等方式将朱熹的客观之理内化、主观化，开出心学的新局面。康斋通过本心、天心、初心、道心、活物之心、真心、素心、芳心等概念展开对心的义理探索，还提出天性、德性、本性、真性、中和性等概念，其"理在心中"思想通过门人娄一斋、胡敬斋与陈白沙等的传承与发展，形成崭新的心学思潮，为阳明心学的兴起提供思想史背景。胡敬斋的"本心即理""理心本一"和陈白沙的理心吻合、凑泊说均与王守仁"心即理"说内涵一致。吴康斋由功夫而证本体的理契于心的感悟与王阳明"心即理"功夫进路异曲同工。康斋的理心合一观已入精微。吴康斋的良心学体系是明代理学向心学转型的逻辑起点，良心的源泉是元气之理，养良心的终极目标是"心与理一"，存理去欲和静时敬是其功夫论。良心充溢于内心表现出功夫主体将获得万物一体的"真意"心境，其衍生教法则是"勿忘勿助"和"时止时行"。在康斋心学的影响下，娄一斋提出"收放心"说，通过读书、穷理、尊礼，在勿忘勿助中求何思何虑的无念心境；陈白沙将良心观发展为端倪说，即"静坐中养端倪"；胡敬斋则以主敬追求"心与理一"，将良心观安顿在公共事务的治理上和王道制度的道德化构建上，以伦理

---

① （明）陈献章：《陈献章集》卷4《五言律诗》《南归寄乡旧》（十首），第351页。
② （明）陈献章：《陈献章集》卷4《五言律诗》《筑室》（二首），第368页。

之理衡量历史人物和历代公共管理制度。陈白沙认气作理，将元气之理上升为天地之道，抬升个体内心的明觉能力和意向性，以自然为宗，以主静为入手功夫，将良心观内化，追求心体的自由、洒脱和快乐，开出明代心学的新局面，一时风靡，被誉为"真儒复出"。在此基础上，王阳明超越有无对峙、敬静之分，一以直觉冥想，加上自己传奇的事功和活泼真诚的教法，阳明心学顿时风行天下，明代心学之园地蔚为大观。

第三节　本体与功夫的互动

甘泉较早地提出"随时体认天理"的道德修养论①，得到老师白沙的首肯，白沙赞说："日用间随处体认天理，着此一鞭，何患不到古人住处也？"②并随后将江门钓台托付。可见，陈白沙开创的江门学脉流传给甘泉是很清晰的。而甘泉则将自己的学脉指定传给婺源的洪觉山。而阳明早年也颇欣赏甘泉的天理学说。但他在贵州顿悟之后，

---

① 学术界对甘泉"随时体认天理"多有研究，成果较多，故本书的研究非深入研究，权且略人所详而已。目前较全的一手文献有（明）湛若水《泉翁大全》，南港：中研院打字稿，台北："国家"图书馆藏，嘉靖十九年朱明书院刊，万历二十一年修补本；《甘泉先生续编大全》，南港：中研院打字稿，台北："国家"图书馆藏，嘉靖三十四年刊，万历二十三年修补本。相关的论著有陈郁夫《江门学记：陈白沙及湛甘泉研究》，台北：台湾学生书局，1984；乔清举《湛若水哲学思想研究》，台北：文津出版社，1993；刘兴邦、江敏丹《岭南心学传人：湛若水》，广东人民出版社，2006；黎业明《湛若水年谱》，上海古籍出版社，2009；黄明同《湛若水》，广东人民出版社，2010。目前未刊发论文则有张晓剑《湛若水的"体用浑一"之学与践履》（束景南教授指导，浙江大学2008年博士论文）；黎业明《湛若水生平与学术思想研究》（冯达文教授指导，中山大学2009年博士论文）；论文则有蔡方鹿《湛若水哲学的二元论倾向》，《广东社会科学》1987年第3期，第89~95页；姜国柱《湛若水的心学思想》，《中国文化月刊》1993年第167期，第4~20页；钟彩钧《湛甘泉哲学思想研究》，《中国文哲研究集刊》2001年第19期，第345~405页。另，学界专家李锦全、冯达文、崔大华、陈来、张学智、钱明、方国根、陈奇、朱汉民、钱茂伟、郭晓东等均有相关论文，备查中国期刊网数据库。

② （明）陈献章：《陈献章集》卷2《书一》《与湛民泽》（十一则），第193页。

逐渐看不起甘泉的"随时体认天理"学，认为其学"求之于外"①。而甘泉则较早地看到阳明心学以"正念头"②为功夫论，失却一段"学问思辨之功"③。因此，甘泉门人、再传弟子多有以经学为宗的趋势，重视经典的传习；也正因为此，唐伯元、许孚远、杨时乔看不起部分阳明后学弟子不读书专事静坐的风格。

甘泉嫡传洪觉山坚持甘泉的"随时体认天理"，他说"善者德之根，一者善之体。善无定在，惟一是在。随时而体认之，以归于一"④；又说"天理有根，人欲无根，天理人欲只是一物，只在此心真妄之间"⑤，区别真心与妄心来实现满是天理的心境。在心性功夫论上，觉山不赞同阳明训格物为"正念头"，提出"不落意"⑥、"不动意"⑦、"明意忘念"⑧、"一念归仁"⑨的心法，可见他在心法上还是吸收了阳明的意念功夫论的。洪觉山对自己的"默识"学问颇为自信，说"如颜子终日只省观……其自省而自足者，即默识学脉"⑩，他的学问大要是意念之学，做意上的功夫。觉山说"君子必慎其独。意有不善，而独无不善也"⑪，说明他要解决王阳明"有善有恶意之动"的功夫难题，但与阳明"正念头"功夫下手不类，他决定走"慎独"学脉路子，崇信"独体"至善的思想。这样的思辨趋势说明洪觉山看到良知后学的问题，这一点与一庵、敬庵是一致的。

---

① （清）黄宗羲：《明儒学案》卷37《甘泉学案一》，第877页。
② （清）黄宗羲：《明儒学案》卷37《甘泉学案一》，第877页。
③ （清）黄宗羲：《明儒学案》卷37《甘泉学案一》，第877页。
④ （明）洪垣：《觉山绪言》卷1，第52页，续修四库全书子部杂家类第1124册。
⑤ （明）洪垣：《觉山绪言》卷2，第83页。
⑥ （明）洪垣：《觉山绪言》卷1，第63页。
⑦ （明）洪垣：《觉山绪言》卷2，第97页。
⑧ （明）洪垣：《觉山绪言》卷2，第83页。
⑨ （明）洪垣：《觉山绪言》卷2，第81页。
⑩ （明）洪垣：《觉山绪言》卷1，第67页。
⑪ （明）洪垣：《觉山绪言》卷1，第74页。

　　吕巾石主"变化气质"①，已经有"通融"天理学与良知学的趋势，他说"天理良知本同宗旨，学者功夫无有着落，枉自说同说异"②，试图汇合二家学术。巾石门下则有唐伯元、杨时乔两位大儒，门风屹立，以阳明后学争讲席。唐伯元政治上以反对阳明从祀孔庙而被贬官，学术上以"反身修德"③为要；杨时乔政治上则以吏部主政而名闻天下，学术上主张以良知穷究天理④。完读二人文集，则知二人诚理学名臣也，纠阳明后学之偏颇也。何吉阳以"知止"为学要，以"止"为几，其学与江右王门、见罗学近⑤。

　　唐枢垂教湖州40余年，对阳明学一见倾心，以"不及见"为遗憾⑥，糅合湛、王思想提出真心说体系，本体论上吸收甘泉的太虚之学，功夫论上吸收王阳明的致良知，纠正阳明后学躬行不足的缺陷，是阳明后学流传时期较早从理论上系统补救良知学的理学家。一庵于1528年（嘉靖戊子，时年32岁）提出"从本来光相中"讨真心⑦，其真心含有真宰、本心、良知、生理、至善等含义。他说，"真心乃人实有之心，是人自知的……只被人自埋没，不肯露出头面……功夫只要寻讨明白，自然受用不尽"⑧，而"讨真心"成为成圣成贤的法诀。梨洲说一庵的"讨真心"与"王学尤近"⑨，也是一庵自己服膺阳明"功夫条理先后次序之分合而一本归于止至善"⑩，事实上与甘泉的

---

① （清）黄宗羲：《明儒学案》卷38《甘泉学案二》，第912页。
② （清）黄宗羲：《明儒学案》卷38《甘泉学案二》，第912页。
③ （清）黄宗羲：《明儒学案》卷42《甘泉学案六》，第1005页。
④ （清）黄宗羲：《明儒学案》卷42《甘泉学案六》，第1026页。
⑤ （清）黄宗羲：《明儒学案》卷38《甘泉学案二》，第922页。
⑥ （清）黄宗羲：《明儒学案》卷40《甘泉学案四》，第950页。
⑦ （明）唐枢：《木钟台集》，《真谈序》，第474页，四库存目丛书子部第162册。
⑧ （明）唐枢：《木钟台集》，《景行馆论》《论真心》，四库存目丛书子部第162册，第463页。
⑨ （清）黄宗羲：《明儒学案》卷40《甘泉学案四》，第950页。
⑩ （明）唐枢：《木钟台集》，《真谈序》，四库存目丛书子部第162册，第474页。

"体认天理"并无多大区别。道德修养上，一庵主张要"本体上下功夫"①，"功夫就是本体"②，"寻见本体不走作，才是真功夫"③，"若以去人欲是做天理功夫，便如捕贼保家"④，"存天理是去人欲的下手处"⑤，可见，他看到湛、王二学均有长处，强调功夫与本体的互动，这样他就把甘泉的体认天理结合到阳明的致良知思想中去了。本体论上，一庵吸收了白沙、甘泉的自然之学，以空虚为宗，自然之气化生世界万物，以"生理为性"⑥，以"灵真为心"⑦，太虚宰制万物。功夫论上，一庵看到良知学的"丹头"⑧作用，佩服致良知知行合一对"学以致之"的重要。在功夫与本体的融和中，他注意到阳明后学流传的失真。在 1548 年（嘉靖戊申），一庵（时年 52 岁）在江西青原山与江右王门邹东郭、刘狮泉和彭石屋的数日学术交流中从《周易》的"凝神""明智"层面对良知学作出义理上的发展，以"实理""真心"增强良知学的有效性⑨。在与欧阳南野的讨论中，一庵也批评良知后学"以良知自能"可能导致良知学"欠躬行"的困境⑩。在与

① （明）唐枢：《木钟台集》，《景行馆论》《论功夫》，四库存目丛书子部第 162 册，第 466 页。
② （明）唐枢：《木钟台集》，《景行馆论》《论功夫》，四库存目丛书子部第 162 册，第 466 页。
③ （明）唐枢：《木钟台集》，《景行馆论》《论功夫》，四库存目丛书子部第 162 册，第 466 页。
④ （明）唐枢：《木钟台集》，《景行馆论》《论功夫》，四库存目丛书子部第 162 册，第 466 页。
⑤ （明）唐枢：《木钟台集》，《景行馆论》《论功夫》，四库存目丛书子部第 162 册，第 466 页。
⑥ （明）唐枢：《木钟台集》，《礼元剩语》，四库存目丛书子部第 162 册，第 413 页。
⑦ （明）唐枢：《木钟台集》，《礼元剩语》，四库存目丛书子部第 162 册，第 413 页。
⑧ （明）唐枢：《木钟台集》，《辖圜窝杂著》，《纪客谈》，四库存目丛书子部第 162 册，第 500 页。
⑨ （明）唐枢：《木钟台集》，《辖圜窝杂著》，《青原易著》，四库存目丛书子部第 162 册，第 502 页。
⑩ （明）唐枢：《木钟台集》，《一庵语录》，四库存目丛书子部第 162 册，第 535 页。

泰州学者杨道中对话时，一庵含蓄地批评泰州后学"求之太易""师心自用""认假为真"的问题，提出以"学"补知行的一段博学功夫①。学术旨趣上，一庵与甘泉都主张一种融合共生的观点，"心意智识总是一物"，以"真心妙明"②接洽湛、王二学，提倡理学与心学的互补与贯通，而这与一庵的同门何迁在1565年（嘉靖乙丑夏）所说的陈、湛、王三家在"性与天道""先后发明上"是相契合的③。

　　白沙的"静坐中养出端倪"来源于康斋的"见静中意思""静中思绎事理""验静中滋味"的"养性灵"心性修养论；白沙与甘泉的"勿忘勿助"教法和读书修养功夫源出康斋的"勿忘勿助"与"道理平铺"在思想；白沙的融诗入理、诗理合一的教法与康斋契合；白沙自然之乐、"物我两忘"生活思想也与康斋的潇洒生活观一致。陈白沙不是吴康斋"别派"，是重要的嫡传一派，是康斋学南传的代表。康斋与白沙有着密切与直接的学承关系，康斋居于白沙与阳明的先驱地位，是明代精深心学的启蒙者与早期前驱。故张俊相赞康斋把外在客观的天理转化为内心的涵养，诉诸独立思考和主观体验，提高了人的主体地位，发挥了人的主观能动性和创造性，"开王学之端"④。张运华在评论历来学界对康斋学的不同定位后说，康斋的学术成就导引了明代中期心学思潮的兴盛，深刻地影响着白沙创立的江门学派和王阳明的"王学"⑤。明代心学由白沙开始，进入"精微"的心学时代，康斋掀其澜，诚如钟彩钧所说吴康斋则是"明代理

---

① （明）唐枢：《木钟台集》，《辖闉窝杂著》，《纪客谈》，四库存目丛书子部第162册，第500～501页。
② （明）唐枢：《木钟台集》，《病榻答言》，四库存目丛书子部第163册，第52页。
③ （明）唐枢：《木钟台集》，《一庵语录序》，四库存目丛书子部第162册，第530页。
④ 张俊相：《吴与弼的人格修养论》，《求是学刊》1994年第2期，第26页。
⑤ 张运华：《论吴与弼对陈献章之影响》，《五邑大学学报》（社会科学版）2011年第2期，第1页。

学的开山人物"。一庵的一位重要弟子是许敬庵，敬庵接续老师一庵的慎独之学，糅合阳明的一念道德修养论，转守为"念不落意"的慎独诚意之学，"以独知之妙"坚守传统理学家的道德箴言，以此对抗罗汝芳、周汝登的心学思想。敬庵的"讨意根"糅合了阳明的意念之学，代表了理学与心学耦合的新的理论高度，是意学发展的新高度。敬庵对名教伦理规范的保护深刻地影响了弟子刘念台，在念台的努力下，慎独诚意学作为新型的理学形态与晚明的东林学一度成为理学重镇。刘念台则与陶石梁的阳明后学相抗争，保卫理学血脉，并把这一学脉传给梨洲。梨洲念师德、师学与师品之伟大，发愿撰《明儒学案》，以康斋为明学启蒙，以白沙为始明，以阳明为大明，学脉清晰，有明之学虽如丝毛，亦有丝线可串贯也。

附录一 唐一庵年谱新编

弘治十年丁巳（1497），六月六日唐枢生于外祖父家前溪坊。父唐诰，号南园，湖州府归安县东门人，曾任南京兵马指挥，赘乌程前溪坊监生马诠家[1]。

冬十月一日，老师湛若水 32 岁，悟"随处体认天理"，白沙喜曰："此为参前倚衡之学也，江门衣钵属之子矣"[2]。甘泉自述道："自初拜门下，亲领尊训至言，勿忘勿助之旨，而发之以无在无不在之要，归而求之，以是持循，久未有着落处。一旦忽然若有开悟，感程子之

---

[1] 惜其一代大儒，然世之饱学者知其人格、学术与教学业绩者不多。有鉴于此，笔者以浅薄之资，引古代罕见之典籍，先行编一简明年谱以惠学界。本资料，有关事迹方面如未做特殊说明，引自《唐一庵先生年谱》（《儒藏》史部《儒林年谱》，第 1～101 页）一卷，明李乐编撰，清王表正重编，许正绶三编，四川大学出版社，2008。《唐一庵先生年谱》中史料错误或与《木钟台集》相冲突者，一并依照清咸丰六年（1856）唐氏书院刊本《木钟台全集》改正。《唐一庵先生年谱》一书对唐一庵的学术层面、学友交往记载很少，以《木钟台集》为准一律增之。

[2] 湛若水（1466～1560），字元明，号甘泉，广东省增城人。明代中期著名教育家，弟子众多，与王阳明、罗钦顺齐名。历任南京国子监祭酒，礼部侍郎，南京礼、吏、兵等部尚书。著有湛若水《湛甘泉先生文集（三十二卷）》，山西大学图书馆藏清康熙二十年黄楷刻本，四库存目丛书集部第 56～57 册，台南庄严文化事业有限公司，1997。以下所引四库存目丛书出版地同。

言：'吾学虽有所受，天理二字，却是自家体认出来。'李延平云：'默坐澄心，体认天理。'愚谓'天理'二字，千圣千贤大头脑处。尧、舜以来，至于孔、孟，说中，说极，说仁、义、礼、智，千言万语都已该（概）括在内。若能随处体认真见得，则日用间参前倚衡，无非此体，在人涵养以有之于己耳云云。"①

弘治十二年己未（1499），先生3岁。

老师湛若水34岁。陈白沙以"江门钓台"传赠甘泉执掌，并书《赠江门钓台诗》跋说，"江门钓台，病夫之衣钵也。今与民泽收管，将来有无穷之托，珍重珍重"。是年王阳明（28岁）中进士，伦文叙中状元。

弘治十三年庚申（1500），先生4岁。

老师湛若水35岁。二月初十，陈白沙捐馆。甘泉为师服丧三年。

弘治十六年癸亥（1503），先生7岁，入里塾，授百家姓、酒诗与四子书。

弘治十七年甲子（1504），先生8岁。

老师湛若水（时年39岁）奉母命入南京国子监，得章懋雅重，留监读书。

秋，王阳明（时年33岁）主考山东乡试，擢穆孔晖第一②。九月改兵部武选清吏司主事。

弘治十八年乙丑（1505），先生9岁。

湛若水（时年40岁，改名"若水"）、穆孔晖（时年27岁）中进士。若水识阳明（时年34岁）。

正德元年丙寅（1506），先生10岁。

---

① 《泉翁大全集》《书》卷八，门人江都沈珠等校刊，《上白沙先生启略（拾遗）》。
② 穆孔晖（1479～1539），字伯潜，号玄庵，山东聊城市东昌区人。历任翰林院检讨、南京礼部主事、翰林院侍讲学士、南京太常寺卿等。学阳明流于禅，北方王学的先驱者。著有《大学千虑》《玄庵晚稿》。

是年二月，王阳明上封事，廷杖 40，下诏狱。

正德二年丁卯（1507），先生 11 岁。

是年正月，王阳明贬贵州龙场驿丞。夏，至钱塘，赴龙场驿。徐爱纳赘北面，有志于学。

冬十月，授甘泉翰林院编修，充经筵讲官，同修国史等官职。

正德三年戊辰（1508），先生 12 岁。

父入成均馆。儿时多顽皮无度，见《嬉游》①。

春，阳明至龙场，始悟格物致知。湛若水任会试同考官，识吕柟②。后，吕柟（时年 30 岁）中状元。

正德四年己巳（1509），先生 13 岁。

是年，王阳明（时年 38 岁）主贵阳书院，贵阳提学副使席书、毛宪副受学门下。

正德五年庚午（1510），先生 14 岁。

是年，周冲（时年 26 岁）中乡举，授万安训导③。

三月，王阳明（时年 39 岁）至江西庐陵任知县。闲暇之余，语学者悟，教人静坐，门人有冀元亨、蒋信、刘观时等。十一月，入觐。于大兴隆寺，与黄宗贤见。明日引见湛若水，订与终日共学。十二月，升南京刑部四川清吏司主事。多与黄绾、应良论学。

正德六年辛未（1511），先生 15 岁。

---

① 唐枢：《木钟台集》，四库存目丛书子部 163，第 168～169 页。
② 吕柟（1479～1542），字大栋、仲木，号泾野，陕西高陵人。师薛敬之。曾筑东郭别墅、东林书屋以会四方学者。历任南京吏部考功郎中、尚宝司卿、太常寺少卿、国子监祭酒、礼部侍郎。有《泾野子内篇》（四库全书子部第 714 册）等。
③ 周冲（1485～1532），字道通，号静庵，江苏常州宜兴人。后知应城县，以耳疾改邵武教授，升唐府纪善，进长史。阳明讲道于虔，往受业。继又从于甘泉，谓"湛师之体认天理，即王师之致良知也"。与蒋道林集说，为《新泉问辨录》。暇则行乡射投壶礼，士皆敛衽推让。吕泾野、邹东廓咸称其有淳雅气象。当时王、湛二家门人弟子，未免互相短长，先生独疏通其旨。详见《明儒学案》。

友人携道场山做放浪游。父知，鞭打三板有悔，见《春游》①。

正月，阳明调吏部验封清吏司主事。二月，湛若水、王阳明充会试同考官。

是年，阳明弟子王道（时年 25 岁）中进士，选庶吉士②。

十月，阳明升文选清吏司员外郎。

正德七年壬申（1512），先生 16 岁。

湛若水（47 岁）二月七日出使安南。奉母上京。

三月，阳明升考功清吏司郎中。十二月，升南京太仆寺少卿。徐爱以祁州知州考满进京，升南京工部员外郎。阳明与之同舟归越，论《大学》宗旨。爱闻之踊跃，颇痛快。

正德八年癸酉（1513），先生 17 岁。

正月十七日，湛若水抵安南。归国时，甘泉谢却安南王厚馈财礼。归途欲访方叔贤、赵元默、邓顺之等。

二月，阳明至越。多与徐爱、黄绾游。十月，至安徽滁州督马政，地僻官闲。旧学之游颇来，如孟源辈。

正德九年甲戌（1514），先生 18 岁。

娶王氏。

是年，湛若水任职翰林院。五月，阳明（43 岁）至南京任鸿胪寺卿，从学者日众，如薛侃、陆澄、季本辈。

正德十年壬午（1515），先生 19 岁，以诗经补湖州（原归安）博士弟子员（"乡荐"）。愈发奋深研理学之奥，博览群书。闲时，则访求师友。不屑科举之学。

---

① 唐枢：《木钟台集》，四库存目丛书子部 163，第 169 页。

② 王道（1487～1547），字纯甫，号顺渠，山东武城人。历官国子监祭酒、吏部右侍郎。著有《易诗书大学意》《顺渠先生文录》（此书共十二卷、三册，明万历刻本，现藏温州市图书馆、大连图书馆）。

正月三十日，湛若水母陈夫人卒于京师，扶柩南回。王阳明为书《湛贤母之墓》碑。自此，居家讲学 7 年。时阳明用兵赣粤，多有书信往来。曾在西樵大科峰下筑书院。四方来学者，先令习礼，然后听讲，与多士阐明心性之学。其间，作白沙《诗教解原序》，作《改葬白沙先生墓碑铭》《谒石翁墓》。

正德十一年丙子（1516），先生 20 岁。

读《文献通考》，有得。科举，落选。

正德十二年丁丑（1517），先生 21 岁。

读书刻苦，染疾。反思学问宗旨，以切于身心为要，以传注之书为末。自此，以圣贤立言之旨为依归，以融会贯通圣贤之学为学规。

是年，阳明在赣，政务颇得益。

正德十三年戊寅（1518），先生 22 岁。

是年中提学。读《律吕新书》有得。知张邦奇 22 岁作《律吕图解》，踊跃进学①。与郡守刘天和商音律学，郡守折服。后有《激衷小疑》专论音律之学②。

是年，阳明妹婿、弟子徐爱卒。八月，阳明门人薛侃刻《传习录》。九月，阳明修濂溪书院。

正德十四年己卯（1519），先生 23 岁。

是年贯通《九章算法》。招陆午峰、陆平川与沈东轩诸人寓粝山，探圣贤之路。

是年，六月，王阳明闻宸濠反，返吉安，起义兵。行伍整肃，大

---

① 张邦奇（1484～1544），字秀卿、常甫，号甬川，浙江宁波古林镇人。1505 年进士。历任湖广提学副使、四川提学、福建提学、右庶子兼翰林院侍讲、南京国子监祭酒、吏部侍郎、礼部尚书。有著作多种。

② 唐枢：《木钟台集》，四库存目丛书子部 163，第 172～182 页。

败濠军，擒之。葬一日师娄谅孙女娄妃①。

正德十五年庚辰（1520），先生 24 岁。

子继芳聪慧，以痘亡。

是年，江苏泰州王艮、进贤舒芬来江西向王阳明拜学。阳明与陈九川、欧阳德、魏良弼、舒芬等讲学不辍。

正德十六年辛巳（1521），先生 25 岁。

有志经纶之学。

是年，阳明（50 岁）始提致良知说。阳明书守益曰："近来信得致信得致良知三字，真圣门正法眼藏。往年尚疑未尽，今自多事以来，只此良知无不具足。"其与陈明水说，"此理简易明白若此，乃一经沉埋数百年……我此良知二字，实千古圣贤相传一点滴骨血也……某于此良知之说，从百死千难中得来，不得已与人一口说尽。只恐学者得之容易，把作一种光景玩弄，不实落用功，负此知耳"。其曾与友人说，"近觉得此学更无有他，只是这些子，了此更无余矣"。五月，阳明与门人于庐山白鹿洞讲学。八月，归越讲学。十月二日，封新建伯。

前四年（1517～1521），甘泉于西樵讲学，其讲义《樵语》《新论》《知新后语》成②。

嘉靖元年壬午（1522），先生 26 岁。

精研数学，认为儒者学术上应该无所不究。是年，中举。

是年，湛若水复补翰林院编修，经筵讲官，同修《武宗实录》。后官至山东提学副使。

---

① 娄谅（1422～1491），字克贞，号一斋，江西广信上饶人。从学明代理学开山宗师吴康斋，与陈白沙、胡敬斋为同门。景泰举人，选为成都训导。寻告归，闭门著书、教学。学以收放心为居敬之门，以何思何虑、勿忘勿助为居敬宗旨。著有《日录》《三礼订讹》《春秋本意》等，散佚不可见。弟子有夏尚朴、蔡登等。王阳明与娄谅有一日师生之情。

② 乔清举：《湛若水哲学思想研究》，台北文津出版社，1993，第 277～278 页。

嘉靖二年癸未（1523），先生 27 岁。

会试以心学立论发挥自己的思想，不合主考官意思，下第归。

是年，湛若水（时年 58 岁）升翰林院侍读。其采录明道一体之学的著作《遵道录》刊印，该书成稿于正德己卯春三月大科书院①。

阳明（时年 52 岁）在越大兴讲学。

嘉靖三年甲申（1524），先生 28 岁。

湖州水灾，为郡守撰见面奏章，得允，民众获安。

时大礼议起，阳明有诗："一雨秋凉入夜新，池边孤月倍精神。潜鱼水底传心诀，楼鸟枝头说道真。莫谓天机非嗜欲，须知万物是吾身。无端礼乐纷纷议，谁与青天扫旧尘？""独坐秋庭月色新，乾坤何处更闲人？高歌度与清风去，幽意自随流水春。千圣本无心外诀，《六经》须拂镜中尘。却怜扰扰周公梦，未及惺惺陋巷贫。"

八月中秋，阳明（时年 53 岁）在天泉桥大宴弟子一百余人。十月，阳明门人南大吉复增五卷，于越续刻《传习录》。

秋，湛若水升南京国子监祭酒。赴任途中，上《申明学规疏》陈条六事：（一）推圣学以明道术；（二）示大公以孚生徒；（三）立邻朋以励德业；（四）视生徒以恤病苦；（五）慎升等以立劝惩；（六）署长材以备器使。整饰国子监学风。作《心性图说》《四勿箴图》施教，筑"观光馆"招待四方学者②。

嘉靖四年乙酉（1525），先生 29 岁。

是年，湛若水（60 岁）任国子监祭酒。一庵往南京从学湛若水，受教月余，得随事体认天理之说，吸收气化自然、天地虚无思想，心多有得。入监，作多篇论文。

---

① （明）湛若水：《湛甘泉文集》，四库存目丛书集部第 56 册，《叙遵道录》，第 691 页。
② 黎业明：《湛若水年谱》，上海古籍出版社，2009，第 112 页。

阳明归，定会于龙泉寺之中天阁，每月以朔望初八、廿三为期，有书壁以勉诸生。十月，越城新建阳明书院。

是年，甘泉多位门人撰有《樵语》《新论》《知新后语》《雍语》，盖此四讲义于是时刊刻也。甘泉此年始发愤撰《圣学格物通》。门人编有《伊川唐录》，甘泉序之，表扬伊川的体用一原之学①。甘泉《二礼经传测》出版。

嘉靖五年丙戌（1526），先生 30 岁。

会试中第 8 名，观政礼部（"礼部主客清吏司办事进士"），刻苦力学，撰《同官会约》，形成一个互相提携、关爱、学习、进德与议政的非正式组织，人员总计 17 人。撰《复大礼谏官》与《罢浙江太监镇守》二疏，上陈邓文去年杭州公然要挟富人酬劳事，豁免郎中余才、行人柯维熊等人触怒大礼议事。在奏章中，他指出："圣贤教人，只要以敬存心，静而敬以涵养其本原。当其动时，随事省察体认，常使在我清明，不为己私物诱牵引而去，则安人安百姓，外此无余蕴矣。"

是年，湛若水率国子监生游南京多处名胜古迹。八月，甘泉门人有《二业合一训序》②。十一月庚申，阳明独子正亿生。

嘉靖六年丁亥（1527），先生 31 岁。

任刑部陕西清吏司主事。轻判本该处死的强盗 15 名呈孝宗《廷审仪注》，多有利案件的审理，大司寇喜。两上疏快速廷鞫李福达案③，触逆权势，罢为民，南归。自二月二十七日授职至四月十四日去官 46 日，实居司署 25 日④。

---

① （明）湛若水：《湛甘泉文集》，四库存目丛书集部第 56 册，《伊川唐录序》，第 699～700 页。

② 黎业明：《湛若水年谱》，上海古籍出版社，2009，第 127 页。

③ 李福达，山西原平县人。弥勒教首领。著名"李福达案"主角，牵连官员众多，造成明代政治衰败。

④ 唐枢：《木钟台集》，四库存目丛书子部 163，第 168 页。

是年，王阳明总督两粤，探访湛若水家，留有《题甘泉居》《书泉翁壁》两诗。冬，湛若水任国子监祭酒秩满，北上考绩。

嘉靖七年戊子（1528），先生 32 岁。

闭户潜修，潜心讲学。湖州郡守万云鹏聘为安定书院讲师，选择优秀学生入学门下①。弟子吴学鲁、严大观（江阴人）收集先生讲学语录《真谈》，提出"讨真心"说，试图挽救阳明学流传过程中的"弄精魄""假托""易简……粗率……莫知所止"之弊②。其"真心"盖针对当时学者之心"源于气禀见闻习俗"，故"讨真心"即是从气禀见闻习俗之间体认天理，使之流行于"感应几微"之际，"见本来、务从实理"，应世间公共事务管理。在讨真心的心学体向上，他提出"一真普应"之说③。

夏，湛若水升南京吏部右侍郎，后从事讲学语录编委《新泉问辨录》、金陵问答④。六月初一，上《圣学格物通》一百卷共 28 册。

是年十一月，阳明捐馆。

嘉靖八年（1529），先生 33 岁。

筑室鲍山，有二十余生往从游。此年，归安令戚贤来商学⑤。

---

① 万云鹏，字图南，号石梁，江苏兴化市沙沟镇人。1514 年进士。1526 年任湖州知府，勤政严法。与乌程县令戴嘉猷、归安县令戚贤并称"三循吏"。后任湖广副使、浙江按察使、福建右布政使。1556 年归里，闭门著书，清介独特。

② 唐枢：《木钟台集》，四库存目丛书子部 162，第 474~476 页。

③ 唐枢：《木钟台集》，四库存目丛书子部 162，第 474~487 页。

④ 黎业明：《湛若水年谱》，上海古籍出版社，2009，第 162 页。

⑤ 戚贤，字秀夫，号南玄，安徽滁州全椒人，王阳明南中六大弟子之一。1526 年进士。据《明儒学案》载，戚贤仕至刑科都给事中，以荐龙溪，失贵黔指，谪官致仕。阳明在滁州（1513），南玄以诸生旅见，未知信向。其后为归安令，读论学诸书，始契于心，遂通书受学。为会于安定书院，语学者"千圣之学，不外於心，惟梏於意见，蔽於嗜欲，始有所失。一念自反，即得本心"。在京师会中，有谈二氏者，即正色阻之。龙溪偶举黄叶止儿啼公案，南玄勃然曰："君是吾党宗盟，一言假借，便为害不浅。"龙溪为之愧谢。南玄谈学，不离良知，而意气激昂，足以发之。（黄宗羲：《明儒学案》卷 25，《南中王门学案一》前言）

是年，罗洪先中状元。湛若水作《奠王阳明先生文》《大学衍义补》。秋七月，甘泉转北京礼部右侍郎①。是年，周孚先、吕怀等刊刻《甘泉先生文录类选》②。

嘉靖九年（1530），先生34岁。

湖州郡守陈谠来访商谈地方政府治理之道，建言"开修荒田、一则税粮、停民兵、修护水利、稽考里长、均派运粮"等十策③。

嘉靖十年（1531），先生35岁。

友人杨锃欲毒杀不肖子，谋于先生，被劝阻。先生反复劝导，其子后成家立业。其再生之德可见。平生不轻易接受礼物，唯独此次破例接受其家之赠机绫。

邹守益请告归，过苏州，访魏校④。

九月二十四日，甘泉转北京礼部左侍郎⑤。是年，甘泉《问疑录》成⑥。

嘉靖十一年壬辰（1532），先生36岁。

门下有一生欲出妻进学。先生询问其故，循循善诱，戒以"默默体认"，勿以"意见上起念"。后其妻生四子。先生教人如此。是年，出游嘉兴，访学论道。有《嘉禾问录》记载师生问答。

---

① 黎业明：《湛若水年谱》，上海古籍出版社，2009，第162页。
② 黎业明：《湛若水年谱》，上海古籍出版社，2009，第163页。
③ 陈谠，又作攒，字允杨，或三峰，福建福州长乐人。1523年户部郎中。曾守湖州，廉洁自持。后升贵州兵备道副使。致仕归，足不入城市。
④ 魏校（1483～1543），字子才，号庄渠，苏州昆山人。1505年进士。任广东提学副使、国子监祭酒。有《大学指归》《周礼沿革传》《六书精蕴》《春秋经世》等。
⑤ 黎业明：《湛若水年谱》，上海古籍出版社，2009，第169页。
⑥ 黎业明：《湛若水年谱》，上海古籍出版社，2009，第176页。

是年，同门蒋信（时年 51 岁）①、吕怀（时年 40 岁）②、洪垣（时年 26 岁）③、蔡汝楠（时年 18 岁）④ 中进士。

嘉靖十二年（1533），先生 37 岁。

是年归安县令刘塾主修归安县志，招先生参与其事。是年，河南濮阳桃村门人周显宗抄录刻印《嘉禾问录》（2 卷），提出"心外无道、道外无事"说⑤。

是年，湛甘泉进《古文小学疏》《古文小学》《春秋正传》《金台问答》成，《圣学格物通》（100 卷）出版⑥。

---

① 蒋信（1482～1559），字卿实，号道林，湖南常德人。任户部主事、兵部员外郎、四川金事、贵州提学副使。筑精舍于桃花冈，学徒云集，远方来者，即以精舍学田廪之。十二月庚子卒。属纩时作诗曰："吾儒传性即传神，岂向风埃滞此身？分付万桃冈上月，要须今夜一齐明。"初从阳明游，时未以良知教。后从甘泉游最久，其学得之甘泉者为多。唐伯元称"蒋先生在楚中学者，当为国朝第一人"。著有《道林诸集》（是编乃其卜筑桃冈时与诸弟子讲学之书，而其门人章评所刊者。首古大学义，专释《大学》。次桃冈讲义，摘取论孟诸条，附以论断。又桃冈日录，则与门人问答语录也。桃冈训规，则读书日程也。传疾录，则疾痛时记也）；《蒋道林文粹》，刘晓林校点，岳麓书社，2010；《蒋道林先生桃冈日录》一卷（明万历三十六年，1608 年杨鹤刻本，二册，美国哈佛大学哈佛燕京图书馆编《美国哈佛大学哈佛燕京图书馆藏中文善本汇刊17》，商务印书馆、广西师范大学出版社，2003）。
② 吕怀（1493～1573），字汝愚、汝德，号巾石，江西广信永丰人。1532 年进士。历任兵、工二科给事中、南雍司业春坊左司直郎、右中允、南京太仆少卿。有《巾石类稿》（三十卷，现存一卷）、《古乐经传全书二卷》（四库存目丛书经部第 182 册，与湛若水合作）、《律吕古义三卷》（四库存目丛书经部第 183 册）、《周易卦变图传》等。黄宗羲说，巾石以为"天理良知本同宗旨，学者功夫无有落，枉自说同说异"。就中指点出一通融枢要，只在变化气质，故作《心统图说》，以《河图》之理明之。
③ 洪垣（1507～1593），字峻之，婺源人。1532 年进士。历任永康知县、广东巡按、温州知府。居家四十六年。有《觉山先生绪言二卷》，续修四库全书子部第 1124 册；《觉山洪先生史说》，四库存目丛书史部第 283 册。洪垣生平说源自陈时龙见其著《明代中晚期讲学运动（1522–1626）》，复旦大学出版社，2007。
④ 蔡汝楠（1514～1565），字子木，号白石，浙江湖州德清人。儿时，听湛若水讲学辄有解悟，好诗。中进士，授行人，转南京刑部员外郎。出守归德、衡州，历江西参政，山东按察使，江西布政使。升右副都御史，巡抚河南。召为成政兵部侍郎。改南京工部。著有《自知堂集》24 卷（四库存目丛书集部第 97 册）、《说经札记十卷》（四库存目丛书经部第 149 册）。时蔡汝楠少时从学唐一庵。
⑤ 四十余年后，《嘉禾问录》（合并为一卷）再度得以刻印，门人王爱序。唐枢：《木钟台集》，四库存目丛书子部 162，第 637～638 页。
⑥ 黎业明：《湛若水年谱》，上海古籍出版社，2009，第 199 页。

嘉靖十三年（1534），先生 38 岁。

提学林云同聘请主教安定书院，赞其"学本真心""名邦之豪杰、群英之领袖"①。是年，父忧，以礼治丧。

是年，庞嵩中举②。

嘉靖十五年（1536），先生 40 岁。

恩诏复冠带。门人陈某卒，无子且贫，倡义为赡其妻终身。是年，巡按张景、给事中高擢、御史李凤等疏荐先生③。秋，同门洪垣为王艮建东陶精舍④。

嘉靖十六年丁酉（1537），先生 41 岁。

是年，安南莫登庸反叛。

嘉靖十七年（1538），先生 42 岁。

巡按周汝元（冷塘）移建景行馆，聘请先生主讲。有讲学语录《景行馆论》（一卷 31 篇）。明年，冷塘离职。是年，同门洪垣在安徽增修全椒县学。

嘉靖十八年（1539），先生 43 岁。

---

① 林云同（1491~1570），字汝雨，号退斋，福建莆田人。1526 年进士。历任礼部祠祭司员外郎、浙江提学、广东提学副使、浙江左布政、都察院右副都御史（巡抚湖广）、刑部右侍郎、南京都察院右都御史、南京工部尚书、刑部尚书。有《读书园诗集》等。

② 庞嵩字振卿，学者称弼唐先生，古代刑法学专家。早年师从王守仁，通晓五经，集诸生于新泉书院，相与讲习。后从湛若水游，筑室西樵山大科峰下。终年 77 岁。著有《太极解图书解》《弼唐遗言》和《弼唐存稿》。

③ 自此后，先生屡被推荐。1537 年，礼部尚书霍韬、给事中张守约、南京御史方克等再疏荐先生。1538 年，嘉靖十七年，42 岁，巡按周汝元疏荐先生，吏部复荐。1540 年，嘉靖十九年，44 岁，巡按傅凤翔、巡坚御史王献楚疏荐先生。1541 年，嘉靖二十年，45 岁，御史赵炳然、给事中刑入默、御史贾□疏荐先生。1550 年，嘉靖二十九年，54 岁，巡按李天宠、应天巡抚、都御史张煊疏荐先生，称赞先生边防知识渊博，沉毅善谋。1551 年，嘉靖三十年，55 岁，巡抚王应钟、巡监御史宿应参疏荐先生，赞"胸藏万卷，洞见古今得失是非之原"，可以"御侮"，吏部不复举。1557 年，嘉靖三十六年，61 岁，吏部尚书、户部尚书、刑部尚书、工部尚书、都御史、都给事中、南京都给事中等均举荐先生。

④ 吴震：《明代知识界讲学活动系年》，学林出版社，2004，第 74 页。

诚劝友人施某与其兄和好如初。同年，巡抚、应天都御史欧阳铎疏荐先生。

六月，甘泉任南京兵部尚书，参赞军务。九月朔日，甘泉门人洪觉山撰《新泉问辨续录序》①。十月，甘泉条陈十事：平物价，急无告，劝耕桑，申礼制，宣圣训，躬骑操，修武教，编保甲，励兵马，定四民。帝允其议②。

嘉靖十九年（1540），先生44岁。

是年，湛若水75岁。夏五月获准致仕，结束三十六载仕途生涯。自此后十多年，湛若水以讲学为务。是年，同门洪垣在罗浮为湛若水建天关诸堂③。

嘉靖二十年辛丑（1541），先生45岁。

是年，同门何迁（时41岁）中进士，任户部主事④。

惊蛰（二月），一庵完成《素史氏感学编》，记述当时之历史、生活与习俗⑤。

四月，安南莫登庸降，改安南国为都统使司，以莫登庸为都统使。

嘉靖二十一年壬寅（1542），先生46岁。

子炳文卒。是年夏，学生西林张铎刻印《冀越通》，试图为当时国家治理提供一种地理学意义上的通则⑥。

---

① 黎业明：《湛若水年谱》，上海古籍出版社，2009，第249页。
② 黎业明：《湛若水年谱》，上海古籍出版社，2009，第251页。
③ 吴震：《明代知识界讲学活动系年》，学林出版社，2004，第98页。
④ 何迁（1501~1574），字益之，号吉阳，湖北安陆人。历任户部主事、九江知府、南京刑部侍郎。曾以太常卿巡抚江西。曾辟书院于吉阳山下。黄宗羲说，其学以知止为几，以知止为要。著有《吉阳山房文集》（或为《吉阳先生文录四卷诗录六卷》，四册，明万历间刻本），日本内阁文库版；《吉阳山房摘稿十卷》二册，写真本，日本藏。
⑤ 唐枢：《木钟台集》，四库存目丛书子部162，第521页。
⑥ 唐枢：《木钟台集》，四库存目丛书子部163，第57页。《冀越通》还被收入《丛书集成初编》第3112册，中华书局，1986。

是年，阳明门人范引年建青田浑元书院，同门洪垣纪之。

秋，严嵩（时年60岁）以礼部尚书兼武英殿大学士入直文渊阁，排挤首辅夏言。

嘉靖二十二年（1543），先生47岁。

舟赴杭州途中遇盗。先生大声问"谁"及"为何"，盗之先生大名，立时遁去。是年，先生与顾应祥等举春、秋二社于岘山，劝德业，规过失，以圣贤相自期。时间为1543～1547年，人数规模在6～17人，共八会①。《社启》曰："取观摩之益，温和知旧之情，申乡曲之款，寄登临之兴。"

夏秋，应蒋信邀，湛若水（时年78岁）偕弟子骆尧知等游南岳，筑甘泉书院于紫云峰麓，内立白沙祠，集衡阳士子讲学数月，有《游南岳记》。

嘉靖二十三年（1544），先生48岁。

湖州大饥，民不聊生。周济族众，至市产以哺饥饿者。

湛若水，居广州天关书院讲学。

嘉靖二十四年（1545），先生49岁。

湖州大疫。族兄有染疾者，迎医奉药。周济族亲者多。

嘉靖二十五年（1546），先生50岁。

出游天目山，并登其巅。随后，与一僧人静坐月余。出，游齐云山，有游记。

嘉靖二十六年丁未（1547），先生51岁。

自思"不以一隅自限"，八月遂携一仆人共游杭州、宁波四明、绍兴、台州天台、温州诸处名胜古迹、大川名山，有游记。是年秋仲，

---

① 吴震：《明代知识界讲学活动系年》，学林出版社，2004，第112～114页。

自序《国琛集》（上下卷），总结明儒事迹人物。时儒阳明高徒王畿作序，以"明兴以来，学术渐著，肇于薛敬轩，沿于吴康斋、胡敬斋，而阐于陈白沙。敬轩以修行，康斋以悟入，敬斋祖薛而得证于吴，白沙宗吴而尤主于自得，学术的归矣"，总归明初学术，认为一庵"讨真心为刺赘"，"学术有赖也"①。同年，门人刘鉴录《偶客谈》，记载先生至山西永济（蒲）之游，与杨虞坡论学语②。

是年秋，同门洪垣（时年 41 岁）偕同邑方瓛卒业东广，甘泉建二妙楼居之③。

嘉靖二十七年戊申（1548），先生 52 岁。

继续出省外游。携二仆人，南游，历江西、福建、湖北等地，至汉口而回。有游记，大凡山川、疆域、风俗、人才、钱粮、甲兵，一一考记，无不备揽，甚为详细。春，至江西安福，参与邹守益等人举办的青原会，发挥易学，有《青原易著》④。是年夏六月，门生兵宪卜某辑《酬物难》 "于楚中"刻印，学友戴金（龙山人）序《酬物难》⑤。

冬，吕巾石授义乌门人王宗圣"心统说"⑥。

嘉靖二十八年（1549），先生 53 岁。

---

① 唐枢：《木钟台集》，四库存目丛书子部 162，第 661～662 页。西陆网络有《国琛集》全文收录，有兴趣者也可查阅 zjfjiaoxue. blog. 163. com。另外，也可参阅唐枢《国琛集》，四库存目丛书集成初编，中华书局，1985。

② 唐枢：《木钟台集》，四库存目丛书子部 163，第 143 页。该书是先生年轻时与杨博（1509～1574，字惟约，号虞坡，山西永济人，曾官至总督宣府、大同和山西军务）谈话时语录。

③ 《明儒学案》，《甘泉学案三》。

④ 吴震：《明代知识界讲学活动系年》，学林出版社，2004，第 143 页。

⑤ 唐枢：《木钟台集》，四库存目丛书子部 162，第 566 页。

⑥ 吕怀：《律吕古义三卷》（四库存目丛书经部第 183 册），第 1 页。王宗圣，字汝学，号宾湖，嘉靖甲辰廿三年（1544）进士，历授兴化府学教授、国子助教、南京工部郎中、南京刑部郎中、福建按察司佥事等。归里，筑室读书。

继续出省外游。携二仆人，西北游，出南京，过河南、山西、陕西，至潼关而回。门人张祥记有《游录》，王之京校刻①。冬，同门何迁等在南京举"五日会"②。

冬，巾石门人俞廷翀等谋刻老师《律吕古义》，嘱王宗圣作序③。仲冬，吕巾石自序《律吕古义》④。

嘉靖二十九年庚戌（1550），先生 54 岁。

二月，门人王宗圣序巾石《律吕古义》（俞廷翀、刘光汉编辑）⑤。巾石门人郑应旗作《律吕古义赞》⑥。

是年四月，同门吕怀、何迁与钱德洪等在南京崇礼街设王阳明、湛若水像合讲⑦。

嘉靖三十一年壬子（1552），先生 56 岁。

安吉江天祥因报梅溪赵氏仇，起兵造反，规模数千人。金宪梅尧臣谋于先生，合议以招抚策略。巡按赵某同意招抚，委派先生前往。先生一人葛巾野服独往，反复祸福，"动其良心"。江天祥以先生平生不负一人，遂捣穴解戈，自缚投降。江天祥后卒论死，先生哀之，有《焚枕文》。乡人严椿等呈请立生祠。是年，倭寇初发，巡按林某谋于先生，条具十五事。凡有关海防对策论文收入《海议》（该书主要记载先生抵御海口对策与江浙地方海事官员来信，时间跨度为 1552 ～

---

① 唐枢：《木钟台集》，四库存目丛书子部 163，第 148～149 页。
② 吴震：《明代知识界讲学活动系年》，学林出版社，2004，第 158 页。何迁（1501～1574），字益之，号吉阳，湖北安陆人。1541 年进士。历任户部主事、九江知府、江西巡抚、南京刑部侍郎。曾辟书院于吉阳山下。
③ 吕怀：《律吕古义三卷》，四库存目丛书经部第 183 册，第 3 页。俞廷翀曾于 1556 间为福建建安县代理知县。
④ 吕怀：《律吕古义三卷》，四库存目丛书经部第 183 册，第 6 页。
⑤ 吕怀：《律吕古义三卷》，四库存目丛书经部第 183 册，第 3 页。
⑥ 吕怀：《律吕古义三卷》，四库存目丛书经部第 183 册，第 66 页。郑应旗，福建莆田人，嘉靖中贡生。1545 年协纂《平和县》志七卷。有《怀忠录》。
⑦ 吴震：《明代知识界讲学活动系年》，学林出版社，2004，第 167 页。

1555）。仲秋，为归安竹溪新修书院作《重修长春书院记》^①。

嘉靖三十二年癸丑（1553），先生 57 岁。

倭寇侵犯湖州，郡事伍伟图、巡按赵炳然均谋于先生，各陈防御六事、三十六事，以守险要之地、备军需、练水陆之兵等法为抗敌之方。外家侄王圻家贫，为其买屋附居。夏四月，与王畿等会于嘉兴平湖，时平湖学生沈懋孝在陪^②。是年三月，同门吕怀于滁阳邀王畿讲学^③。

嘉靖三十三年甲寅（1554），先生 58 岁。

南京兵部尚书张经就剿倭事谋于先生。巡按赵炳然疏荐先生。是年，与友人毛中岳商学。是年春，同门何迁于广信闻讲书院邀王畿讲学^④。秋，何迁赴安徽宁国水西讲会^⑤。

秋七月，吕巾石使来王崇庆求湛若水与吕怀合著《古乐经传》序^⑥。

嘉靖三十四年乙卯（1555），先生 59 岁。

倭寇继续侵犯湖州，烧掠各乡镇。郡守徐洛就剿倭事谋于先生，先生荐林植素（善弓马）、李北人（能冒矢）督水军迎敌。徐洛与先生共往督师，倭寇终不敢进城。有乌程邀功者，用平民当倭寇，按律当斩，先生全活之；有一族兄女被迫为妾，先生赎之，后择配嫁之。简德清刘克学于新市镇防寇信，疏荐巡按胡宗宪，得上达，有《复德清令书略》。是年，罗念庵往湖北访何迁^⑦。

---

① 吴震：《明代知识界讲学活动系年》，学林出版社，2004，第 183 页。
② 吴震：《明代知识界讲学活动系年》，学林出版社，2004，第 190 页。
③ 吴震：《明代知识界讲学活动系年》，学林出版社，2004，第 189 页。
④ 吴震：《明代知识界讲学活动系年》，学林出版社，2004，第 194 页。
⑤ 吴震：《明代知识界讲学活动系年》，学林出版社，2004，第 199 页。
⑥ 湛若水、吕怀：《古乐经传全书二卷》（四库存目丛书经部第 182 册），第 118 页。
⑦ 吴震：《明代知识界讲学活动系年》，学林出版社，2004，第 205~206 页。

九月戊申，吕巾石序湛若水与吕怀合著《古乐经传全书》①。

嘉靖三十五年丙辰（1556），先生60岁。

倭寇逼近菱湖镇，大参汪柏就守御策谋于先生。号召富绅捐资慰劳守卫军民，轮流作息，倭寇终不得近城。

春三月之望，时年64岁的吕怀偕五位门人（徽州余纯似、叶茂芝、福建吴□宗、本县俞香、俞廷翀）自浙江龙泉至福建白花岩游览，并应道士之请题诗（幽兴凭藜杖，寻真问白云。过门穿石罅，入境讶天分。崖木悬虚见，檐花堕竹闻。疑直身世外，此夕对诸君。《同余纯似、叶茂芝、俞香、俞廷翀游白花岩》）。

夏六月，杨胤贤于晋阳刻印《礼元剩语》，陈棐、曾汴与潘高（宁化人）等撰序跋②。湛若水（时年91岁）往青原山访邹守益（时年66岁）。冬，何迁、胡直、罗汝芳等于京师有会讲③。

嘉靖三十六年丁巳（1557），先生61岁。

五月，洪垣与王畿于婺源有普济山房之会④。秋，李材侍学邹守益于青原⑤。冬，湛若水弟子、学友蔡汝楠再序《酬物难》，点其"理一分殊"之旨⑥。

嘉靖三十七年戊午（1558），先生62岁。

总督军门胡宗宪遣官礼恳先生谋划军事，上《论处王直奏情》和开市建议。族人贫困者多，甚至有一二卖身，先生赎之，育于家，待

---

① 湛若水、吕怀：《古乐经传全书二卷》（四库存目丛书经部第182册），第179页。
② （明）唐枢：《木钟台集初集十种十卷、再集十种十一卷、杂集十种十卷》，四库全书存目丛书，第162～163册，子部杂家类，子部162，第403～414页。
③ 吴震：《明代知识界讲学活动系年》，学林出版社，2004，第212～213页。
④ 吴震：《明代知识界讲学活动系年》，学林出版社，2004，第217页。
⑤ 吴震：《明代知识界讲学活动系年》，学林出版社，2004，第219～220页。李材（1519～1595），字孟诚，江西丰城人。1562年进士。历刑部主事、广东佥事、云南按察使。所至聚徒讲学。有《观我堂摘稿》十二卷等。与许孚远深交。曾访学一庵。
⑥ 唐枢：《木钟台集》，第567～568页。

其婚配而还之。同年仲春，门生钱镇刻印《景行馆论》（一卷 31 篇），以性习二分、真心与俗心消长评价一庵心学①。秋闰月，男唐炳言整理完《太极枝辞》②。是年，同门何迁与王宗沐在南昌建正学书院以待贡生，罗念庵作记③。后，徐阶与何迁等在北京举办"灵济宫大会"④。

嘉靖三十八年己未（1559），先生 63 岁。

马道邪教兴，有"白包巾"之变，急请郡守李敏德招抚，祸乱平息。同年中秋，苏州吴江门人沈伟（时年约 40 岁）序《太极枝辞》，对此前的数十家易学做出自己的理解，批判了"言性滞于形色、言体滞于故居"的思想，以"性学""性为生生之易"点明先生学问。由其序言知，先生此前已完成《礼元剩语》《宋学商求》《国琛集》⑤。是年，同门吕怀与钱德洪受王宗沐之邀往永丰怀玉书院主教事⑥。

嘉靖三十九年庚申（1560），先生 64 岁。

外祖家马氏子无赖，家业荡然，供给其生。后，孙复流落，先生为之购庐置产，严加管束。

甘泉约游武夷，先生至南安，闻甘泉讣，走其家哭之，越两月而归⑦。

嘉靖四十年（1561），先生 65 岁。

湖州水灾。先生与府县领导共同商谈对付之计，包括缓征税收、挪用资金，等等，有效地避免饥荒。

---

① 参阅唐枢《木钟台集》，四库存目丛书子部 162，第 461～174 页。
② 唐枢：《木钟台集》，四库存目丛书子部 162，第 438 页。
③ 吴震：《明代知识界讲学活动系年》，学林出版社，2004，第 226 页。
④ 吴震：《明代知识界讲学活动系年》，学林出版社，2004，第 227 页。
⑤ 唐枢：《木钟台集》，四库存目丛书子部 162，第 435 页。沈伟于 1557 年访学先生于苕溪别墅。
⑥ 吴震：《明代知识界讲学活动系年》，学林出版社，2004，第 230～231 页。
⑦ 《明儒学案》，《甘泉学案三》。方瓘字时素，号明谷。初从甘泉于南都，甘泉即令其为诸生向导。甘泉北上及归家，皆从之而往。以学为急，遂不复仕。

嘉靖四十一年（1562），先生 66 岁。

四方来学者渐多，先是自己在城东门外隙地，"大树扶疏"，自筑台其下，题曰"木钟台"，唐先生于此居住，逢塑望日讲学。有诗赞曰："钟声送晓开寰宇，木气宣时壮物华。"巡按张科（达泉）、湖州府知府张邦彦（云屏）同年于城北飞英界废寺原址（即今湖州市中心飞英塔所在地），23 亩，"广阔""秀丽幽静"，总计银 320 两，"中为堂，后为寝室，傍为号舍，外衢有坊"，表曰"吴兴唐一庵书院""重门翠树"。详见《一庵书院缘由》、陆稳《吴兴书院碑文》，"御史每省俭，此独侈者"①。由于前几年倭寇来犯，郡守杨裴、乌程令李橡与归安令李松协同将颜真卿、苏东坡、王梅溪等祠堂迁入书院。《吴兴书院碑文》赞有"湖州之贤者大率出于先生门下"。

嘉靖四十二年（1563），先生 67 岁。

太夫人忧，此后不做音乐。

嘉靖四十三年甲子（1564），先生 68 岁。

立春，先生初集《木钟台集》（十种）公开出版，内容包括元（《礼元剩语》《三一测》《太极枝辞》）、亨（《宋学商求》《景行馆论》《真谈》）、利（《辖园窝杂著》《感学编》）、贞（《一庵语录》《酬物难》）四卷②。其中，门婿陆稈（汝和）笔录的《一庵先生语录》刻印，门生陶显功序，门生黄榜后序③。秋，王畿邀往杭州天真书院会讲，携沈懋孝同往，参会者 400 多人，得经师、人师之赞誉④。

嘉靖四十四年（1565），先生 69 岁。

---

① 陆稳，字弘祚，进士，湖州吴兴北川人，唐一庵门人。曾任南京兵部右侍郎、巡抚南赣、都御史。此文作于嘉靖四十三年秋。
② 详细内容参见（明）唐枢《木钟台集》。
③ 唐枢：《木钟台集》，四库存目丛书部 162，第 528~531 页。
④ 吴震：《明代知识界讲学活动系年》，学林出版社，2004，第 253 页。

侄子唐熏弼等五家贫不能叫粮役，先生捐田 100 亩，永作杂粮之需。族中贫不能婚者，多资之娶。先生《木钟台再集》（十种）公开出版，内容包括元（《积承录》《因领录》《六咨言》《疑谊偶述》）、亨（《易修墨守》《春秋读易》《嘉禾问录》）、利（《国琛集》）、贞（《正道编》《周礼因论》）四卷。同门学友、湛若水四大弟子之一江西何迁乙丑年再序《一庵先生语录》①。春，门人许孚远参与南京王畿等会讲②。四月十八日，同门洪垣邀王畿会于新安，十余日而解。

嘉靖四十五年（1566），先生 70 岁。

钱镇、进士许孚远（1535 ~ 1604，德清人）来学③。是年，提学屠英好学问，慕先生名久，嘱湖州郡守张邦彦躬迎书院讲学，并率嘉湖诸生来湖州听讲，总计约数百人。郡守张邦彦撰《躬迎简稿》，赞先生"致知一本真心，近于阳明而有补。定性须融物理"。秋，八月，聚友杭州金波园，参会者有管南屏、王畿（1498 ~ 1583，号龙溪，绍兴人）、孙蒙泉、王宗沐（1524 ~ 1592，号敬所，临海人）、胡石川等百人，有《金波园聚友咨言》，收入《六咨言集》④。是年冬，明世宗崩。先生召用。

隆庆元年（1567），先生 71 岁。

诏复原职，侯阙捕进。建书屋，延师以教。

隆庆二年戊辰（1568），先生 72 岁。

撰修《嘉靖实录》。各府学上先生实录。《湖州府学实录》赞先生"讨真心为宗旨，敦尚践履"。《归安县学实录》赞先生"学究天

① 唐枢：《木钟台集》，子部 162，第 528 ~ 531 页。
② 吴震：《明代知识界讲学活动系年》，学林出版社，2004，第 261 页。
③ 许孚远（1535 ~ 1604），字孟中，号敬庵，浙江湖州德清乌牛山麓人。早年受学于唐枢。1562 年进士。曾聚徒讲良知学，有《敬和堂集》等，弟子有刘宗周等。
④ 唐枢：《木钟台集》，子部 162，第 600 ~ 601 页。

人……自阳明而后，其践履真实，默契宗旨。若唐枢者，不多得也"。是年季冬腊月，门生丁应诏序《政问录》①。此书范围帝王经纶、王霸之术。

隆庆三年己巳（1569），先生 73 岁。

精堪舆学。

族之未殡或暴露者，多助而葬之。秋八月，既望门人范应期序、先生自序《正道编摘略》（门人鲍士龙、汤□摘录），记载秦朝至元朝千百年间执政得失、治国之道②。先生的《木钟台杂集》（十种）元（《政问录》《法缀》③、《病榻答言》）、亨（《冀越通》《未学学》④）、利（《海议》《列流测》⑤）、贞（《偶客谈》《游录》⑥、《激衷小拟》）四卷公开出版。

隆庆四年庚午（1570），先生 74 岁。

巡抚谷中虚疏请加衔致仕。谷中虚赞先生，外不忘用世之仁，内不失守身之义，"学以一为宗，以讨真心为旨"。凡性理之原、造化之奥，通方之才、进修之谊，儒宗之辩、道术之订，析道之精、应物之智，发明良知之训、揭示英才之教、讲求经史之蕴，"卓然皆可师法"。见《加爵本檄去履历三学申词》。是年四月朔日，德清籍弟子许孚远（时年 36 岁）承师命序其学友吴思诚（子明）录《积承录》，以"性学"表一庵学问，自勉以"精诚是学"，"实用力而求之"，"事于

---

① 唐枢：《木钟台集》，子部 163，第 1 页 6。
② 唐枢：《木钟台集》，子部 162，第 713 ~714 页。
③ 该书为先生记载明朝法律法规的文献。
④ 该书为其门人金某记录先生陆军兵法思想。
⑤ 该书总结明朝政事得失。
⑥ 门人张祥抄录的《游录》，内有福建武夷山、湖北赤壁、江西庐山、湖口石钟山、安徽九华山、陕西华山、山西太行山、临安天目山、雁荡山、黄山等大川名山之游，也有与友人钱德洪等雪中西湖之游。

学问"①。夏，门人潘季驯序《春秋读易》，以"存天理去人欲"为
"性学"枢纽②。

隆庆五年（1571），先生 75 岁。

患痰疾。有劝诚养者，先生曰"此生有不了学问，一息不容少
懈，何节养为"。是年，王孺人卒。夏辛亥，门人费攀龙序吴允（敬
夫）抄录的、吴兴朱樽刻印的《因领录》③。

隆庆六年（1572），先生 76 岁。

春正月，门人苏金刻印并序、先生自序《未学学》，论兵法之
要④。太守栗祁固请乡饮，拒。友人吴思诚家贫，先生赠田 30 亩。是
年四月，先生病肺，居木钟台，不接门下士。平湖学生陆宅曾游先生
门下十余年，来访。先生出示《周礼因论》，命其归读并跋⑤。《周礼
因论》以经制之学为要，论经世之法，秉承周公政事之治，阐发历代
政治制度得失⑥。

万历元年（1573），先生 77 岁。

痰疾，卧床数月。举学者辅修地方志。

万历二年甲戌（1574），先生 78 岁。

四月，弟子吴维京刻印《素史氏感学编》。夏，乌程弟子王思宗
跋先生易学专著《易修墨守》（15 篇）⑦。后，约门下士数人近榻，以
敦行、会讲之风为嘱。

十二月十八日撰《郡建疆域》三条。十九日，卒，无一语及身后

---

① 唐枢：《木钟台集》，子部 162，第 574 页。
② 唐枢：《木钟台集》，子部 162，第 625~626 页。
③ 唐枢：《木钟台集》，子部 162，第 586~600 页。
④ 唐枢：《木钟台集》，子部 163，第 87~88 页。
⑤ 唐枢：《木钟台集》，子部 163，第 1~2 页。
⑥ 唐枢：《木钟台集》，子部 163，第 2~15 页。
⑦ 唐枢：《木钟台集》，子部 162，第 617 页。

事，家徒图书数千卷而已。据《乌程县志》载，唐枢墓在今妙西镇妙喜寺旁的陈村。后，巡按萧某、提学藤某分别撰文纪念。吴兴门人钱镇撰《唐一庵先生墓志铭》。推官张应雷撰文（万历乙亥夏四月）祀先生于书院。

学生许孚远撰《唐一庵先生祠堂记》，极赞其师，一庵"以斯道为己任，思继往圣而开来学，孳孳一生，不厌不倦，以著述数十万言"，"惟一人而已"①。

袾宏（1535～1615）在《竹窗二笔》载，"周氏纪言载唐一庵先生与众友夜话，将入寝。问，此时还有事当料理否？众曰，无。一庵谓，今天盛寒，吾辈饮酒，乐甚。诸从人尚未有寝所，众谢不及，所以然者，以此时惟欠伸思睡而已。而一庵独体悉于众情之所勿察，真仁人之言佛菩萨之慈悲也"。

李豫亨在《推篷寤语》载，有友人谒湖州唐一庵先生。颜色雕瘁，问治生之术，何为而可？一庵语之曰，天生人以耳目手足，能视听行，持此固天以治生之道，付之足可养人。惟不肯勤渠尽耳目手足之用。是以贫苦耳。君第勿惰其四肢，当勿忧贫。其人欣然谢而去。后二年谒先生，则已鲜美无向时贫窭色。先生问之，曰，近年为童子师，朝夕勤诲童子云集，赖此以充衣食。吾人慎勿惰其四肢哉。

朱鹤龄（1606～1683）熟读一庵著作，其《禹贡长笺》三次记录一庵论述的地理知识。

黄宗羲（1610～1695）是《孟子师说》（卷上）载唐一庵论气质之性。

陆陇其（1630～1692）在《四书讲义困勉录》载唐一庵不息说。

---

① 黄宗羲：《明文海》卷369，中华书局，1987。

附录二　许敬庵年谱

许孚远（1535~1604），字孟中，号敬庵，德清县乌牛山麓人①。

明世宗嘉靖乙未年（1535）十一月初二日，敬庵生。先叔刚明初卜居德清，遂定居焉。父名松，为诸生，以文行著，有五子，敬庵为伯也。母，沈氏②。

嘉靖十六年丁未（1547），先生13岁。

补邑诸生。

窃慕古圣贤之为人，羞与乡党之士相争逐。

嘉靖三十年辛未（1551），先生17岁。

欧阳德门人、薛方山浙江提学副使督学湖州时，试第一③。是年，

---

① 据传，许孚远撰有《敬和堂集》十卷、《学庸论语述》五卷、《左氏详节》八卷、《乡饮会通》《周易述》一卷等。参阅郑礼炬《明代正德至嘉靖间湖州岘山社考论》，《浙江社会科学》，2008年第6期。郑礼炬，福建永泰人，南京师范大学2000年文学博士，福建漳州师范学院中文系教授。

② 叶向高：《嘉议大夫兵部左侍郎赠南京工部尚书许敬庵先生墓志铭》，《苍霞草》卷16，《四库禁毁书丛刊》集部第124册，北京出版社，2000，第410~414页。

③ 叶向高：《嘉议大夫兵部左侍郎赠南京工部尚书许敬庵先生墓志铭》，第410页。补：薛应旂（约1499~1574），字仲常，号方山，江苏武进人。1535年进士，历官南京考工郎中、建昌通判、浙江提学副使。有《宋元资治通鉴》《考亭渊源录》。

福建莆田人林兆恩倡"三一教",将儒、释、道三教理论体系合而为一。

嘉靖三十四年（1555），先生21岁。

一支约60余人的倭寇队伍流窜江南地区，杀伤平民4000多人，后被歼[①]。是年，调戚继光（1528～1588），字元敬，号南塘、孟诸，山东登州人）浙江都司金书，次年升参将，镇宁波、绍兴、台州三府。

嘉靖三十七戊午（1558），先生24岁。

荐于乡。是年，海瑞（时年45岁）任浙江淳安知县。

与张子荩同听鹿鸣[②]。

长兴县令黄某为举生宴，甚雅重之，赠一乘车[③]。

嘉靖三十八年己未（1559），先生25岁。

是年下第。先馆于吴兴茅鹿门先生（时年48岁）家，学文也[④]。

后，拜吴兴唐一庵门下进学，时一庵63岁，颇得"讨真心"学大要[⑤]。时湖州马道邪教兴，有"白包巾"之变，一庵急请郡守李敏德招抚，祸乱平息。中秋，苏州吴江门人沈伟（时年约40岁）序一庵《太极枝辞》，对此前的数十家易学做出自己的理解，批判了"言性滞于形色、言体滞于故居"的思想，以"性学""性为生生之易"

---

① 黄仁宇：《万历十五年》，三联书店，2009，第195页。

② 《祭张子荩谕德》，《敬和堂集》卷十一，第7～9页。张元忭（1538～1588），字子荩，号阳和，浙江绍兴山阴人。1571年状元，授翰林院修撰。为父张天复驰京师辩冤，往返一年，父得削籍归。少从王畿游。丁亥升左谕德，兼翰林侍读。明年三月卒。有《张阳和先生不二斋文选七卷附录一卷》（四库全书存目丛书集部第154册）。

③ 叶向高：《嘉议大夫兵部左侍郎赠南京工部尚书许敬庵先生墓志铭》，第410～411页。

④ 叶向高：《嘉议大夫兵部左侍郎赠南京工部尚书许敬庵先生墓志铭》，第411页。补：茅坤：（1512～1601），字顺甫，号鹿门，吴兴人。1538年进士。文学家，好军事，官至大名兵备副使。有《茅坤集》，浙江古籍出版社，1993。

⑤ 《敬和堂集》卷十，第18页。后敬庵在老师一庵祠堂落成时撰写的祭文中，极赞其师，说一庵"以斯道为己任，思继往圣而开来学，孳孳一生，不厌不倦，以著述数十万言"，"惟一人而已"。见《唐一庵先生祠堂记》［《敬和堂集》（四卷本），四库存目丛书集部第136册，第528～529页］；黄宗羲《明文海》卷369，中华书局，1987。

点明先生学问。一庵已完成《礼元剩语》《宋学商求》《国琛集》①。

是年九月，戚继光到义乌募农民和矿工，四要四不要：不要城里人、在官府里任过职的、40 岁以上的和长得白的、胆子特别小和胆子特别大的；要标准农民、黑大粗壮皮肉结实的、目光有神的、见了官府还得有点怕的人。最后选定三千余人，后称"戚家军"。

嘉靖四十一年壬戌（1562），先生 28 岁。

中进士第，申时行状元，暇与李见罗、万思默同年切磋。是年，海瑞（时年 49 岁）调江西兴国知县。

十月授工部南虞衡主事（正六品），督南京龙江关（今南京北郊）瓜仪河道，有廉明声②。商舟过瓜仪，旧令宜载瓶入都胥，人每倍困之。公人令计舟大小为额，商人悦焉。运舟入闸，例输米舟五石，名曰缆价。公欲革之不可，则止收一石，得米四千石，以千石筑堰，千石赈贫，余二千石建仓贮之备，不虞远近颂者藉藉③。

居南京。或在此数年，主持南京资福寺讲学，听讲者颇众。何心隐闻声，携数十人与会，与敬庵相谈讲学颇不和④。

嘉靖四十三年甲子（1564），先生 30 岁。

得右金都御史、福建巡抚谭纶（1520～1577，字子理，号二华。江西宜黄谭坊人）助，上年，戚继光被任命为福建总兵。是年，1 月，

① 唐枢：《木钟台集》，四库全书存目丛书，子部第 162 册，第 435 页。沈伟于 1557 年访学先生于苕溪别墅。
② 明南河有瓜仪主事。虞衡清吏司置郎中一人，正五品。员外郎 2 人，从五品。主事 4 人，正六品。
③ 孙鑛：《兵部左侍郎赠南京工部尚书许公孚远神道碑》，焦竑：《献征录》卷 41《兵部四》（侍郎二），上海书店，1987，第 1697～1699 页；同样的文献参见《续修四库全书》史部第 527 册，上海古籍出版社，2002，第 188～192 页。孙鑛（1543～1613），字文融，号月峰，浙江慈溪人。万历二年进士。历兵部侍郎、南兵部尚书等。
④ 叶向高：《嘉议大夫兵部左侍郎赠南京工部尚书许敬庵先生墓志铭》，第 411 页。补：何心隐（1517～1579），原名梁汝元，字柱乾，号夫山，江西吉安永丰人。曾被捕入狱。后在湖北孝感讲学，因反对当权者张居正再遭通缉。1579 年被捕，死于湖北武昌狱中。

仙游大捷，扭转抗倭形势。

嘉靖四十四年乙丑（1565），先生31岁。

居南京。南虞衡主事满两年，改吏部南考功①。

或在此年，在南京参与了耿定向的讲学活动②。后，在与耿定向的交往中，遇到刘元卿。

故孙鑛说敬庵"在南都三年，盛讲学"③。其官宦讲学不辍，自此始。

是年阳历11月，户部主事海瑞（时年52岁）死谏帝。次年2月下狱。

是年，吕怀弟子杨时乔（时年35岁）中进士④。

嘉靖四十五年丙寅（1566），先生32岁。

调吏部北稽勋⑤。居北京。

---

① 明朝吏部掌管全国官吏的任免、考课、升降、调动等事务，设文选清吏司、验封司、稽勋司和考功司。其中文选司掌文职官员班秩的迁除、官吏选拔，稽勋司掌文职官员守制、终养，办理官员之出籍、入籍、复名复姓等事；考功司掌文职官之处分及议叙，办理京察、大计。敬庵在稽勋司、考功司、文选司都任过职。

② 参见《敬和堂集》卷十《祭耿楚侗先生》。据复旦大学吴震教授的研究，《近溪子集·庭训下》载，隆庆六年（1572）和万历十年（1582），许曾两次赴江西访罗汝芳于从姑山。另可参见《罗明德公文集》卷一《敬庵训语序》。由于其文集在国内难以查找，大陆学界不见有专题论文之发表。日本九州大学柴田笃教授《許敬庵の思想——朱子学と阳明学の间をめぐって》，载《荒木教授退休纪念：中国哲学史研究论集》，福冈：苇书房，1981。进一步的研究参阅吴震《泰州学案的新厘定》，北京大学编《哲学门》2004年第5卷第1期。

③ 孙鑛：《兵部左侍郎赠南京工部尚书许公孚远神道碑》，第188页。

④ 杨时乔（1531～1609），字宜迁，号止庵，上饶水南街滩头村人。2岁丧父，4岁亡母。历礼部主事员外，尚宝司丞，南尚宝司卿，应天府丞，右通政，太仆寺卿，南太常寺卿，通政使。万历癸卯，升吏部右侍郎，寻转左，署部事。乙巳，大计京朝官，累疏求去。黄宗羲说，"止庵大旨以天理为天下所公共，虚灵知觉是一己所独得，故必推极其虚灵觉识之知，以贯彻无间于天下公共之物，斯为儒者之学；若单守其虚灵知觉，而不穷夫天下公共之理，则入於佛氏窠臼矣"。著有杨时乔《两浙南关榷事书》，上海古籍出版社，1995；《周易古今全书》，四库全书存目丛书经部第8～9册；《新刻杨端洁公文集》，四库全书存目丛书集部第139～140册；《马政纪》，四库全书史部第663册。

⑤ 全名稽勋清吏司，有郎中2人、员外郎3人、主事3人、笔帖式、经承若干人。

案：盖冢宰胡庄肃意也①。胡公任南参赞时，以汝营兵事知公非徒以讲学也。而文选郎中胡公汝桂，方铮铮自附讲学，每引公款语。先是选君高贵，不轻与新进交一谈。胡公乃尔，然皆讲学家常语，道已所得而已。而诸寮诧其事，以为必议流品，各遣人窃听，无所得，则争问，公答以实，不信。于是满署侧目，而一二同年衔之尤深。会庄肃卒，蒲州杨襄毅来。襄毅雅不喜讲学，又与胡选君不合，而一时讲学诸公，亦少横台谏，多为之羽翼。闾巷喧传，谓将欲尽易置诸大臣。襄毅心愤之，故事铨部调司多以入署，月日为次前俸不论，而公则已满一考。适考功主事缺，胡公以俸欲超公，襄毅不允，止调验封，垣墙间因有讹传衔者，益刺骨矣。然前俸有深浅，亦不可，概不论，至近岁竟行②。

隆庆元年丁卯（1567），先生33岁。

冬，明世宗崩。一庵先生召用，不赴③。

春，拜谒孔陵，有《伏谒孔陵》④。

隆庆改元，"尚书杨博恶孚远讲学，会大计京朝官，黜浙人几半，博乡山西无一焉。孚远有后言，博不悦，孚远遂移疾去"⑤。

自司封谢病归，走四方，广从有道者游，"讨论切磋"⑥。

_____

① 胡松（1503~1566），字汝茂，别号柏泉，安徽滁州人。1529年中进士，授山东东平知州、南京兵部员外郎、礼部祠祭司进郎中、湖广参议、山西提学副使。后严嵩当道，被诬，削职为民。后用，陕西参政、浙江按察使、副都御史、江西左布政使、兵部左侍郎、兵部尚书、吏部尚书。有《良知议辨》，入《胡庄肃公集》八卷本（四库存目丛书集部第91册，台南庄严文化事业有限公司，1997）。葬来安县十二里半乡新河村。

② 孙鑛：《兵部左侍郎赠南京工部尚书许公孚远神道碑》，第1697~1699页。

③ 明世宗于1567年1月23日去世。

④ 《敬和堂集》卷十三，第4页。

⑤ 《明史》。

⑥ 《敬和堂集》卷十，第20页。

或在此年，再往湖州吴兴东门木钟台往学大儒唐一庵，时一庵70岁①。浙江提学屠英好学问，幕先生名久，嘱湖州郡守张邦彦躬迎书院讲学，并率嘉湖诸生来湖州听讲，总计约数百人。郡守张邦彦撰《躬迎简稿》，赞一庵先生"致知一本真心，近于阳明而有补。定性须融物理"。秋，聚友金波园，约管南屏、王畿（1498～1583，号龙溪，绍兴人）、孙蒙泉、王宗沐（1524～1592，号敬所，临海人）、胡石川等百人，有《金波园聚友咨言》，收入《六咨言集》②。

居家。秋，学友张子荩来访③。

隆庆二年戊辰（1568），先生34岁。

是年，戚继光总理蓟州、昌平、辽东、保定军务，开始其十五年之职。

居家。张子荩下第归来，携《北归语录》一卷来访订学④。

或在此一两年，某盗谓吏部郎有贵重金银首饰，遂深夜纵火先生居。先生扶母亲自窦出⑤。

隆庆三年己巳（1569），先生35岁。

是年夏，海瑞（时年56岁）任南直隶巡抚，制"督抚条约"三十六款，试图恢复洪武之治，遭到反对。八月后被参退休，此后居家十五年。

夏五月，于德清乌山自构山馆成，有尊乐楼、逍遥园、独照池、函虚台，做读书静思、收敛性情之所。作《德清山馆记》⑥。

---

① 《唐一庵先生年谱》（《儒藏》史部《儒林年谱》，第1～101页）一卷，明李乐编撰，清王表正重编，许正绶三编，四川大学出版社，2008。
② 唐枢：《木钟台集》，子部162，第600～601页。
③ 《祭张子荩谕德》，《敬和堂集》卷十一，第7～9页。
④ 《祭张子荩谕德》，《敬和堂集》卷十一，第7～9页。
⑤ 叶向高：《嘉议大夫兵部左侍郎赠南京工部尚书许敬庵先生墓志铭》，第411页。
⑥ 《敬和堂集》（四卷本），四库存目丛书集部第136册，第529～530页。

冬，帝召高拱还，授大学士兼掌吏部事①。

隆庆四年庚午（1570），先生36岁。

四月朔日，承师命序其学友吴思诚（子明）录《积承录》，以"性学"表一庵学问，自勉以"精诚是学""实用力而求之""事于学问"②。

首辅高拱荐其为考功主事，出为广东海北兵部佥事。

"时广有倭警，而大盗李茂、许俊美复张燄海上助为声势。公发十策，大约以水陆夹攻为要领，即身率二军薄贼垒一军、军石城村一军鸟嗷，两魁大惧。公遣使谕之，即乞降，且愿缚。倭自效适游击，希功将掩降者覆之，茂、俊美复逃去，一方皆惊。公见事急，即身航海，抵贼舟，示以肝隔，曰，必活汝贼。众掩泣罗拜，遂献所擒倭党七十余人身随公来"。公又建善后十二议，迄安堵报上，诏赐金③。

隆庆五年辛未（1571），先生37岁。

旋移闽臬，居武平。

隆庆六年壬申（1572），先生38岁。

五月穆宗崩。六月，以"专权擅政"罪名，内阁次辅张居正（时年48岁）联合司礼监秉笔太监冯保赶走"性直而傲"的高拱，斥其"回籍闲住，不许停留"。张居正开始其十年执政当国。

六月十六日，复闰察④。王篆为考功，诬敬庵党拱，谪两淮盐运司判官⑤。

---

① 高拱（1513~1578），字肃卿，河南新郑人。穆宗为裕王时，任侍讲学士。1541年进士。1566年以徐阶荐拜文渊阁大学士。神宗即位后，被居正在太后前责专恣，被罢官。
② 唐枢：《木钟台集》，四库存目丛书子部第162册，第574页。
③ 孙鑛：《兵部左侍郎赠南京工部尚书许公孚远神道碑》，第1697~1699页。
④ 孙鑛：《兵部左侍郎赠南京工部尚书许公孚远神道碑》，第1697~1699页。
⑤ 王篆（1519~1581），湖北宜昌人。1555年王篆乡试中，随后任江西吉水县知事。七年后，1562年王篆中进士。身久，任两京都御史、吏部侍郎。1582年受弹劾。

敬庵意将遂终隐，往见一庵先生请焉。先生曰，"我二十九建言归，今七十四矣。此四十六年中，未尝一日忘起也，惟枉己则不可耳。今汝虽暂挫，然前途自平坦，但踏实地行，何害异日，追悔晚矣"，公遂之官①。

万历元年癸酉（1573），先生 39 岁。

任两淮盐运司判官。途中，拜谒周敦颐、罗洪先祠堂，有"太虚无色相，山气自晴阴"句②。居扬州。

万历二年甲戌（1574），先生 40 岁。

擢南太仆寺丞（正六品），居南京。"省马户 40 万"③。或在此时，尝谒张居正（1525～1587，湖北江陵人），问及马政，公慨然条议大约，谓富户养种马，重负累苦其肥，乃日步作之，然不堪战，徒毛色佳耳。不若收其直可买三战马。又京营骑队逾万匹，厚给刍豆，止取傲息饱足，狷问之若何冲陷如燕人。语舟且豪贵占恍者，多是皆可裁。夫铢铢民血，何为守胶柱失炙轂。因陈便宜四策。初江陵亦漫尔致诘，不谓公响应无穷如此，深心契焉④。

因王阳明 60 年前曾任南太仆寺丞，遂拜谒阳明南京祠堂，有"江山无语证良知"诗句⑤。

是年，钱德洪卒。吕怀弟子唐伯元（时年 35 岁）中进士，知万年县⑥。

---

① 孙鑨：《兵部左侍郎赠南京工部尚书许公孚远神道碑》，《献征录》卷 41，第 1697～1699 页。
② 叶向高：《嘉议大夫兵部左侍郎赠南京工部尚书许敬庵先生墓志铭》，第 411 页。
③ 叶向高：《嘉议大夫兵部左侍郎赠南京工部尚书许敬庵先生墓志铭》，第 412 页。
④ 孙鑨：《兵部左侍郎赠南京工部尚书许公孚远神道碑》，第 1697～1699 页。
⑤ 叶向高：《嘉议大夫兵部左侍郎赠南京工部尚书许敬庵先生墓志铭》，《苍霞草》卷 16，第 412 页。
⑥ 唐伯元（1540～1597），字仁卿，号曙台，广东澄海县溪南镇仙门里人。1561 年中举。帮吕怀订《历纪古义》。后知泰和五年。1580 年，任南京户部主事，不久升任尚宝司丞。后升考功、文选郎中。任满，归乡。1584 年，御史詹事讲疏王守仁祀孔庙，首辅申时行、神宗同意，遂上《争从祀疏》，反对阳明祀孔庙。著有唐伯元《醉经楼集·附刻》，方耀刻，清道光 29 年（1849）版；《铨曹仪注》，上海古籍出版社，1995。

万历三年乙亥（1575），先生 41 岁。

迁吏部南文选郎中，居南京。

万历四年丙子（1576），先生 42 岁。

秋，与祝冠乡会讲于天真书院。后于其山庐讨论月余①。

或在此一两年，母病危，请告归，以不及诀为恨。丁内艰②。是年，赵贞吉卒。

万历五年丁丑（1577），先生 43 岁。

秋，首辅张居正父忧。先是，翰林院众官员与礼部尚书张瀚张居正居忧，未允。发生所谓"夺情"事件。

万历七年己卯（1579），先生 45 岁。

正月，毁天下书院。时士大夫竞讲学，张居正特恶之，尽改各省书院为公廨。

万历八年庚辰（1580），先生 46 岁。

春，孟化鲤访孟秋于山海关③。湖州有进士六人举南宫，作《赠同郡六子序》④。

或在此年，除服，补兵部车驾郎中。得以于此年以兵曹往京入觐⑤。

万历九年辛巳（1581），先生 47 岁。

春，李贽辞姚安知府，携子女迁黄安，入耿府门客兼任教。

万历十年壬午（1582），先生 48 岁。

前江陵问马政。而王篆自以为功，使亲己，先生不应，出任建昌

---

① 吴震：《明代知识界讲学活动系年》，学林出版社，2004，第 323 页。后，1580 年、1583年、1588 年均有面会。
② 旧时遭母丧称"内艰"。
③ 吴震：《明代知识界讲学活动系年》，学林出版社，2004，第 353～354 页。
④ 《敬和堂集》（四卷本），第 519～520 页。
⑤ 《敬和堂集》（四卷本），第 514～515 页。

知府（从四品）①。

暇集诸生讲学，征访学友。与魏敬吾、万思默同访罗汝芳于从孤山②。

是年，六月二十日，张居正病逝。

是年夏，福建按臣陈子贞曾上《经筵讲章》。后，朝廷颁刻，先生恰巡抚福建，序之，申明去物蔽，明善复人之天性③。

冬十一月三日，往京入觐④。过金华兰溪，访徐鲁源，纵论薛敬轩、陈白沙、王阳明、王塘南、邓定宇诸儒学问得失。鲁源以"志学为的"，敬庵立志清欲根、去习气，以达真性之学⑤。

仲冬，有《壬午仲冬过杨庄纪事》⑥。季冬，谒孟庙，有《壬午冬瞻谒孟庙，携阎后夫、沈虚中》⑦。

万历十一年癸未（1583），先生49岁。

居南城。或在此一两年，藩王某治别业，侵民界，先生止。后，又拳藩王某归还民某之被夺之产⑧。

---

① 据黄宗羲《明儒学案》载，考功王篆修怨，复中计典，谪盐运司判官。另据叶向高说，太宰不怿敬庵。敬庵与张邓二太史谈论不辍，时江陵禁学。江陵仲子归楚，索邮符，终投其符去。江陵似不喜先生，尝众中斜眼看先生。盖，叶向高与孙鑨在江陵对敬庵的看法颇不同也。叶向高：《嘉议大夫兵部左侍郎赠南京工部尚书许敬庵先生墓志铭》，第412页。

② 吴震：《明代知识界讲学活动系年》，学林出版社，2004，第355～356页。

③ 《敬和堂集》（四卷本），四库存目丛书集部第136册，第500页。补：陈子贞，南昌人，1580年进士。

④ 孙鑨和敬庵本人曾说，在此年往京入觐。他说"癸未以郡吏得复入觐"。《敬和堂集》（四卷本），第514～515页。或，先生之误记载也。孙鑨说，"十一年入觐抵京，因携邓叟所著函史示余，余曰可济世否？公曰，未敢轻许。然是务，寔践人也。是岁，余掌选以公俸。甫及二年，未敢破例"。见孙鑨《兵部左侍郎赠南京工部尚书许公孚远神道碑》。

⑤ 《敬和堂集》卷十，第18～21页。

⑥ 《敬和堂集》卷十三，第19页。

⑦ 《敬和堂集》卷十三，第4页。

⑧ 叶向高：《嘉议大夫兵部左侍郎赠南京工部尚书许敬庵先生墓志铭》，第412页。

是年春，申时行始任首辅。给事中邹南皋①请求恢复全国书院，得到皇帝批准。

有《简董子儒》②。夏六月，南城久旱无雨，作《麻姑山祈雨记》③。

秋，返南粤，与魏敬吾、万思默访罗汝芳于从姑山房，有竟日之谈④。请罗汝芳序训诸生"克己复礼"章。

孟冬，胡庐山"不远千里，缄书遗孚远，属之"序曾凤仪刻《胡子衡齐》⑤。敬庵说，朱紫阳议论训释，稍有矛盾于孔氏。王文成厥旨弘畅矣，但末流侈虚谈而鲜实行，君子惑焉。提出自己的"止至善"说，可以安心、顺性、诚。

序赵德仲刻李见罗之《观我堂摘稿十二卷》，指出见罗之止于修身与自己的"止至善"说相契，再次批评朱王二派后学"争衡聚讼"，导致"身心割裂""知行离畔"，世儒"空谈、无补世用"⑥。

王龙溪卒。

万历十二年甲申（1584），先生50岁。

居南城。

十年，帝令抄张居正家，张居正弟弟与儿子充军，另一子自杀。

---

① 邹元标（1551～1624），字尔瞻，号南皋，江西吉水人。少即有志为学，与赵南星、顾宪成号为"三君"，有《愿学集》8卷（四库全书第1294册，上海古籍出版社，1987）、《邹南皋语义合编》4卷（四库存目丛书子部第14册，台南庄严文化事业文化有限公司，1995）。

② 《敬和堂集》卷四书上，第27～28页。

③ 《敬和堂集》（四卷本），第530～532页。

④ 吴震：《罗汝芳评传》，南京大学出版社，2005，第156～171页。

⑤ 《敬和堂集》（四卷本），第506～507页。胡直（1517～1585），江西省泰和县人，1556年进士。历任四川提学副使、广东按察使、福建按察使等。年26岁时从欧阳德学，年31岁时从罗汝先学，与陈大伦、邓鲁友曾讲学螺水上。有《胡子衡齐》（四库存目丛书子部第11册，台南庄严文化事业文化有限公司，1995）、《衡庐精舍藏稿、续稿》（四库全书，第1287册集部，上海古籍出版社，1987）。

⑥ 《敬和堂集》（四卷本），第507～508页。《观我堂摘稿》，集凡《大学古本义》一卷，《书问》十卷，《杂著》一卷，与目前通行本大类。

诏以陈献章、胡居仁、王守仁从祀孔庙。

守府，廉谨毋庸谈，尤以敦教化为务。大约如黄颍川、韩冯翊规模，不废讲学。新城举人邓元锡，笃行著书，公甚重之。亲造其庐，谒焉①。举邓元锡②孝廉。

悲丧礼之难行，叹益世子之孝行，作《益世子孝行诗序》③。

离南城，邓潜谷追随送别，扁舟相对，周旋四十余日而别④。

万历十三年乙酉（1585），先生51岁。

督学秦中，任陕西提学副使，正月西度函关⑤。盖先生经给事中邹南皋推荐，擢为陕西提学副使。任上，以身作则，考核肃然。敬礼贡士王之士⑥。后，赵汝师荐王之士、刘元卿⑦、邓元锡三人为天下士。

或在此年，资建长武县儒学堂，有《新建长武县儒学记》⑧。撰《陕西武举录序》，叹录取的武举人才仅占报名人数二十之一⑨。应同僚余善先、龚进甫之请，序赵贞吉《赵文肃公文集》⑩。

---

① 孙鑛：《兵部左侍郎赠南京工部尚书许公孚远神道碑》，第1697~1699页。
② 邓元锡（1529~1593），字汝极，号潜谷，江西黎川日峰镇人。年十三，从黄在川学，喜经史。年十七，行社仓法，储粮备荒，赈灾扶困。闻罗近溪学，从之游。1555年中举后，潜心著述，与乡贤邹守益、刘邦采、刘阳等商学，有《潜学编》十二卷（四库存目丛书集部，第130册，台南庄严文化事业文化有限公司，1997）。
③ 《敬和堂集》（四卷本），第503~504页。
④ 《敬和堂集》卷十一，第12~15页。
⑤ 《敬和堂集》（四卷本），《游华岳记》，第532~534页。
⑥ 王之士（1528~1590），字欲立，号秦关，西安西关人。1558年乡试中举，后屡试未第。闭户读书多年。置义仓、义田。1585年，受敬庵之聘，讲学正学书院。
⑦ 刘元卿（1544~1609），字调甫，号旋宇、泸潇，江西莲花坊楼乡南陂村人。1570年乡试夺魁，因"五策伤时，忤张居正"。1572年立复礼书院，1574年下第，遂潜心讲学。有《刘聘君全集十二卷》（四库存目丛书集部第154册，台南庄严文化事业文化有限公司，1997）。敬庵客岁金陵，得遇刘元卿，赞其有用世之才。
⑧ 《敬和堂集》（四卷本），第526~527页。
⑨ 《敬和堂集》（四卷本），第500~501页。
⑩ 《敬和堂集》（四卷本），第505~506页。

是年起，海瑞任南京右都御史，罢戚继光。范钦（1506～1585，尧卿，号东明，浙江宁波鄞县人，嘉靖十一年进士，曾任湖广随州知州）、胡直捐馆。

徐子敬将有入觐之行，作《送徐佥宪入觐序》①。

万历十四年丙戌（1586），先生 52 岁。

初，帝子常洵生，立储之争始出，"上下否隔"已开。帝励精图治念渐消。

在陕。夏六月，与浦城校士、原仲文登华山，半路而返。九月，与华阴屈叔虚、洛南杨之尹、张可大登华山，为华山美景折服。因见细人胡真海十年前构垣宇，影响山容，令华阴令刘某毁之。意于白云峰头立观览亭，与田若彭、原仲文观察捐助。十月朔后二日，作《游华岳记》②。

约在此两年间，湖州知府沈孟化③、李同芳④捐资修复唐一庵祠堂（原一庵书院）成，延于祠内，共究一庵"真心学"⑤。

或在此一两年，劝秦藩诸宗戒厚丧，终致一日简葬数百家⑥。

撰《雁塔题名记》，记去年萧良誉来关中拔士，遥想张载、吕枏、王恕、韩邦奇、马理、杨爵诸儒⑦。

_____

① 《敬和堂集》（四卷本），第 514～515 页。
② 《敬和堂集》（四卷本），《游华岳记》，四库存目丛书集部第 136 册，第 532～534 页。
③ 沈孟化，字观瀛，福建永定人，隆庆甲戌（1568）进士。历浦江知县、湖州府知府、广东按察司副使、广西布政司左参政等。
④ 李同芳，字济美，号晴原，江苏昆山人，万历庚辰（1580）进士，历刑部主事、浙江提学副使、贵州按察使、广东按察使、山东巡抚。因抗疏力争福王封洛，遂请告归。
⑤ 《唐一庵先生祠堂记》，《敬和堂集》，四库存目丛书集部第 136 册，第 528～529 页。先是，一庵捐馆后，直指滕伯轮、督学萧稟从诸生请，立一庵肖像于书院寝室。后，张居正当权，毁天下书院，幸得郡守李颐权易书院坊额为祠堂，一庵书院幸免被毁。补：滕伯轮（1526～1589），字汝载，福建瓯宁人，1562 年壬戌进士，历番禺知县、兵备副使、两浙学政、浙江参政、南京右佥都御史、副都御史、浙江巡抚。
⑥ 叶向高：《嘉议大夫兵部左侍郎赠南京工部尚书许敬庵先生墓志铭》，第 412 页。
⑦ 《敬和堂集》（四卷本），第 527 页。

梁方伯将有宁夏巡抚之行，作《赠梁方伯开府宁镇序》①。

万历十五年（1587），先生53岁。

督学陕西。

是年阳历11月13日，南京右都御史海瑞（1514～1587，海南琼山人）去世。

十一月戊子，郧阳兵噪，巡抚都御史李材（1519～1595，江西丰城人，先生挚友也）罢。

是年，李贽与耿定向彻底决裂，互相责骂②。

万历十六年戊子（1588），先生54岁。

十二月十二日，著名将领戚继光去世。

因念父封，乞归得允。是年，擢应天府丞。封公促其官，往南京赴任。

高淳有洼田直，当涂水下流得，堤乃可耕，而堤址在当涂大姓靳之两界，民至讧相杀，历数十年，讼莫决。适章君嘉祯知当涂县，素与公契，因共平心谳解之讼息而堤成。公又疏请发帑金万五千，令可堤者，咸堤之，饶获者数千家③。

三月，老友左春坊左谕德张子荩捐馆④。

---

① 《敬和堂集》（四卷本），第513～514页。
② 黄仁宇：《万历十五年》，三联书店，2009，第259页。
③ 孙鑛：《兵部左侍郎赠南京工部尚书许公孚远神道碑》，第1697～1699页。
④ 阳和与先生交往甚密，其告敬庵说，"近世谈学者，但知良知本来具足，本来圆通，窥见影响，便以为把柄在手，而不复知有戒慎恐惧之功。以嗜欲为天机，以情识为智慧，自以为寂然不动，而妄动愈多，自以为廓然无我，而有我愈固，名检荡然，阳明之良知，果若是乎？一念之动，其正与否，人不及知而己独知之，即此是独，即此是良知，於此格之，即是慎独，即是致良知。物与知无二体，格与致无二功也。但於意念之间，时时省克，自然欲净理还。来教以则训格，谓物皆有定则，一循其则而不违，是为格物也。知体无穷，物则有定，若然，是将以知不足恃，而取则於物矣；是将舍吾心之天则，又索之於外矣；是将歧知与物而二之矣。请就兄之言而反覆之，知体无穷，物之体亦无穷，何也？凡物之理，千变万化，不可为典要，若云有定，不为子莫之执中乎？物则有定，知之则亦有定，何也？帝降之衷，天然自有，不爽毫发，若曰无穷，则将舍规而为圆，舍矩而为方乎？"（《与许敬庵》，张元忭：《不二斋论学书》）

是年，上《为李见罗上当涂诸老书》①，坐为李材讼冤，贬二秩②。公与李同年，以讲学相知，因刻揭投诸司申救，然亦止冀免其死耳③。

夏，李贽剃头入空门，不受戒、不嗥祷。

降外归。秋，有《戊子秋别白下诸公登江舟即事》④。

十二月，爱女亡。

万历十七年己丑（1589），先生55岁。

二月，渡江拜张子荩墓。过数月，获送考封公终。德清山斋居忧。

陕西王之士携仆人彭道、子王从陕西出发，"扶病冲寒，出武关"，顺江汉，过江西黎川，五月，与邓元锡子邓仪到德清龟溪看望敬庵，敬庵留之月余⑤。赠《阙里瞻思序》⑥。

腊月，学者魏显国来访学，帮助其订正《史书大全》⑦。

万历十八年庚寅（1590），先生56岁。

德清山斋居忧。王之士捐馆。

万历十九年辛卯（1591），先生年57岁。

德清山斋居忧。

---

① 《敬和堂集》卷四书上，第2～4页。
② 云南巡按苏瓒逢政府之意，劾先生破缅之役，攘冒蛮功，首级多伪。有旨逮问，上必欲杀之。刑部初拟徒，再拟戍，皆不听。言者强诤，上持愈坚，法吏皆震怖。刑部郎中高从礼曰："明主可以理夺。"乃操笔为奏曰："材用蛮败缅，不无辟地之功，据揭申文，自抵冈上之罪。臣子报功失实，死有余辜，君父宥罪矜疑，人将效命。"天子视奏，颇为色动。
③ 孙鑛：《兵部左侍郎赠南京工部尚书许公孚远神道碑》，《献征录》卷41，第1697～1699页。
④ 《敬和堂集》卷十三，第32页。
⑤ 《送王孝廉序》，《敬和堂集》（四卷本），第520～521页。王之士经江西黎川时，拜会邓元锡，相讨学问两月余。过南昌，见章潢（号本清）。过上饶，见杨时乔（号止庵）。
⑥ 《敬和堂集》（四卷本），第508～509页。
⑦ 《史书大全序》，《敬和堂集》（四卷本），第501～503页。

正月，序南昌学者魏显国《史书大全》①。是年，申时行去首辅职。

万历二十年壬辰（1592），先生58岁。

3月，假道朝鲜进攻明国，并请多多包涵与协助，秀吉曾致书朝鲜国王云："吾欲假道贵国，超越山海而直入于明使四百州溶化我俗，以施王政于亿万斯年。"丰臣秀吉率30万大军发动第一次日朝战争。

或在此一两年，平湖陆光祖急荐先生②，起广东佥事，上欲以廉、寡欲为天下第一。

旋移广西副使、粤西通政。

补：9月辛未，建州卫的女真人努尔哈赤在向明朝朝贡马匹的贸易后，听说日本军入侵朝鲜之事，派使臣马三非来朝鲜说：称建州卫部下有马军三四万，步军四五万人，皆精勇惯战，听说倭军入侵朝鲜，因为跟朝鲜唇齿相依，愿意出兵援助朝鲜。经过朝鲜国王宣祖与大臣讨论后，礼貌性地拒绝了。

秋，有《壬辰秋经黄河》③。

十二月十七日圣旨下，召入右佥都御史，巡抚福建。十九日领旨④。

---

① 详见乔治忠《魏显国的通史著述与史学思想：日本藏本〈历代史书大全〉书后》，《史学史研究》2004年第3期。乔撰文说，魏显国的《历代史书大全》有郭子章《史书大全序》和许孚远《史书大全序》各一篇，但是郭、许二人之《序》，却被该书错误地装订在第23册《宋帝纪》之前。郭子章的《史书大全序》未见于他处，签署日期为万历庚寅即万历十八年（1590）九月九日，而许《序》签署为万历辛卯年春正月撰。值得注意的是，许孚远的《史书大全序》另见于他的《敬和堂集》（四卷本），不仅删去撰写日期，也删节一些重要的内容。补：乔治忠，历史学博士，南开大学历史学院教授、博导。

② 陆光祖（1531~1597），字与绳，浙江平湖人。祖父陆淞、父亲陆杲皆进士。1547年进士，历任河南浚县知县、南京礼部主事、验封郎中、文选、太常少卿、工部右侍郎、南京兵部右侍郎、吏部尚书等。

③ 《敬和堂集》卷十三，第32页。

④ 已跨至公元1593年，为保持与旧有记载一致，沿用农历年。

万历二十一年癸巳（1593），先生年59岁。

正月，政府与丰臣秀吉在平壤展开决战，取得大胜，迫使日军渡过大同江，退保龙山。

二月二十八日，敬庵入福建境内。有《交代谢恩疏》①。

居闽。

吕宋国酋子讼商人袭杀其父，孚远以闻，诏戮罪人，厚犒其使。

福州饥，民掠官府，孚远擒倡首者，乱稍定，而给事中耿随龙、御史甘士价等劾孚远宜斥，帝不问。

所部多僧田，孚远入其六于官。

又募民垦海坛地八万三千有奇，筑城建营舍，聚兵以守，因请推行于南日、彭湖及浙中陈钱、金塘、玉环、南麂诸岛，皆报可②。

四月，见罗发闽镇海卫。先生与见罗最善，见罗下狱，拯之无所不至。及见罗戍闽，道上仍用督抚威仪。先生时为闽抚，出城迓之，相见劳苦涕泣，已而正色曰："公蒙恩得出，犹是罪人，当贬损思过，而鼓吹喧耀，此岂待罪之体？"见罗艴然曰："迂阔！"先生颜色愈和，其交友真至如此③。

四月八日，中日双方在汉城龙山会谈。

七月，有《癸巳七月之望陈怀云直指招引荷亭》④。

七月十四日，黎川邓潜谷捐馆。

中秋，有《癸巳中秋坐庭中语儿大受与周生希孔》⑤。

---

① 《抚闽疏》，《敬和堂集》，第1~4页。
② 《明史》。
③ 据黄宗羲《明儒学案》载。
④ 《敬和堂集》卷十三，第33页。直指是朝廷设置的专管巡视、处理各地政事的官员。
⑤ 《敬和堂集》卷十三，第35页。

是年，刻印《大学古本一卷大学述一卷大学述答问一卷》①。书成，广寄老师、学友、门人，以求订正。

邓元锡卒。

十二月，神宗下令从朝鲜撤军。

万历二十二年甲午（1594），先生60岁。

居闽。

正月，上《请计处倭酋疏》，倭陷朝鲜，议封贡。敬庵说，"平秀吉此酋起于厮役，由丙戌（万历十四年）到今（万历二十二年），不七八年，而篡夺国柄，诈降诸岛，縶其子弟，臣其父兄，不可谓无奸雄之智。兴兵朝鲜，席卷数道，非我皇上赫焉震怒，命将东征，则朝鲜君臣几于尽为俘虏，不可谓无攻伐之谋。整造战舰以数千计，征兵诸州以数十万计，皆曩时所未有，日夜图度，思得一逞，不可谓无窥中国之心……议者多谓封贡不成，倭必大举入寇，不知秀吉妄图情形久著，封贡亦来，不封贡亦来，特迟速之间耳"，孚远请敕谕擒斩平秀吉，不从②。先是，去年三四月，先生派刺探前往日本打探消息。八九月，消息传来，先生甚为警惕③。"后来的事态发展证明，许孚远的论断是正确的，封贡只是丰臣秀吉的一个幌子，一部分明朝大臣以为只要答应'封贡'就可以使日军不再进犯朝鲜，显然是过分幼稚的妄想"④。

---

①　（明）许孚远：《大学古本一卷大学述一卷大学述答问一卷》，台北：中国子学名著集成编印基金会，1978年影印万历二十一年刊本。敬庵《敬和堂》《大学述》曰，"宋儒司马温公尝有捍去外物之说。近时天台王子、泾阳胡子皆主格去物欲之说……顷山七闽，得温陵苏子所遗'格物'之解，若合符契，后益信人心之所同然"。详述，参见朱彝尊《经义考》卷16，中华书局影印1936年《四部备要》本，1998；姜广辉《走向理学的经典诠释：理学化经学"问题意识"举要》，《国学学刊》2009年第1辑。

②　《抚闽疏》，《敬和堂集》，第70～85页。

③　《抚闽疏》，《敬和堂集》，第71～72页。

④　樊树志：《万历年间的朝鲜战争》，《复旦学报》（社会科学版）2003年第6期。

或在此两年间，招缪希雍闽抚幕客①。创立共学书院。

孟春，叶向高（时年35岁）作序《敬和堂集》（八卷本，现存四卷，简称四卷本），赞先生"名德大儒"②。

六月丁卯，作《祭邓汝极待诏》③。

中秋，有《甲午中秋玩月》④。十二月底，李材往广东会高攀龙⑤。

万历二十三年乙未（1595），先生61岁。

在福建任巡抚，满两年。孟春，九曲山人林烃（时年56岁）序《敬和堂诗》⑥。

擢南大理卿（廷尉）。

或在此数年，与侍郎杨起元、尚宝司卿周汝登，并主南京讲席。汝登以无善无恶为宗，孚远作《九谛》以难之，言："文成宗旨，原与圣门不异，以性无不善，故知无不良。良知即是未发之中，立论至为明晰。无善无恶心之体一语，盖指其未发时，廓然寂然者而言之，止形容得一静字，合下三语，始为无病。今以心意知物，俱无善恶可

---

① 缪希雍（1546～1627）字仲淳，号慕台，江苏常熟人，寓居浙江长兴、江苏金坛。晚明著名医学家。1587年，与丁元荐交游。丁元荐，字长孺，湖州长兴人。元荐初学于许孚远，后从顾宪成游。万历十四年进士。家居八年，始谒选为中书舍人。阅十有二年，起广东按察司经历，移礼部主事。

② 《敬和堂集》（四卷本），第497～498页。是集前有叶向高《序》，每卷之首尚空其次第，未镌以版心号数，序一卷、记一卷、杂著一卷、书一卷、疏二卷、公移二卷。此版本与日本内阁文库藏（内有"浅草文库"字样）颇不同，大补日本版的不足。除杂著卷、书卷有重叠部分，序卷、记卷基本上不一样。补：叶向高（1559～1627），字进卿，号台山、福庐山人，福建福州福清人。1583年进士。1594年授南京国子监司业，后召为左庶子，充皇长子侍班官。又升任南京礼部右侍郎、改任吏部右侍郎。万历后期至天启年间任首辅，明朝著名政治家。

③ 《敬和堂集》卷十一，第12～15页。

④ 《敬和堂集》卷十三，第36页。

⑤ 吴震：《明代知识界讲学活动系年》，学林出版社，2004，第403～404页。

⑥ 《敬和堂集》卷十三，序第1～3页。补：林烃（1540～1616年）字贞耀，号仲山、九曲山人，福建福州仓山区林浦村人。1562年进士，授刑部主事。1567年改南京兵部郎中，转库部郎。出知建昌府、安徽太平府、苏州知府、广西按察副使。请归养，16年后补浙江金衢副使，转广东岭南参政，升南京太仆少卿、工部尚书。

言者，非文成之正传也。"彼此论益龃龉。

秋，门人冯从吾于关中宝庆寺讲学，立会约，每月三会，以理学书籍为宗①。

万历二十四年丙申（1596），先生62岁。

任南大理卿（廷尉），佐当枢。

三月乙亥，乾清、坤宁两宫灾。上疏以回天转治说。

万历二十五年丁酉（1597），先生63岁。

正月十五日，丰臣秀吉率十二万之众发动了第二次朝鲜战争。

帝大怒，革兵部尚书石星等人，令邢玠以兵部尚书出任总督，都御史杨镐经略朝鲜军务，再次出兵援朝。明军不得不投入十一万之众，所谓的第二次东征，鏖战到该年8月，致使晚明财政有所亏空。

先生该年协助当枢，并尝代大司马署事，精选勇敢将领，造舰，东征事务②。

八月十八日，与杨启元举会讲于神乐道院③。

是年，孙夏峰与鹿伯顺论交。

万历二十六年戊戌（1598），先生64岁。

是年，满考，当赴阙，以大司马在告例，不得行。

门人冯从吾在关中于每年正月初六，各携饼酒若干于某公所会讲④。

阳历8月，丰臣秀吉病亡。遣侦者某浮海得此消息，与前策合。众颇服先生也⑤。10月，丰臣秀吉8月死讯于京都伏见城的消息传至

---

① 吴震：《明代知识界讲学活动系年》，学林出版社，2004，第408~409页。
② 叶向高：《嘉议大夫兵部左侍郎赠南京工部尚书许敬庵先生墓志铭》，第413页。
③ 吴震：《明代知识界讲学活动系年》，学林出版社，2004，第411~412页。
④ 吴震：《明代知识界讲学活动系年》，学林出版社，2004，第415~416页。
⑤ 叶向高：《嘉议大夫兵部左侍郎赠南京工部尚书许敬庵先生墓志铭》，第413页。

朝鲜，日军士气因而受挫，开始准备撤退。

八月，顾泾阳与管东溟就无善无恶进行辩论，即"太极"对"无极"之辩①。

万历二十七年己亥（1599），先生65岁。

四月，明军班师回朝。同日，神宗皇帝接受百官朝贺，祭告郊庙②。

或在此年，征入为左司马。行至清源，疾作乞归③。

万历二十八年庚子（1600），先生66岁。

或在此年，乞休，疏五请，乃许。

先生居家，不殖生产，亦不如二疏行乐。日孜孜惟以讲学为务，尝以所著《论语述》寄孙鑛。盖公于阳明极服膺。然所讲者，非良知也。生平质直，不满饰之委曲，事至立断身所行如所讲，常以身验学。遇人无厚薄，咸吐诚磊落可喜。盖自谓学所得如此，然彼口语亦坐此矣④。

万历二十九年辛丑（1601），先生67岁。

---

① 吴震：《明代知识界讲学活动系年》，学林出版社，2004，第416~418页。

② 据历史学家研究，两次东征（1592~1593；1597~1598），给农业为主的明朝财政造成较为严重的赤字。明朝税率在5.5%~12%间，政府税收无法支应突发状况，援朝支出在实质上是由太仓库支应的，一年均出240万两，太仓库1592年有700万两，每年流入约209万两，援朝造成太仓库赤字。神宗没，太仓库完全匮乏，财政紊乱。另，援朝30万兵力等于明朝近40%的兵力，损失3万优秀将士，而建州女真努尔哈赤也在"文禄·庆长之役"中仔细观察明军作战方式，日后对明战役中占有一定优势。

③ 叶向高：《嘉议大夫兵部左侍郎赠南京工部尚书许敬庵先生墓志铭》，第413页。另，依孙鑛说，"向时倭未平，公既佐留枢，仍募闽人往探，又佐尚书料理诸兵事。当事者以公熟倭情，改北兵左。然公在南都，以闲曹，又盛讲学，与礼部杨公起元俱以部堂为领袖，持论不同。旁观者颇起口语。又昔按闽者，适宦南都二十三年外，计已谋以冒滥中公。至是，复借讲学造端，遂不可解。抵清源，甫半道，被论"。据《明史》载，孚远抚福建，与巡按御史陈子贞不相得，子贞督学南畿，遂密讽同列拾遗劾之。孙鑛：《兵部左侍郎赠南京工部尚书许公孚远神道碑》，第1697~1699页。盖，二先生关于敬庵清源归之事又不同也，一主疾说，一主党争说。

④ 孙鑛：《兵部左侍郎赠南京工部尚书许公孚远神道碑》，第1697~1699页。

先生居家。

或在此数年，订《学庸述》，作《学庸支言》《大学敩》《论语述》。为管东溟《六龙解》作评揭《周易大纲》六篇①。

万历三十年（1602），先生68岁。

是年，李贽（1527~1602，福建泉州人）被逮至京师，自刭于狱中。

万历三十一年（1603），先生69岁。

时年26岁的刘宗周经陈植槐介绍见许敬庵，遂执北面礼师事之②。

敬庵告诫宗周道，"为学不在虚知，要归实践；因追溯平生酒色财气，分数消长，以自考功力之进退。蕺山得之猛省"③。

宗周回忆道，"余尝亲受业许师，见师端凝敦大，言动兢兢，俨然儒矩。其密缮身心，纤恶不肯放过，于天理、人欲之辩三致意焉。尝深夜与门人弟辈阒然静坐，辄追数平生酒色财气、分数消长以自证，其所学笃实如此"④。

万历三十二年甲辰（1604），先生70岁。

是年，顾叔时、高景逸始讲学东林书院。先生扁舟过锡山，与东林诸公游⑤。

复举湖州岘山逸老堂，论文讲德，士大夫多从之游。

---

① 叶向高：《嘉议大夫兵部左侍郎赠南京工部尚书许敬庵先生墓志铭》，第413页。管志道（1536~1608），字登之，号东溟，江苏太仓人。1571年进士，曾任兵部主事、广东按察金事，著有《问辨牍》。
② 刘宗周（1578~1645），字起东，号念台、蕺山。1601年进士，历顺天府尹、工部侍郎。1645年清军南下入浙，在家乡绝食殉节。明代最后的儒家，著名教育家、思想家。弟子有黄宗羲、陈确、张履祥等。
③ 刘宗周：《刘子全书》卷四十，《年谱》"甲辰二十七岁"条，清道光十五年刻本。
④ 《明儒学案》卷首，《师说》，中华书局，1985，第13页。
⑤ 叶向高：《嘉议大夫兵部左侍郎赠南京工部尚书许敬庵先生墓志铭》，第413页。

七月二日，因脾病捐馆。

墓在乌程官泽山。

有一子，全名许大受，其《圣朝佐辟》以批判天主教而闻名①。

清乾隆四十一年（1776），春，吴江震泽人杨复吉跋王炜撰的《九谛疏解》②。

1974 年，日本学者冈田武彦撰《刘念台と许敬庵》（《宇野哲人先生寿祝贺东洋学论丛》，东京宇野哲人先生白寿祝贺纪念会）。冈田在《王阳明与明末儒学》一书中说："说到湛门派的大儒，那就是许敬庵与冯少墟吧！"并专列一节讨论敬庵思想③。

1981 年，柴田笃撰《许敬庵の思想：朱子学と阳明学の间をめぐって》论文。

1983 年，台湾学者蔡仁厚对敬庵《九谛》与周汝登《九解》进行深度比较④。

2008 年，湖北大学姚才刚博士撰《许孚远哲学思想初探》⑤。

---

① 对大受学问详细的分析参阅其《僧俗联手斥耶之自诠》，何俊《西学与晚明思想的裂变》，上海人民出版社，1998。

② 王炜：《九谛疏解》，丛书集成续编第 77 册，上海书店出版社，1994，第 523～536 页。明遗民王炜（1626～约 1690），号不庵，字无闷，顺治间更名为艮，安徽歙县人。有《易赞》。杨复吉（1747～1820）藏书家，字列侯，号慧楼，江苏吴江人。1772 年进士。拜王鸣盛为师，学于笠泽书院。著有《梦兰琐笔》等。

③ 〔日〕冈田武彦：《王阳明与明末儒学》，吴光等译，上海古籍出版社，2000，第 261 页。

④ 蔡仁厚：《王门天泉"四无"宗旨之论辩》，氏著：《新儒家的精神方向》，台湾学生书局，1984，第 239～276 页。

⑤ 姚才刚：《许孚远哲学思想初探》，《中国哲学史》2008 年第 1 期，第 94～99 页。

参考书目

一　宋元儒家古籍文献

（宋）周敦颐：《周敦颐集》，陈克明点校，《理学丛书》，中华书局，2009。

（宋）邵雍：《邵雍集》，郭彧整理，中华书局，2010。

（宋）张载：《张载集》，章锡琛点校，中华书局，1978。

（宋）程颢、程颐：《二程集》，王孝鱼点校，《理学丛书》，中华书局，2004。

（宋）杨时：《杨龟山集》，《丛书集成初编》第 2367～2368 册，中华书局，1985。

（宋）杨时：《龟山集》，四库全书第 1125 册（集部），上海古籍出版社，1987。

（宋）罗从彦：《罗豫章集》，《丛书集成初编》第 2365～2366 册，中华书局，1985。

（宋）罗从彦：《豫章罗先生文集》，北京图书馆出版社，2006。

（宋）李侗：《李延平集》，《丛书集成初编》第 2047 册，中华书局，1985。

（宋）李侗：《李延平先生文集五卷》，（宋）朱熹辑，四库全书存目丛书集部第 15 册，台南庄严文化事业有限公司，1997。

（宋）朱熹：《朱子全书》（27 册），朱杰人、严佐之、刘永翔主编，上海古籍出版社，2002。

（宋）黄榦：《黄勉斋先生文集》，《丛书集成初编》第 2408 ～ 2410 册，中华书局，1985。

（宋）黄榦：《勉斋集》，四库全书第 1168 册（集部），上海古籍出版社，1987。

（宋）何基：《何北山先生遗集》，《丛书集成初编》第 2039 册，中华书局，1985。

（宋）王柏：《鲁斋集》，《丛书集成初编》第 2402 ～ 2404 册，中华书局，1985。

（宋）王柏：《鲁斋集》，四库全书第 1186 册（集部）。

（宋）王柏：《研几图一卷》，四库全书存目丛书子部第 6 册，台南庄严文化事业有限公司，1997。

（元）金履祥：《仁山集》，《丛书集成初编》第 2001 ～ 2002 册，中华书局，1985。

（元）金履祥：《仁山文集》（附录），四库全书第 1189 册（集部）。

（元）金履祥：《宋金仁山先生选辑濂洛风雅六卷》，四库全书存目丛书集部第 289 册，台南庄严文化事业有限公司，1997。

（元）柳贯：《待制集》（附录），四库全书第 1210 册（集部），上海古籍出版社，1987。

二　学案类著作

（明）朱棣：《圣学心法》（4卷），明永乐七年内府刻本，四库全书存目丛书子部第6册。

（明）陈建：《学蔀通辨》（前编三卷后编三卷续编三卷终编三卷），明嘉靖二十七年刻本，四库全书存目丛书子部第11册。

（明）陈建：《学蔀通辨》，《丛书集成初编》，第653～634册，中华书局，1985。

（明）王冀：《大儒心学语录》（27卷），明嘉靖二十八年刻本，四库全书存目丛书子部第7册。

（明）吴桂森：《真儒一脉》，天启间刻本，四库全书存目丛书子部第15册。

赵仲全：《梅峰语录》，《丛书集成初编》第656册，中华书局，1985。

（清）孙奇逢：《理学宗传》，收入《孙奇逢集》，张显清编，中州古籍出版社，2003。

（清）黄宗羲：《明儒学案》，沈芝盈点校，中华书局，1985。

（清）于准：《先儒正修录三卷、先儒齐治录三卷》，清康熙间刻本，四库全书存目丛书子部第23册。

（明）唐顺之：《唐荆川先生编纂诸儒语要十卷》，明万历三十年吴达可刻本，四库全书存目丛书子部第10册。

（明）徐用检：《三先生类要五卷》，北京师范大学图书馆藏明万历刻本，四库全书存目丛书子部第11册。

（明）魏时亮：《大儒学粹九卷》，明万历十六年刻本，四库全书存目丛书子部第11册。

（明）刘元卿：《诸儒学案》，明万历刻刘应举修补本，四库全书存目丛书子部第 12 册。

（明）方学渐：《心学宗四卷》，清康熙间继声堂刻本，四库全书存目丛书子部第 12 册。

（明）周汝登：《圣学宗传十八卷》，明万历三十四年刊本，四库全书存目丛书史部第 98～99 册。

（明）周汝登：《王门宗旨十一卷》，明万历间余懋孳刻本，四库全书存目丛书子部第 13 册。

（明）唐鹤徵：《宪世前编、宪世编》，明万历四十二年纯白斋刻本，四库全书存目丛书子部第 12 册。

（明）张自勋：《心书四卷》，清嘉庆十六年刻本，四库全书存目丛书子部第 19 册。

（清）范鄗鼎：《理学备考》，四库全书存目丛书史部第 121～122 册。

（清）万斯同：《儒林宗派》，四库全书史部第 458 册。

（清）江蕃：《汉学师承记》，中华书局，2006。

（清）唐鉴：《唐鉴集》，岳麓书社，2010。

（清）方东树：《汉学商兑》，续修四库全书子部儒家类第 951 册。

卢钟锋：《中国传统学术史》，河南人民出版社，1998。

陈祖武：《中国学案史》，东方出版社，2008。

三　崇仁学派与江门学派古籍文献

（明）吴与弼：《康斋集》，四库全书集部第 1251 册。

（明）陈献章：《陈献章集》（上、下），孙通海校，中华书局，2008。

（明）胡居仁：《胡敬斋集》，《丛书集成初编》第 2162 册，中华书局，1985。

（明）胡居仁：《胡文敬集》，四库全书集部第 1260 册。

（明）胡居仁：《敬斋集》，董平点校，儒藏精华篇第 252 册，北京大学出版社，2008。

（明）胡居仁：《居业录》，《丛书集成初编》第 656～657 册，中华书局，1985。

（明）胡居仁：《居业录》，四库全书子部第 714 册。

（明）杨廉：《杨文恪公集》，续修四库全书集部别集类，影印山东省图书馆藏明刻本，第 1332～1333 册。

（明）杨廉：《皇明理学名臣言行录》（2 卷），《丛书人物传记资料类编》（学林卷 6），（明）祁承业辑，国朝征信丛录本，北京图书馆出版社，2010。

（明）杨廉：《新刊皇明名臣言行录》（前 2 卷），四库禁毁丛书史部第 20 册，北京出版社，1997。

（明）娄性：《皇明政要》，四库全书存目丛书史部第 46 册，台南庄严文化事业有限公司，1996。

（明）余祐：《文公先生经世大训》，四库全书存目丛书子部第 6～7 册，台南庄严文化事业有限公司，1995。

（明）林光：《南川冰蘗全集》，罗邦柱点校，中国文史出版社，2004。

（明）湛若水：《湛甘泉先生文集（三十二卷）》，山西大学图书馆藏，清康熙二十年黄楷刻本，四库存目丛书集部第 56～57 册。

（明）张诩：《张东所先生文集（十三卷）》，四库全书存目丛书集部别集类第 43 册。

（明）贺钦：《医闾漫记》，《丛书集成初编》第 2800 册，中华书局，1991。

（明）贺钦：《医闾集》，四库全书集部别集类第 1254 册。

（明）贺钦：《医闾先生集》，张寿镛（辑），江苏广陵古籍刻印社，四明丛书第四集第 24～26 册。

（明）李承箕：《大崖李先生诗集》，四库全书存目丛书集部别集类第 43 册。

（明）蒋信：《蒋道林文粹》，刘晓林点校，岳麓书社，2010。

（明）蒋信：《蒋道林先生桃冈日录》，美国哈佛大学哈佛燕京图书馆藏中文善本汇刊 17，商务印书馆、广西师范大学出版社，2003。

（明）王道：《顺渠先生文录》，日本昭和 7 年（1932）版本。

（明）何迁：《吉阳先生文录四卷诗录六卷》，日本内阁文库版。

（明）何迁：《何吉阳诗集》五卷，湖北安陆图书馆藏。

（明）吕怀：《巾石类稿》（三十卷，现存一卷）。

（明）吕怀：《古乐经传全书二卷》，四库存目丛书经部第 182 册，与湛若水合作。

（明）吕怀：《律吕古义三卷》，四库存目丛书经部第 183 册。

（明）唐伯元：《醉经楼集、附刻》，方耀刻，清道光二十九年（1849）版。

（明）唐伯元：《铨曹仪注》，上海古籍出版社，1995。

（明）杨时乔：《两浙南关榷事书》，上海古籍出版社，1995。

（明）杨时乔：《周易古今文全书》，四库全书存目丛书经部第 8～9 册。

（明）杨时乔：《新刻杨端洁公文集》，四库全书存目丛书集部第 139～140 册。

（明）杨时乔：《马政纪》，四库全书史部第 663 册。

（明）唐枢：《木钟台集》，四库全书存目丛书子部第 162 ～ 163 册。

（明）李乐：《唐一庵先生年谱》（一卷），（清）王表正重编，许 正绶三编，《儒藏》史部《儒林年谱》，四川大学出版社，2008。

（明）许孚远：《敬和堂集》十三卷，日本内阁文库版。

（明）许孚远：《敬和堂集》，四库存目丛书集部第 136 册。

（明）许孚远：《大学古本一卷大学述一卷大学述答问一卷》，台 北中国子学名著集成编印基金会，1978 年影印万历二十一年刊本。

（明）刘宗周：《刘宗周全集》，浙江古籍出版社，2007。

（明）黄宗羲：《黄宗羲全集》，浙江古籍出版社，2005。

（明）何迁：《吉阳山房文集》，日本内阁文库版。

（明）洪垣：《觉山先生绪言二卷》，续修四库全书子部第 1124 册。

（明）洪垣：《觉山洪先生史说》，四库存目丛书史部第 283 册。

（明）王敬臣：《俟后编》，彭定求辑，四库存目丛书子部第 107 册。

（明）宋濂：《宋濂全集》，罗月霞主编，浙江古籍出版社，1999。

（明）方孝孺：《方正学先生集》，《丛书集成初编》第 2429 ～ 2430 册，中华书局，1985。

（明）方孝孺：《逊志斋集》，四库全书集部第 1235 册，上海古籍 出版社，1987。

四　薛敬轩与河东学派古籍文献

（明）薛瑄：《敬轩文集》，（明）张鼎编，四库全书集部第 1243

册，上海古籍出版社，1987。

（明）薛瑄：《读书录》，四库全书子部第 711 册，上海古籍出版社，1987。

（明）薛瑄：《河汾诗集》，四库全书存目丛书集部第 32 册，台南庄严文化事业有限公司，1997。

（明）薛瑄：《薛瑄全集》，山西人民出版社，1990。

（明）薛瑄：《薛敬轩先生文集》，《丛书集成初编》第 2431～2432 册，中华书局 1985 年影印民国商务版。

（明）薛瑄：《薛文清公读书录》，《丛书集成初编》第 647～648 册，中华书局，1985 年影印民国商务版。

（明）薛瑄：《薛文清公从政名言》，四库存目丛书补编第 77 册，齐鲁书社，2001。

（明）王鸿儒：《凝斋笔语》，四库全书存目丛书子部第 101 册，台南庄严文化事业有限公司，1995。

（明）王鸿儒：《凝斋笔语》，《丛书集成初编》第 605 册，附入《思玄庸言》（及其他 11 种）。

（明）薛敬之：《思庵野录》，清咸丰元年渭南武鸿模重刻本，北京国家图书馆藏手抄本。

（明）吕柟：《泾野子内篇》，四库全书子部第 714 册，上海古籍出版社，1987。

（明）吕柟：《宋四子抄释》，《丛书集成初编》第 613～616 册，中华书局，1985 年影印民国商务版。

（明）杨应诏：《闽南道学源流》，四库全书存目丛书史部第 92 册，台南庄严文化事业有限公司，1996。

五 王介庵与三原学派古籍文献

（明）王恕：《王端毅公文集》，四库全书存目丛书集部第 36 册，台南庄严文化事业有限公司，1996。

（明）王恕：《石渠意见》，四库全书存目丛书经部第 147 册，台南庄严文化事业有限公司，1996。

（明）王恕：《王端毅奏议》，四库全书史部第 427 册，上海古籍出版社，1987。

（明）王恕：《玩易意见》，《丛书集成初编》第 422 册，附入《周易集传》（二）。

（明）王恕：《石渠意见》，《丛书集成初编》第 249 册，附入《群英书义》。

（明）马理：《溪田文集》，四库全书存目丛书集部第 69 册，台南庄严文化事业有限公司，1997。

（明）马理：《周易赞义》，四库全书存目丛书经部第 3 册，台南庄严文化事业有限公司，1996。

（明）韩邦奇：《苑洛集》，四库全书集部第 1276 册，上海古籍出版社，1987。

（明）韩邦奇：《苑洛先生语录》，四库全书存目丛书子部第 7 册，台南庄严文化事业有限公司，1995。

（明）韩邦奇：《启蒙意见》，四库全书经部第 30 册，上海古籍出版社，1987。

（明）杨爵：《杨忠介集》，四库全书集部第 1276 册，上海古籍出版社，1987。

（明）杨爵：《周易辨录》，四库全书经部第 31 册，上海古籍出版社，1987。

六　中国 15 世纪诸儒古籍文献

（明）罗伦：《一峰文集》，四库全书集部第 1251 册，上海古籍出版社，1987。

（明）章懋：《枫山集》，四库全书集部第 1254 册，上海古籍出版社，1987。

（明）章懋：《枫山语录》，四库全书子部第 714 册，上海古籍出版社，1987。

（明）陈真晟：《陈剩夫先生集》，四库全书存目丛书集部第 38 册。

（明）陈真晟：《陈剩夫集》，《丛书集成初编》第 2134 册。

（明）周瑛：《翠渠摘稿》，（明）林近龙编，四库全书集部第 1254 册，上海古籍出版社，1987。

（明）庄昶：《定山集》，四库全书集部第 1254 册，上海古籍出版社，1987。

（明）张元祯：《东白张先生文集》，四库全书存目丛书补编第 75 册，齐鲁书社，2001。

（明）林俊：《见素集》，四库全书集部第 1257 册，上海古籍出版社，1987。

（明）张吉：《古城集》，四库全书集部第 1257 册，上海古籍出版社，1987。

（明）黄仲昭：《未轩文集》，四库全书集部第 1254 册，上海古籍出版社，1987。

（明）罗钦顺：《困知记》，阎韬（校），《理学丛书》，中华书局，1990。

（明）蔡清：《虚斋集》，四库全书集部第 1257 册，上海古籍出版社，1987。

（清）黄宗羲：《明儒学案》，《黄宗羲全集》第七、八册，浙江古籍出版社，1995。

朱元璋：《明太祖集》，胡士萼点校，黄山书社，1991。

朱元璋：《皇明祖训》，四库存目丛书史部第 264 册，台南庄严文化事业有限公司，1996。

朱棣：《圣学心法》，四库存目丛书子部第 6 册，台南庄严文化事业有限公司，1995。

朱棣：《金刚经集注》，上海古籍出版社，1984。

朱瞻基：《历代臣鉴》，四库存目丛书子部第 120 册，台南庄严文化事业有限公司，1995。

朱瞻基：《御制官箴》，四库存目丛书史部第 261 册，台南庄严文化事业有限公司，1996。

朱瞻基：《大明宣宗皇帝御制集》，四库存目丛书集部第 24 册，台南庄严文化事业有限公司，1996。

姚广孝：《逃虚子集》，四库存目丛书集部第 28 册，台南庄严文化事业有限公司，1997。

黄淮：《省愆集》，四库全书 1240 册，上海古籍出版社，1987。

黄淮：《黄文简公介庵集》，四库存目丛书集部第 26～27 册，台南庄严文化事业有限公司，1997。

黄淮、杨士奇编《历代名臣奏议》，上海古籍出版社，1989。

夏原吉：《忠靖集》，四库全书第 1240 册，上海古籍出版社，1987。

金文靖：《金文靖集》，四库全书第 1240 册，上海古籍出版社，1987。

解缙：《文毅集》，四库全书第 1236 册，上海古籍出版社，1987。

解缙、姚广孝等编《永乐大典》，四库全书存目丛书补编第59～72 册，齐鲁书社，2001。

解缙、姚广孝等编《永乐大典》（线装版），中华书局，1982。

胡广等：《性理大全书》，四库全书第 710～711 册。

胡广、杨荣、金幼孜等：《四书大全校注》，周群、王玉琴校注，武汉大学出版社，2009。

七 诸儒古籍文献

（明）乔可聘：《读书劄记四卷》，上海社会科学院图书馆藏清康熙七年刻本，四库全书存目丛书子部第17 册，台南庄严文化事业有限公司，1995。

（明）贺时泰：《思聪录一卷》，明万历四十六年刻本，四库全书存目丛书子部第16 册，台南庄严文化事业有限公司，1995。

（明）李中：《谷平先生文集五卷附一卷》，江西省图书馆藏清光绪十三年吉水葆元堂刻本影印，四库全书存目丛书集部第71 册，台南庄严文化事业有限公司，1997。

（明）罗侨：《东川罗先生潜心语录、罗东川公内稿、罗东川公外稿》，续修四库全书子部第938 册。

（明）周琦：《东溪日谈录》，四库全书第714 册。

（明）徐问：《读书劄记》，四库全书第714 册。

（明）王廷相：《王廷相集》，王孝鱼点校，《理学丛书》，中华书局，1989。

（明）吕柟：《泾野子内篇》，赵瑞民点校，《理学丛书》，中华书局，1992。

（明）周思兼：《周叔夜先生集十一卷》，华东师范大学图书馆藏明万历十年刻本，四库全书存目丛书集部第114册，台南庄严文化事业有限公司，1997。

（明）周思兼：《学道纪言五卷补遗一卷附录一卷》，四库全书存目丛书子部第85册，台南庄严文化事业有限公司，1995。

（明）赵维新：《感述录六卷续录四卷》，中国科学院图书馆藏清道光刻本，四库全书存目丛书子部第91册，台南庄严文化事业有限公司，1995。

（明）曹于汴：《仰节堂集》，四库全书第1293册，上海古籍出版社，1987。

（明）曹于汴：《共发编》，四库全书存目丛书子部第91册，台南庄严文化事业有限公司，1995。

（明）辛全：《衡门芹一卷》，北京图书馆藏明晋淑健等刻本，四库全书存目丛书子部第15册，台南庄严文化事业有限公司，1995。

（明）戴君恩：《诗风臆评一卷》，四库全书存目丛书经部第61册，台南庄严文化事业有限公司，1997。

（明）戴君恩：《剩言十七卷》，四库全书存目丛书子部第91册，台南庄严文化事业有限公司，1995。

（明）王敬臣：《俟后编六卷附录一卷补录一卷》，（清）彭定求辑，华东师范大学图书馆藏清康熙三十八年彭定求重刻本，四库全书存目丛书子部第107册，台南庄严文化事业有限公司，1995。

（明）张信民：《张抱初先生印正稿六卷》，清华大学图书馆藏清雍正四年王篴舆刻本，四库全书存目丛书子部第15册，台南庄严文化事业有限公司，1995。

（明）陆树声：《陆学士杂著十种十一卷：存八种九卷》，中央党校图书馆、上海图书馆藏明万历刻本，四库全书存目丛书子部第 163册，台南庄严文化事业有限公司，1995。

（明）范涞：《言十卷》，中国科学院图书馆藏明万历刻本，四库全书存目丛书子部第 13 册，台南庄严文化事业有限公司，1995。

（明）范涞：《两浙海防类考续编十卷》，四库全书存目丛书史部第 226 册，台南庄严文化事业有限公司，1996。

（明）范泓辑、补注：《典籍便览八卷》，四库全书存目丛书子部第 174 册，台南庄严文化事业有限公司，1995。

（明）徐三重：《信古馀论八卷》，北京图书馆藏清钞本，四库全书存目丛书子部第 13 册，台南庄严文化事业有限公司，1995。

（明）徐三重：《庸斋日纪八卷》，北京图书馆藏清钞本，四库全书存目丛书子部第 14 册，台南庄严文化事业有限公司，1995。

（明）徐三重：《牖景录二卷》，上海图书馆藏明刻樗亭全集本，四库全书存目丛书子部第 106 册，台南庄严文化事业有限公司，1995。

（明）徐三重：《鸿洲先生家则一家野志一卷》，上海图书馆藏明刻樗亭全集本，四库全书存目丛书子部第 106 册，台南庄严文化事业有限公司，1995。

（明）徐三重：《采芹录》，四库全书第 867 册。

八　姚江学派文献

（明）王守仁：《王阳明全集》，上海古籍出版社，1992。

（明）钱德洪、徐爱、董沄：《钱德洪、徐爱、董沄合集》，凤凰出版社，2007。

（明）王畿：《王畿集》，凤凰出版社，2007。

（明）罗汝芳：《罗汝芳集》，凤凰出版社，2007。

（明）罗洪先：《罗洪先集》，凤凰出版社，2007。

（明）邹守益：《邹守益集》，凤凰出版社，2007。

（明）聂豹：《聂豹集》，凤凰出版社，2007。

（明）欧阳德：《欧阳德集》，凤凰出版社，2007。

（明）季本：《说理会编》，四库存目丛书子部第 9 册。

（明）张信民：《印正稿》，四库存目丛书子部第 15 册。

（明）张后觉：《张弘山集四卷》，四库存目丛书子部第 91 册。

（明）尤时熙：《尤西川拟学小记》，（明）李根辑，四库存目丛书子部第 9 册。

（明）王栋：《一庵王先生遗集》，四库存目丛书子部第 10 册。

（明）颜钧：《颜钧集》，黄宣民点校，中国社会科学出版社，1996。

（明）耿定向：《耿天台先生文集》，四库存目丛书集部第 131 册。

（明）张元忭：《张阳和先生不二斋文选》，四库存目丛书集部第 154 册。

（明）赵维新：《感述录》，四库存目丛书子部第 91 册，

九　东林学古籍文献

（明）钱一本：《黾记四卷》，四库全书存目丛书子部第 14 册，台南庄严文化事业有限公司，1995。

（明）顾宪成：《泾皋藏稿等》，《无锡文库》第四辑，凤凰出版社，2011。

（明）顾宪成：《顾端文公遗书三十七卷附年谱四卷》，四库全书

存目丛书子部第 14 册，台南庄严文化事业有限公司，1995。

（明）顾宪成：《泾皋藏稿》，四库全书集部第 1292 册。

（明）邹元标：《愿学集》，四库全书集部第 1294 册。

（明）邹元标：《南皋邹先生会语合编二卷讲义合编二卷》，四库全书存目丛书子部第 14 册，台南庄严文化事业有限公司，1995。

（明）顾允成：《小辨斋偶存》，四库全书集部第 1292 册。

（明）冯从吾：《少墟集》，四库全书集部第 1293 册。

（明）冯从吾：《关学编附续编》，陈俊民、徐兴海点校，中华书局，1982。

（明）高攀龙：《高子遗书、高子遗书未刊稿》，《无锡文库》第四辑，凤凰出版社，2011。

（明）高攀龙：《高子遗书》，（明）陈龙正编，四库全书集部第 1292 册。

十　近现代著作

梁漱溟：《人心与人生》，学林出版社，1984。

梁漱溟：《儒佛异同论》，巴蜀书社，1986。

梁漱溟：《东西文化及其哲学》，商务印书馆，2004。

梁漱溟：《这个世界会好吗?》，上海东方出版中心，2006。

梁漱溟：《中国文化要义》，上海世纪出版集团，2006。

冯友兰：《中国哲学简史》，天津社会科学院出版社，2005。

吕澂：《中国佛学源流略讲》，中华书局，2006。

吕澂：《印度佛学源流略讲》，上海人民出版社，2005。

徐梵澄：《陆王学述：一系精神哲学》，上海远东出版社，1994。

金岳霖：《论道》，商务印书馆，1987。

贺麟：《文化与人生》，商务印书馆，1988。

贺麟：《五十年来的中国哲学》，商务印书馆，2002。

容肇祖：《明代思想史》，齐鲁书社，1992。

牟宗三：《心体与性体》，上海古籍出版社，2007。

牟宗三：《从陆象山到刘蕺山》，上海古籍出版社，2001。

侯外庐、邱汉生、张岂之：《宋明理学史》，人民出版社，1987。

冯契：《中国古代哲学的逻辑发展》，东方出版中心，1999。

朱义禄：《儒家理想人格与中国文化》，辽宁教育出版社，1991。

朱义禄：《从圣贤人格到全面发展》，陕西人民出版社，1992。

朱义禄：《逝去的启蒙》，河南人民出版社，1995。

朱义禄：《孟子答客问》，上海人民出版社，1999。

朱义禄：《诸子百家》，同济大学出版社，2002。

朱义禄：《黄宗羲与中国文化》，贵州人民出版社，2001。

朱义禄：《〈朱子语类〉述评》，上海古籍出版社，2006。

朱义禄：《玄学思潮》，上海社会科学院出版社，2006。

朱义禄：《颜元李塨评传》，南京大学出版社，2006。

朱义禄：《康有为》，云南教育出版社，2008。

潘桂明：《中国佛教思想史稿》，江苏古籍出版社，2009。

潘桂明：《智顗评传》，南京大学出版社，1996。

潘桂明：《中国居士佛教史》，中国社会科学出版社，2000。

蒋国保：《方以智与明清哲学》，黄山书社，2009。

周可真：《顾炎武哲学思想研究》，当代中国出版社，1999。

束景南：《朱熹佚文辑考》，江苏古籍出版社，1991。

束景南：《中华太极图与太极文化》，苏州大学出版社，1994

束景南：《朱熹年谱长编》，上海古籍出版社，2001。

束景南：《论庄子哲学体系的骨架》，广西师范大学出版社，2003。

束景南：《朱子大传》，商务印书馆，2003。

束景南：《阳明佚文辑考编年》，上海古籍出版社，2012。

钱明：《阳明学的形成与发展》，江苏古籍出版社，2002。

钱明：《王阳明及其学派论考》，人民出版社，2009。

钱明：《浙中王学研究》，中国人民大学出版社，2009。

张岱年：《中国哲学大纲》，中国社会科学出版社，1994。

陈荣捷：《朱学论集》，华东师范大学出版社，2007。

张立文：《中国概念精粹丛书》，中国人民大学出版社，1996。

陈来：《朱子哲学》，华东师范大学出版社，2006。

陈来：《有无之境：王阳明哲学的精神》，人民出版社，1991。

蒙培元：《理学的演变》，福建人民出版社，1984。

蒙培元：《理学范畴系统》，人民出版社，1998。

王汎森：《明清思想十论》，复旦大学出版社，2004。

余英时：《钱穆与中国文化》，上海远东出版社，1994。

林继平：《王学探微》，台北兰台出版社，2001。

钱穆：《中国学术思想史论丛》，安徽教育出版社，2004。

钱穆：《朱子新学案》，巴蜀书社，1986。

吴震：《阳明后学研究》，上海人民出版社，2003。

吴震：《聂豹、罗洪先评传》，南京大学出版社，2001。

张学智：《明代哲学史》，北京大学出版社，2000。

陈撄宁：《道教与养生》，华文出版社，2000。

胡孚琛：《道学通论》，社会科学文献出版社，2004。

戈国龙：《道教内丹学探微》，巴蜀书社，2001。

孔令宏：《宋明道教思想研究》，宗教文化出版社，2002。

李申：《简明儒学史》，中国人民大学出版社，2006。

冯达文：《宋明儒学略论》，广东人民出版社，1997。

陈赟：《回归真实的存在：王船山哲学的阐释》，复旦大学出版社，2007。

彭国翔：《良知学的展开：王龙溪与中晚明的阳明学》，三联书店，2005。

方旭东：《尊德性与道问学：吴澄哲学思想研究》，人民出版社，2005。

李洪卫：《论王阳明的身心观》，华东师范大学 2007 年博士论文（导师高瑞泉）。

吴宣德：《江右王学与明中后期江西教育发展》，江西教育出版社，1996。

章沛：《陈白沙哲学思想研究》，广东人民出版社，1984。

苟小泉：《陈白沙哲学研究》，中华书局，2009。

〔英〕西蒙诺维兹：《人格的发展》，唐蕴玉译，上海社会科学院出版社，2006。

〔美〕塞尔：《心、脑与科学》，杨音莱译，上海译文出版社，2006。

〔英〕葛瑞汉：《中国的两位哲学家：二程兄弟的新儒学》，大象出版社，2001。

〔美〕罗洛·梅：《人的自我寻求》，郭本禹、方红译，中国人民大学出版社，2008。

〔日〕岛田虔次：《朱子学与阳明学》，蒋国保译，陕西师范大学出版社，1986。

后　　记

　　书稿为我在浙江大学中国古典文献学流动站与浙江省社会科学院博士后科研工作站期间的出站报告。

　　2011年冬，复旦大学博士后课题即将封笔之际，我曾向浙江大学束景南先生提交博士后课题写作计划，蒙先生应允，可以在先生门下从事博士后研究。次年春夏之际，我便系统地旁听束先生在浙大给研究生上的课程，分为《朱子学》《佛教与道教文化》《易学》，收获颇大，不惟对宋学学脉有较为深入的理解，对易学卦法、佛教宗派、道家性命双修理论有新的认识，"六经责我开生面"，给我触动很大。恰逢我院领导有意加速科研工作成果面世的力度，励精图治，推动博士后工作站试点运行，又蒙钱明先生应允，得以成为浙江大学与浙江省社会科学院联合培养的博士后，并在2013年春正式入站（申请浙江大学第二个博士后，虚获得第一个博士后的出站证书，故进站较晚）。随后，我院科研处为我启动了博士后课题，从经费上给予了支持。

　　浙江省社会科学院具有优越的科研环境和独特的地理位置，加上处于改革开放前沿的前哨之地，使我感受到浙江文化的细密精深、浙江精神的开拓性与务实感，尤其是浙学在 21 世纪的深厚影响，便有了这部向宁波先贤黄梨洲致敬的书稿。早在 2010 年春，我曾携书稿的部分章节赴沪拜见同济大学恩师、中国哲学史专家朱义禄先生，朱先生以治梨洲学而享誉国内外。朱先生敏锐地感受到明儒心学学脉流传过程的课题值得一做，希望我继续做下去。当时，我听了很开心。盖，明儒心学学脉以康斋肇其端，念台殿其后，前赴后继，兢兢业业，刻苦独立，安贫乐道，足以彰显明儒的担当精神和传道情怀，故而梨洲有费 20 多年辛劳成就皇皇巨作《明儒学案》。2013 年夏，朱老师专程来杭督学，老师爱生之深，当为儒林佳话。忆 2006 年始拜学潘桂明教授门下，潘先生治学极为严谨，夹持磨砺之功多矣。念及潘老师的指导辛劳，时常有汗流浃背之感，生怕自己的科研浅作辱没先生嘉誉。

书稿的写作线索以崇仁心学肇其始，以白沙、甘泉接其后，并以良知学、阳明后学为参照，以一庵一系归其宗，分量虽薄，然以不间断的连续性书写方式和比较的分析视野希望有助于加深明代心学变迁的理解。

书稿的写作最开始是源于学术界缺乏对一庵学术思想的专门研究。浙西教书之余，我尝有小作以示对一庵长期在湖州地区教化之功的敬意。一庵对《传习录》一见倾心，一度有渡江拜学阳明门下的心愿。无奈后来，阳明捐馆，一庵多有不及门之憾。后来，他积极参加龙溪在杭州天真书院的讲学活动。一庵的学术思想体系中吸收了王阳明良知学的合理成分，但对阳明后学缺乏真实的道德践履甚感担忧，因此他的学术思想多有补救阳明后学知行分离、实用不足的特点。作为湖州儒学名家，一庵成为那个时代浙西地区学术思想的重要代表人物。后来，德清的敬庵正是仰慕一庵的道德风尚和学养，拜学其门下，并成为一庵晚年所器重的弟子之一。同样的情况也适用于浙东的念台，念台为敬庵晚年所收弟子。念台颇敬重老师的事功和人品，吸收龙溪"一念明觉"的心法，并在道德本体论上与一庵、敬庵保持学术主旨的一致性。一庵、敬庵和念台三位儒家，都曾对阳明心学与"致良知"道德修养论一度倾心，学术上都有糅合程朱理学与阳明心学的融通特点，对阳明后学特别是"现成良知"一脉表示自己不同的学术立场，并与不同时期的阳明后学巨子发生过辩论，因此在学术价值取向上，都有回归程朱理学的趋势，并有心学向实学转型的特点。龙溪捐馆后，那种儒家学者间热闹而又活泼的学术争鸣场面不多，泰州后学、北方王门心学与赣东心学有后来居上的趋势，而中晚明浙学稍显寂寞。在与王龙溪、罗近溪、杨起元、周海门、陶望龄等阳明后学巨子的激烈争鸣中，一庵、敬庵和念台表示了自己一脉的独特理学学术风格。

　　回溯王阳明"致良知"学，我们可以发现，早期王阳明思想中除了静坐等道家思想和佛教思想浸染倾向外，还带有浓厚的经学特色，这在龙场三年悟道时期他撰写的十余万字的《五经臆说》表现最为明显。阳明庐陵治政至赣州用兵期间，一度有主静补小学功夫的宋学特色。诸儒所谓的阳明学"三变"，是言之有据的。王阳明也承认，良知学尚需磨炼，致良知学体系尚未尽善尽美，其实也暗示了良知学体系的拓展仍然有更大的义理发挥空间。故而，也就不难理解，阳明后学在研习与传承良知学的过程中，伴随着激烈的学术争吵，其后的良知学分裂在所难免。无论怎样的争吵，但良知学确实对年轻学子的心性涵养特别是外王实践产生很好的指导作用，西川、近溪等心学家就是因为年轻时对《传习录》着迷而一生宣讲并自觉传承良知学脉的。

　　再追溯中国 15 世纪的阳明前学，体悟吴康斋为代表的崇仁学派及其后学的学术旨趣，我们不仅可以体验康斋养性灵涵养论对明觉性灵的重视，也可以感觉到胡敬斋事功心学与陈白沙自然心学对湛然虚明心体的理论建构与深厚涵养，这些都为阳明心学的兴起提供了丰富的心学资源和思想史背景。而以薛敬轩、黄南山、陈剩夫与张东白为代表的传统理学家，在他们的著作里，我们不仅可以感受到他们虔诚地践履程朱理学，还可以感受到他们思想体系中心学涌动的趋势。明代心学史的成长与发展，既离不开传统程朱理学家的心上功夫，更离不开阳明后学的争鸣与分化。只是由于政府当局惧怕心学家的救世行动而对那些敢于打开局面的书生给予毁灭性的打击。而正是由于独立知识分子反复被打压与控制，甚至残酷的人身迫害，独立的学术失去了代表正义与自由的发表平台，儒家学者失去了打开公共领域为民请命的可能性与舞台，再加上明末阉党的迫害与党派利益的反复纷争，晚明的政局逐渐走向了僵化、冲突、分裂与腐败，最后明廷先后被李自成的农民军与清朝铁骑所摧毁。历史就在这样善与恶的争鸣中，在对阳明心学的不断争辩中，逐渐翻开了新的篇章。清朝政局稳定后，主流学术界慢慢丧失明代心学那种自由与活泼的热闹局面，回归了平静与朴实，历史仿佛在 17 世纪中期转了个弯，令人唏嘘万千。

我劳作之余，或走于山水边，或焚香静观，或看窗外绿色大树，写作的疲劳也就慢慢得以舒缓。现代化虽然给予我们快速的便利和良好的物质生活，可是我们的精神家园还是需要传统文化的浇灌和培育。理想再伟大，没有强大的精神食粮，这段旅途注定也是走不好的。黄梨洲的《明儒学案》浩繁巨大，犹如美丽的高山，不免令人有高山仰止之叹。而适当梳理通往美丽家园的简易大路，打开明亮的世界，为光明前程提供指南，对于学术的发展确实是有必要的。每每走在路边，看到熙熙攘攘的人群，无尽的车辆，川流不息，无助的人们，迷茫的眼神，总感觉传统学术对于建设美好的精神家园是多么的迫切与重要。自己也颇觉幸运，有机会一亲中国传统文明的魅力，何幸如之？

我感奋朱老师的多年培育与提点，感激潘老师的磨砺，感谢春意盎然与温厚和蔼束老师的表扬，感谢钱老师提携与指导。钱老师馈赠许敬庵文集（日本内阁藏）等珍贵古籍，为本书的顺利写作提供了可能。感谢浙江社科院《浙江历史文化研究》及其匿名审稿专家三年来对拙稿部分章节的肯定。感谢我院学术委员会专家对书稿的出版立项资助。感谢陈永革所长对书稿的赞赏。唯有感恩和学习，学术之路才会越走越宽。当然还要感谢的人很多，我记性不大好，遗漏之处还请海涵。

这段时间，看浙图所藏善本《南山黄先生家传集》，对南山心学有新的感想；细看《阳明后学丛书》，对龙溪、近溪心学有了更多的同情和理解，有一些新的浅见，然书稿出版在即，已不容我增写修改了。当然，书稿由于题目铺陈得太大，所涉议题比较重要，加上个人学养不深，必定会有很多不当、不足之处，还请专家学者大力赐教，容我慢慢修改。当然，一切的错误和遗点，笔者负全责。

本书出版承蒙浙江大学董氏文史哲研究奖励基金资助。

邹建锋

2013 年 9 月 22 日书于西湖山脚，

2014 年 3 月 9 日再书于西湖边。

图书在版编目（CIP）数据

明儒学脉研究：以吴康斋到刘念台的师承为线索/邹建锋
著．—北京：社会科学文献出版社，2014.7
（中国地方社会科学院学术精品文库．浙江系列）
ISBN 978-7-5097-5938-7

Ⅰ.①明…　Ⅱ.①邹…　Ⅲ.①儒学－研究－中国－明代
Ⅳ.①B222.05

中国版本图书馆 CIP 数据核字（2014）第 078188 号

·中国地方社会科学院学术精品文库·浙江系列·

明儒学脉研究
——以吴康斋到刘念台的师承为线索

著　　者／邹建锋

出 版 人／谢寿光
出 版 者／社会科学文献出版社
地　　址／北京市西城区北三环中路甲 29 号院 3 号楼华龙大厦
邮政编码／100029

责任部门／人文分社 （010）59367215　　　　　　责任编辑／周志宽
电子信箱／renwen@ssap.cn　　　　　　　　　　责任校对／白桂和
项目统筹／宋月华　袁清湘　　　　　　　　　　责任印制／岳　阳
经　　销／社会科学文献出版社市场营销中心 （010）59367081　59367089
读者服务／读者服务中心 （010）59367028

印　　装／三河市尚艺印装有限公司
开　　本／787mm×1092mm　1/16　　　　　　　印　　张／17.25
版　　次／2014 年 7 月第 1 版　　　　　　　　字　　数／215 千字
印　　次／2014 年 7 月第 1 次印刷
书　　号／ISBN 978-7-5097-5938-7
定　　价／79.00 元